上海市养老服务体系评价报告

(2022)

Evaluation Report on
Pension Service System in Shanghai (2022)

主 编／吴 韬

副主编／钱芝网 万广圣 张 捷

社会科学文献出版社

SOCIAL SCIENCES ACADEMIC PRESS (CHINA)

国家科技部重点研发计划项目——基于区块链的老年主动健康智能照护平台研究与应用示范（2020YFC2008700）

健康上海行动专项（2022—2024 年）——打造老年照护健康链，推进主动健康服务体系建设

联合资助

主编简介

吴韬 博士，研究员，博士生导师，上海市医学领军人才，上海市临床康复优秀学科带头人，上海市医卫青联主席。现任上海健康医学院院长，并担任上海市 5G+智慧医疗创新实验室主任、上海市智能医疗器械与主动健康协同创新中心主任、上海交通大学中国医院发展研究院医学智能发展研究所所长、中国医学装备协会健康管理分会会长、上海市康复医学会疼痛康复专业委员会主任委员；主要研究领域为主动健康与智慧医疗，作为首席科学家承担科技部国家重点研发计划项目和国家自然科学基金重大研究计划项目，主持国家级和省部级科研项目 20 余项，在国内外学术期刊上发表高水平论文 80 余篇，主编和参编论著 8 部；受聘担任人工智能领域 EI 收录源刊 *International Journal of Intelligent Systems Technologies and Applications* 国际主编，中华医学会英文期刊《智慧医学》副主编，国际期刊 *International Journal of Healthcare Management* 副主编，SSCI & SCI 双检索期刊 *Journal of Organizational and End User Computing* 编委。

前　言

　　上海是我国最早迈入老龄化的城市之一，也是我国老龄化程度最深、进程最快的特大型城市。早在 1979 年，上海 60 周岁及以上户籍老年人口占户籍总人口比例就超过了 10%，开始步入老龄化社会，是我国第一个步入老龄化的城市。截至 2020 年 12 月 31 日，上海全市 1478.09 万户籍人口中，60 周岁及以上老年人口 533.49 万人，占户籍总人口的 36.1%，其中 65 周岁及以上老年人口 382.44 万人，占户籍总人口的 25.9%，80 周岁及以上高龄老年人口 82.5 万人，占 60 周岁及以上户籍老年人口的 15.5%。

　　面对日益严重的老龄化，上海市始终立足特大型城市的实际，坚持问题导向和需求导向，构建具有特大型城市特点的养老服务体系。

　　20 世纪 80 年代，上海全面启动了养老机构建设。20 世纪 90 年代，针对居住在家中的老年人，尤其是高龄、独居老人的"买汰烧"和就医、洗浴等难题，上海开始探索社区居家养老服务。1998 年，上海市颁布了全国第一部养老机构管理方面的政府规章《上海市养老机构管理办法》。

　　随着社会养老服务需求和供给的多层次、多元化发展，为更有效地配置公共资源，更精准地提供养老服务，推动社会养老服务系统全面发展，2005 年上海在全国率先提出构建"9073"养老服务模式，即 3% 的老年人接受机构养老服务，7% 的老年人可得到政府福利政策支持的社区养老服务，90% 的老年人在家以自助或家庭成员照顾的养老方式为主，同时自主选择各类社会服务资源，明确了养老公共资源配置的比重和养老公共服务投放的路径。2014 年，上海又进一步提出了建设涵盖养老服务供给体系、保障体系、政策支撑体系、需求评估体系、行业监管体系的"五位一体"养老服务发展目标。2020 年 12 月 30 日，上海市颁布了《上海市养老服务条例》，在养老服务发展原则与体系，养老服务设施规划与建设，居家、社区、机构养老服务的内容和形式，服务协调发展和医养康养结合，长期照护保障，养老服务机构与从业人员规范，扶持与保障措施，养老产业促进、监督和管理等方面都做了规定，为上海市养老服务体系建设提供了法治保障。

从"9073"到"五位一体"，上海不断构建和完善养老服务体系，积极探索社会化养老服务发展的新思路、新模式。在全国率先打造社区嵌入式养老服务体系，率先推出普惠性的老年综合津贴制度，率先实施养老顾问制度；持续推行"老伙伴计划""老吾老计划""居家环境适老化改造"等项目，为家庭养老持续赋能；创新推进个人税收递延型商业养老保险、长期护理保险、住房反向抵押养老保险、商业健康保险个人所得税等试点，不断提升老年人养老照护支付能力；搭建上海国际养老辅具及康复医疗博览会、中国老年福祉产品创意创新创业大赛、康复辅助器具租赁等产业助力平台，发布智慧养老应用场景清单，推动长三角养老服务一体化发展，推动养老事业与养老产业协同发展；等等。这些实践探索已成为上海市养老服务的典型模式和实践经验，成为大城养老"上海方案"的核心组成部分之一，为我国建立新型养老服务体系提供了重要经验和借鉴。

"十三五"期间，在上海市、区各部门的共同努力下，上海市养老服务体系的"四梁八柱"基本定型，养老服务体系不断完善，养老服务事业取得了巨大的成就，2017～2020年连续受到国务院通报表扬。根据统计，全市共有737家养老机构，其中317家（占43%）设置了各种类型的医疗机构，养老总床位数16.12万张，老年护理床位数8万余张，累计建成320家"枢纽型"社区综合为老服务中心、758家老年人日间服务中心、1232个老年助餐服务场所、6223家标准化老年活动室、259家社区养老服务组织、2544家示范睦邻点，完成5000户困难老年人家庭适老化改造、4999张认知障碍照护床位改造，启动77个老年认知障碍友好社区试点，开展养老护理、健康照护培训12.9万人次。形成了以居家为基础、社区为依托、机构为支撑、医养康养相结合的养老服务格局，基本实现基本养老服务应保尽保，多层次养老服务需求得到充分满足。

　　为了全面了解上海市养老服务体系建设情况，上海健康医学院先后对全市机构养老、社区养老情况进行了全面调研，建立了上海市机构养老和社区养老数据库。2021 年受上海市人大的邀请，作为第三方机构参与了《上海市养老服务条例》执法检查，负责撰写了《上海市养老服务条例执法检查评估报告》，承担了上海市乡村振兴立法相关重点问题研究，撰写了《上海市农村养老发展现状，存在问题与政策建议研究》。在此基础上，我们进行了修改、补充和完善，形成了《上海市养老服务体系评价报告（2022）》一书。

　　《上海市养老服务体系评价报告（2022）》由上海健康医学院校长、博士生导师吴韬研究员统筹设计撰写框架，并担任主编，上海健康医学院发展规划处处长钱芝网教授、护理与健康管理学院副院长万广圣副教授、上海中侨职业技术大学执行董事兼护理与健康学院院长张捷高级工程师担任副主编。参加本报告撰写的作者还有上海健康医学院濮桂萍、施毓凤、程洪涛、吴萍、周亮、时尉，上海市戒毒康复中心副主任张俭琛，上海浦江健康科学研究院常务副院长吴孟华，上海同宽健康管理有限公司董事长张良宽，江苏开放大学朱文静。

　　本报告中出现的数据、案例，一部分来源于我们的实地调研，一部分来源于上海市民政局、各区民政局和相关门户网站官网新闻报道，还有一部分来源于《上海市养老服务条例》执法检查中市、区相关政府部门提交的材料。在调研过程中得到了上海市民政局和各区民政局的大力支持和帮助，上海健康医学院原党委书记、上海市人大常委会教科文卫委员会副主任委员郑沈芳教授以及上海市人大常委会社会委阎祖强主任、万智奇处长、农业与农村委赵福禧主任给予了多方协助和指导，同时参考、引用了学者们的一些研究成果，在此一并表示衷心感谢！

　　由于作者水平有限，书中难免有不足之处，敬请专家学者和养老服务行业的实践者、管理者批评指正。

主　编

2022 年 5 月于上海

目 录

第三篇　上海市养老服务政策支撑体系评价

第四篇　上海市老年照护统一需求评估体系评价

第五篇　上海市养老服务行业监管体系评价

第一篇　上海市养老服务供给体系评价

第一章 上海市机构养老发展现状、
存在问题与对策建议

一 发展现状

（一）建立了机构养老的政策体系

1998 年，上海市颁布了《上海市养老机构管理办法》，这是全国第一部养老机构管理方面的政府规章。

2001 年，上海市民政局发布《上海市养老机构管理和服务基本标准（暂行）》。

2012 年，上海市人民政府发布了《关于推进本市"十二五"期间养老机构建设的若干意见》（沪府〔2012〕105 号）。

2014 年，上海市人大常委会通过了《上海市养老机构条例》，该条例有助于促进养老机构的发展，规范养老机构的管理，保障老年人的合法权益。

2014 年，上海市人民政府印发了《关于加快发展养老服务业推进社会养老服务体系建设的实施意见》（沪府发〔2014〕28 号），提出到 2020 年全面建成涵盖养老服务供给体系、保障体系、政策支撑体系、需求评估体系、行业监管体系"五位一体"的社会养老服务体系，使多层次养老服务需求得到更加充分的满足；全面建成老年友好城市、全面建设老年宜居社区，使老年人生活的社区在环境优美、居住舒适、设施齐全、服务完善、文明和谐五个方面得到有效提升。

2015 年，上海市印发了《关于完善本市养老基本公共服务的若干意见》（沪府办〔2015〕124 号）。

2016 年，上海市发布了《关于推进本市"十三五"期间养老服务设施建设的实施意见》（沪府办〔2016〕70 号）。

2016 年，上海市民政局等部门联合印发了《关于印发〈长期护理保险服务项目清单和相关服务标准、规范（试行）〉的通知》（沪民福发〔2016〕46 号）。

2016 年，上海市人民政府发布了《上海市老龄事业发展"十三五"规划》，提出到 2020 年，形成与全面建成小康社会和社会主义现代化国际大都市目标相协调，与上海人口老龄化、高龄化相适应的现代老龄事业发展体系。在"积极老龄""法治老龄""科技老龄""和谐老龄"四个方面取得新突破。《上海市老龄事业发展"十三五"规划》还提出，未来五年上海积极应对人口老龄化，通过"八项任务""八大项目"等举措，全面构建现代老龄事业发展体系，全面落实"五个老有"。

2017 年，上海市民政局印发了《关于本市公建养老服务设施委托社会力量运营的指导意见（试行）》。

2017 年，上海市民政局、上海市财政局印发了《关于对本市非营利性养老机构实施"以奖代补"扶持政策的通知》（沪民规〔2017〕6 号），对奖补原则、奖补范围、奖补条件、奖补项目与标准，以及奖补经费的安排、发放和使用及"以奖代补"经费的监管进行了详细的规定。

2017 年，上海市民政局、上海市财政局印发了《关于老年照护统一需求评估费用补贴有关问题的通知》（沪民规〔2017〕1 号），对统一需求评估费用补贴有关问题进行了规定。

2017 年，上海市民政局印发了《关于规范本市保基本养老机构（床位）管理的通知》（沪民规〔2017〕11 号）。

2018 年，上海市民政局等八个部门发布了《关于印发〈上海市农村地区养老美好生活三年行动计划（2018—2020）〉的通知》（沪民老工发〔2018〕10 号），推进本市城乡基本养老公共服务均等化，让农村老年人共享改革发展成果，满足农村地区老年人在养老服务领域的美好生活需要。

2018 年，上海市民政局出台了《关于养老机构违法行为行政处罚的裁量基准》。

2018 年，上海市民政局、上海市财政局印发了《关于进一步调整本市养老服务补贴政策的通知》（沪民规〔2018〕1 号），明确了补贴对象及标准，并规定养老服务补贴以非现金的补贴券（卡）等形式，用于购买养老服务；对符合补贴条件的人户分离的老年人，在居住地申请的，由居住地所在区民政部门负责管理，补贴所需资金由居住地所在区财政垫付，由户籍所在区财政承担，具体跨区结算方案另行制定；按照有关规定入住养老机构的最低生活保障家庭的老年人、低收入家庭的老年人，在享受长期护理保险（长护险）待遇的同时，按相应等级的养老服务补贴标准的 50% 享受，用于支付养老机构服务费用（伙食费除外）；养老服务补贴资金按原渠道由市、区两级财政按 1∶1 比例分担。

2018 年，上海市民政局发布了《关于印发〈本市优质养老机构与薄弱养老机构结对共建工作方案〉的通知》（沪民福发〔2018〕17 号），为充分发挥本市优质养老机构的示范、引领和辐射作用，帮助本市薄弱养老机构不断提升管理和服务能力，明确通过人员培训、技术指导等多种方式，着力提高薄弱养老机构的服务水平、管理水平和运行效率，推动上海城乡基本养老服务均衡发展。

2019 年，上海市民政局发布了《关于印发〈上海市社会组织直接登记管理若干规定〉的通知》（沪民规〔2019〕3 号）。

2019 年，上海市发展和改革委员会、上海市民政局、上海市规划和自然资源局、上海市住房和城乡建设管理委员会、上海市应急管理局出台了《促进和规范存量资源改造为养老服务设施的工作指引》。

2019 年，上海市民政局发布了《关于调整本市养老服务补贴标准的通知》（沪民规〔2019〕2 号），对具有本市户籍且老年照护统一需求评估等级、经济困难程度符合相关条件的老年人的养老服务补贴标准，进行调整的有关事项做了明确规定。

2019 年，上海市民政局发布了《关于落实 2019 年市政府实事项目、推进郊区农村薄弱养老机构改造的通知》（沪民养老发〔2019〕9 号）。

2019 年，上海市人民政府发布了《关于印发〈上海市深化养老服务实施方案（2019—2022 年）〉的通知》（沪府规〔2019〕26 号）。

2019 年，上海市发展和改革委员会、上海市民政局、上海市市场监督管理局联合发布了《上海市养老机构服务收费管理办法》。

2020年，上海市民政局发布了《关于深化本市养老顾问制度建设的实施意见》。

2020年，上海市民政局发布了《关于印发〈上海市养老机构等级评定标准细则〉的通知》。

2020年，上海市人民政府发布了《关于促进本市养老产业加快发展的若干意见》，提出通过聚焦重点领域、增加养老产品和服务供给，强化要素支撑、加快释放产业动能，增强支付能力、积极培育消费市场，优化制度环境、夯实产业发展基础这四大举措充分发挥市场和社会的作用，大力发展养老产业，满足老年人多层次、多样化需求。

2020年，上海市人大常委会发布了《上海市养老服务条例》，该条例涵盖了居家、社区、机构等养老服务形态，是上海养老服务发展的基本法。在国内同类立法中，该条例首次设立"长期照护保障"专章，首次将"区域养老一体化发展"写入法规，以解决越来越多的上海老人选择长三角周边城市异地养老问题。该条例还明确，为老年人交通出行、就医等提供便利，保留并完善传统服务方式，帮助老年人跨越"数字鸿沟"。

2021年，上海市民政局发布了《关于印发〈上海市养老服务机构"以奖代补"实施办法〉的通知》（沪民规〔2021〕5号），重点明确了奖补条件、奖补项目及标准等内容。

2021年，上海市民政局发布了《关于印发〈上海市养老服务机构登记与备案管理办法（试行）〉的通知》（沪民规〔2021〕8号），规范上海市养老服务机构的登记与备案工作。

2021年，上海市民政局发布了《关于推进本市养老机构护理型床位建设的通知》（沪民养老发〔2021〕15号），明确上海市护理型床位规划目标和年度建设计划，要求对存量养老机构开展护理型床位改造，对新增养老机构加大护理型床位设置比例，政府投资新建、改建、扩建的养老机构原则上应全部设置为护理型床位。

2021年，上海市民政局发布了《关于印发〈上海市养老服务发展"十四五"规划〉的通知》（沪社养老领〔2021〕3号），明确四类18项主要指标、十大主要任务和五个重大项目。其中机构养老方面，到2025

年养老床位数将达 17.8 万张，占全市户籍老年人口数的 3%；护理型床位占总养老床位的比重达 60%；老年认知障碍照护床位数达 1.5 万张，约为目前的 3 倍；采用"养老院+互联网医院"模式的养老机构数将达 200 家。

2021 年，上海市民政局发布了《关于印发〈养老机构基本服务项目清单指引〉的通知》（沪养老发〔2021〕8 号），规范本市养老机构的分级照护服务，明确基本服务项目内容。上海市养老机构老年人入院照护等级分为"正常""轻度""中度""重度"四个等级，对不同照护等级的老年人，养老机构提供相应的基本服务项目。

（二）强化了养老机构和养老床位建设

自 1998 年以来，上海市连续 24 年将新增养老床位列入市政府实事项目，截至 2020 年年底，全市已建成养老机构 737 家，其中公建民营或公办民营养老机构合计 160 家，养老床位 16.12 万张。截至 2020 年 12 月底，上海市共有户籍老年人 533.49 万，按照"9073"养老服务格局，大约需要养老床位数 16 万张，目前这一目标已经实现。2021 年新增养老床位 5084 张，提前完成当年的实事项目。在农村地区全面实现了每个乡镇有 1 个设施、服务、管理均达标的养老院的基本目标。2019~2020 年，上海市用两年时间对农村所有薄弱养老机构进行了标准化改造，组织中心城区优质养老机构与郊区薄弱养老机构开展结对，农村地区养老机构服务水平明显提升。

根据我们的抽样调查，上海市养老机构平均入住率达到 76.92%，在全国养老机构入住率水平中名列前茅。从养老机构所处区位看，不同区位养老机构的入住率均值有所差别，内环线以内的养老机构入住率均值为 91.15%，内环线以外、中环线以内的养老机构入住率均值为 93.58%，中环线以外、外环线以内的养老机构入住率均值为 82.27%，外环线以外养老机构的入住率均值为 61.73%。

从养老机构提供服务的种类来看，以基本生活照料和娱乐服务为主，93% 以上的被调查养老机构均提供膳食服务、日常生活服务、清洁卫生、洗涤服务、文化娱乐服务、安全保护服务。从养老机构提供专业服务来看，能提供康复护理服务的养老机构比例并不高，占被调查养老机构总数的 48.21%；能提供心理/精神服务的养老机构占比约为 72.82%，但提供服务的人员以护理员为主，在提供相应服务项目的机构中 65%~75% 是由护理员完成，而非专业心理服务人员，由专业心理咨询师提供相应服务的比例仅为 25%~35%；从提供文化娱乐服务项目来看，以老年人棋牌和观看影视等室内活动为主，87% 的被调查养老机构都能提供这两类文娱项目。

（三）履行了政府托底保障职责

针对低保、低收入家庭、重点优抚对象的老年人，持续实施"保基本、兜底线"，强化保基本养老机构（床位）建设。2017 年，上海市民政局下发了《关于规范本市保基本养老机构（床位）管理的通知》（沪民规〔2017〕11 号），明确规定保基本养老机构（床位）的设施标准和服务内容应当与本市基本公共服务的整体水平、养老服务业发展水平相适应，基本设施标准要符合《养老机构设施与服务要求》（DB31/T 685—2013）的规定，应当配备基本医疗服务，有内设医疗机构或与社区医疗机构签约，管理人员、专技人员及护理员配比应满足入住老年人的基本照护服务需求；各区要根据本辖区户籍老年人口数量及照护等级构成、申请入住保基本养老机构的需求情况等因素，规划建设保基本养老机构（床位），原则上每个街道、镇（乡）至少有 1 家保基本养老机构；各区保基本养老床位数应不低于区域户籍老年人口的 2%（其中政府运营的养老床位数不超过区域养老床位总数的 50%）；各区保基本养老机构（床位）供给不足时，应按照政府采购的相关要求向社会办养老机构购买保基本床位，购买保基本床位采取"就近优先"原则。市级层面可根据各区保基本养老床位数和老年人需求情况，进行适当统筹。截至目前，上述保基本目标已基本实现。

（四）推动了养老机构实施医养结合

在符合条件的养老机构中推进设置医疗机构，并发布了《关于对本市非营利性养老机构实施"以奖代补"扶持政策的通知》，对养老机构新设立的内设医疗机构（财政资金投入开设的内设医疗机构除外），经卫生计生部门批准后正常运营的，根据内设医疗机构的不同类型，分别给予一次性补贴，具体为：对于设置护理站、医务室/保健站、卫生所的，给予10万元的一次性奖补；对于设置护理院或者门诊部的，给予50万元的一次性奖补。目前全市317家养老机构内部设有医疗机构，占养老机构总量的43%。全市养老机构与医疗机构签约率达到100%。

（五）构建了养老服务标准化体系

上海市在全国率先制定了《养老机构设施和服务要求》《养老机构服务应用标识规范》等地方标准和规范；出台了《老年友好城市建设导则》《老年宜居社区建设细则》；研究制定了《家庭照护床位建设标准》，并适时上升为地方标准，制定了《呼吸道传染病流行期间社会福利机构安全操作指南》地方标准；开展《上海市养老机构等级评定标准》以及《上海市社区养老服务机构等级评定标准（试点）》团体标准项目研究。

上海市还特别注重加强对养老服务新业态的规范引领，针对超大城市养老模式，出台了《上海市社区嵌入式养老服务工作指引》；围绕老年认知障碍照护，制定了"养老机构认知障碍照护专区建设标准"及"入住评估标准"；围绕智慧养老，制定了《上海市"一键通"为老服务项目指南》。

上海市还重视加强特色工作成果向地方标准化的转化，重点落实"养老机构服务质量日常监测与评价""认知症照护单元设施与服务""认知障碍友好社区建设""智慧养老"等地方标准制定修订计划，不断推出具有科学性和先进性的"上海标准"，并对养老机构国家、行业、地方等标准，通过宣教、培训、现场指导等方式开展贯标工作，开展标准化试点示范。截至2020年11月，上海市养老机构共验收通过34个标准化试点建设项目。此外，上海市积极参与"上海品牌"认证，徐汇区社会福利院等3家机构获得了"上海品牌"认证，起到引领和标杆作用。

（六）建立了养老服务质量综合评价体系

上海市建立健全养老服务质量日常监测指标体系和动态监测评价机制，持续开展养老服务质量满意度测评。以"养老院服务质量大检查115

项"为基础，结合标准规范，选择与服务质量直接相关、现场可查的指标，形成了由服务提供、服务保障、服务安全三大参数构成的 90 项监测指标，并开发了现场监测手机应用终端 App，对全市 700 多家已执业的养老机构进行全面的服务质量日常监测。根据日常监测结果，将养老机构划分为四个等级：得分高于 85 分，等级为"优秀"；得分 70～84 分，等级为"良好"；得分 50～69 分，等级为"一般"；得分在 50 分以下，等级为"较差"。对处于"一般"和"较差"区间的机构，增加监测频次，对多次监测仍为"较差"的机构，启动行政检查，同时通过"结对帮扶"等推动服务质量的提升。监测结果显示，上海养老机构服务质量总体处于良好水平，优秀的养老服务机构占比 21.5%，良好的占比 38.99%。

与此同时，从 2015 年开始试点对全市养老机构进行等级评定，2016 年起在全市全面推开（共分三级，三级为最高，依次为二级、一级），并不断完善养老机构等级评定标准，强化对养老服务机构的专项督导。截至 2020 年年底，在上海市养老机构（调查样本）等级评定中，明确评定等级的占比 73.50%，其中评定等级为一级的养老机构占比为 49.87%，在上海市养老机构中占比最高，评定等级为二级的养老机构占比为 22.41%，评定等级为三级的养老机构占比为 4.96%。通过等级评定促进养老机构在行业中找定位，在服务上看等级，推动了上海市养老机构的服务质量进一步提升。

（七）构建了养老服务行业诚信体系

上海市民政局与市信用主管部门开展数据对接，推进信用信息共享，逐步探索建立信用联合惩戒机制。2018 年，下发《上海市养老机构失信信息归集和使用管理办法》，同步开发信息平台，归集养老机构失信信息。2019 年，启动养老机构信用分级和评价项目，探索根据养老服务机构信用状况、履约能力评估，建立信用评价标准和模型，逐步建立养老服务机构信用分级制度。2020 年，养老机构信用分级和评价系统在静安区试点，之后在全市推广应用。目前《养老机构信用评价标准》已经作为地方标准立项。为推进养老服务领域信用联合惩戒，上海市出台了《养老机构及从业人员严重失信（黑名单）认定标准》，明确了严重失信（黑名单）的适用范围、标准、惩戒措施、发布方式等，参与长三角"三省一市"相关部门探索认定标准互认、联合惩戒的具体路径。

（八）探索了养老服务综合监管机制

1. 全面建立日常监测机制

结合国家和上海市养老机构相关标准和要求，从服务提供、服务保障、服务安全方面形成 90 项日常监测指标，委托第三方，连续三年对养老机构进行服务质量日常监测，监测结果向社会发布。对监测中发现的问题，列出清单，指导机构进行整改。同时，民政部门还将根据监测结果等级，在上海养老服务平台上对所有养老机构更新贴脸标识，并在机构服务场所醒目位置更新挂牌。

2. 开展专项行政检查

2020 年 9 月，开展了养老机构专项执法行动。上海市民政局组织市区两级 130 余名行政执法人员，对全市 724 家各类养老机构日常监测中风险隐患较大、群众反映问题较多的 54 家养老机构开展现场实地检查，机构所在地民政部门对现场检查结果进行公示。限期仍未完成整改的机构，按照法律规定需要立案查处的，民政部门按相关规定程序处理。

3. 探索"互联网+监管"

探索建设养老服务"互联网+监管"平台，推行远程监管、移动监管、预警防控等非现场监管，为开展养老服务"双随机、一公开"监管、分类监管、信用监管、联合执法等提供支撑。运用大数据、物联网、人工智能等智能化监管手段，深入实践主动发现、智能预警、自动派单、管理闭环的"互联网+监管"模式。

（九）形成了一批机构养老的经验做法

1. 上海市第一社会福利院：用高品质的海派养老服务托起美丽的夕阳红

上海市第一社会福利院（以下简称"市一福院"）是一所为老年人提供机构住养服务的示范性福利院，现有职工 141 人，核定床位 300 张。截至 2021 年 6 月，收住老人平均年龄 90.5 周岁。市一福院始终秉承"崇德、明礼、孝爱、守善"的精神，持续推行"安全养老、科技养老、专业养老、人文养老"，围绕"精细化管理、精准化服务"的理念，专注失智失能老人专业照护，创新管理与服务模式，在全市养老机构中发挥着示范、引领和辐射作用。近年来，先后获得全国精神文明建设工作先进单位、全国养老服务示范单位、全国民政系统行风建设示范单位、民政部首批全国社会工作人才队伍建设试点示范单位、全国社会工作最佳养老机构、全国用户满意服务之星班组、全国敬老文明号、全国民政系统先进集体、全国文明单位等荣誉称号。

（1）人文关怀，用"孝亲"文化诠释精神养老内涵。多年来，上海市第一社会福利院坚持党政工团多管齐下，多角度、全方位关注老人生活及精神健康，同时利用社工专业知识，开展个案、小组等活动，形成三个服务理念，为院内住养老人积极打造一片精神养老新天地。通过社工"回想疗法""园艺疗法""音乐疗法""心理疏导""兴趣小组"五个工作法，积极引入生命回顾、正向激励的社工增能模式，形成了诸如"悦动心灵""时光笔记"等社工活动精品案例，不断提升老人晚年生命质量。开设"耄耋学堂"为院内老年党员搭建了一个学习交流的互动平台，让职工与住养老人共同学习，共享"充实晚年"服务理念。推出"斑斓的生命"志愿服务项目，把节目送到楼面、把服务送到床边、把理念送到社区、把精神养老变成实实在在的行动。

（2）专业服务，从"细微"处入手展现专业养老水准。精细、精致、精准服务是市一福院长期以来追求的标准，通过服务理念、管理模式、工作方法的创新，市一福院主动探索养老机构供给侧改革，形成五个独具匠心的特色照护和团队建设模式。在全国率先提出并推行"小单元家庭式照护"模式，设计"有生活感"的客厅，深入推进"家"文化建设；围绕"六位一体"网格化组团服务模式，市一福院建立起精准的服务流程与标准，进一步加强需求贴合、专业融合、服务叠加。开展跨空间、跨专业、跨团队的移动式"护理岛"协同服务，大大提升重度高龄老人的生活品质和个人价值。以"雁式带飞"团队为依托，通过"手把手"师带徒的方式，加大护理技能应用型人才分层分类培训，精益求精，培育"工匠型"人才队伍。创新"暖心工作法、职业导航法、叠加激励法"等服务举措，营造"快乐工作、阳光生活"氛围。持续开展"心情加油站"情绪增能项目，提升员工归属感和荣誉感，让专业养老的温馨感觉充满市一福院"家园"。

（3）科技助老，从"智能"服务中发挥科技养老优势。长期以来，市一福院始终把创新作为单位发展的原动力，在养老服务中不断融入科技和智能元素，以"科技养老"标准化作为建设目标，运用"互联网+"，开展"云医一体"服务模式，有效解决医疗、康复、护理工作中的疑难问题，增强住养老人健康获得感。引入智能看护系统，实时监测重度高龄老人生命体征变化，保障重度高龄老人照护安全。使用智能关怀系统，让老年人与家人能"零距离、面对面"交流，为重度照护老人开辟亲人沟通渠道，为养老服务注入全新血液，创造性转化三大养老未来前沿趋势。

（4）示范引领，在"辐射"带教中践行社会责任。大城养老，一福担当。作为上海市一级示范养老机构，市一福院在全面巩固归纳提炼的基础之上，加强"孝文化"的培养、交流、推广和成果展示，通过同创共建整合社会资源，扩大传统孝亲文化的影响力和示范效应。先后远赴新疆、云南、四川等地参与技术扶贫、灾后重建，结对帮扶郊区薄弱养老机构，让更多的老年人享受优质的养老服务。积极打造新时代文明实践的孝善文化教育基地，辐射社区校园，为孩子们讲好每一堂"孝善"思政课，让孝善的种子从小在孩子们的心中深深扎根。作为首批市级组织生活示范基地，市一福院积极追寻党旗下的孝文化，以品牌建设为核心，让老人身在福利院，心系全社会。疫情期间，一福人更是微光有大爱，舍小家为大家，市一福院的战"疫"故事，被央视、《解放日报》等多家媒体报道。

2. 石门二路街道：贯通机构、社区、居家养老资源，打造没有围墙的养老院

2020年，石门二路街道综合为老服务中心实现扩容增能，在三楼新建了一个685平方米的康养护理空间，涵盖辅具用具租赁、养老云顾问咨询、智能居家产品展示、场景式实训基地、健康护理站、康复门诊等多个功能区，把各种为老服务"嵌"入社区，在一幢楼内为老人"一站式"解决康复护理需求。此外，养老顾问直播间还可以通过线上互动，为老人家属提供养老政策咨询、日常护理培训等服务。街道此举旨在升级无围墙

式综合为老服务，在功能上整合"一站式综合服务"、"一体化资源统筹"、"一网覆盖信息管理"和"一门式办事窗口"，进一步健全"居家、社区、机构相协调，医养、康养、体养相结合"的养老服务体系，深化嵌入式养老服务内涵。

早在 2016 年，石门二路街道率先探索"一站式照护"模式，在综合为老服务中心设置了一个长者照护之家，为社区内失能老人提供 24 小时住养、喘息式康复服务。2019 年，将与长者照护之家一墙之隔的 200 余平方米场地开辟为认知症日间照料中心。此外，社区护理站采用"居家护理+社区照护"模式，提供站点、家庭康复护理服务，辐射社区老年群体。街道还有 7 个乐龄家园助老服务站，均匀布点，为老年人提供助餐、助浴、助洁等以生活照料为主的站点式服务。

长者照护之家平均每年服务 42 人，通过床位流转提升服务频次。日间照料中心通过错时服务、项目化服务等形式，平均每月服务 220 人次。长者照护之家与长期护理保险联动，常年为 418 位老人提供上门护理服务。乐龄家园助老服务站常年为 280 余名社区无子女老人、高龄行动不便老人提供传统"十助"服务。

由此，一个多点位、全覆盖的服务网络为嵌入式养老服务模式提供了有力的支撑。

3. 小昆山敬老院：医、养、康、护、教一体化认知障碍照护模式

小昆山敬老院是九如城养老产业集团布局上海的第一个示范性城市养老服务机构，借助集团的成功经验，将医疗、养老、康复、护理、教育融合，融入项目管理中。下设健康养老区、失能老人护理区、失智老人照护区、医疗康复区，采用智能化信息平台为老年人提供健康管理、生活照顾、文化娱乐、精神慰藉等个性化、多样化服务。

小昆山敬老院目前入住的长者中有 1/3 的人有不同程度的失智症状，失智者的典型共性是记忆和认知功能损坏，主要表现为记忆力衰退、判断力降低、注意力分散、构图能力退化、语言内容贫乏、计算能力缺失等。通过与失智长者的长期相处，小昆山敬老院的工作人员感知到，当一个人失智后，一下子不知道自己是谁、身在何处、要去何方，也不知道周围是些什么人，就像一叶孤舟在黑茫茫的大海上，无所适从，充满不安和恐惧。

这时他们最缺少的就是安全感和信任感，所以失智长者会有很多反常行为，情绪也会变得很烦躁。有些人躲到桌子下面或床下面，说有人要打他（她）；有些人总是说听到有人在骂他（她）；有些人喜欢拿人家东西，说是别人偷了他（她）的东西；有些人到处游走，没有目的，跟他（她）说话也不理；有些人看到镜子里的自己感到害怕；有些人还有暴力行为。所以对失智长者的照护很难，个性特征太强，无法形成统一的标准和应对措施。只能很用心地观察总结，顺应对方的思绪进行安抚和照护。失智长者看似活在忘记所有的空白世界里，也许他（她）们只是活在自己的某一段记忆里，不想被打扰。如果能走进他（她）们的世界，是否能帮他（她）们将零碎的记忆串联起来，让他（她）们活在当下？可是让他（她）们活在当下又有什么意义呢？很多事情经历了就再也回不去了。小昆山敬老院的工作人员团结一致，全力用爱心、细心和娴熟的专业技术照顾每一位老人，陪伴在他（她）们身边，同时也呼吁失智长者的家属，对待失智长者要有耐心，经常来陪陪老人，也许他（她）不认识你，不知道你是谁，但一定能感知到你对他（她）的爱和关心。别让失智者失去亲情。为此，小昆山敬老院采取了以下措施，加强对认知障碍老人的照护。

一是医养融合。家庭医生式的健康管理，建立长者个人健康档案；科学慢病管理，为长者提供动态健康管理服务；定期邀请集团康复医师、社区医院专家坐诊，为长者健康保驾护航。二是教养融合。鼓励有特长的长者组织兴趣小组，老有所为，才艺展示；定期邀请社会组织、志愿团体每月开展生日会以及各种形式的文娱表演，老有所乐，其乐融融；开设长者课堂，老有所学，学无止境。三是平衡新鲜的营养膳食。食谱请营养师制定，满足长者的平衡膳食；所有食材都是当天采购配送，保证新鲜，每天菜品输入上海市餐饮服务食品安全溯源系统；每天食品留样48小时。菜单每周更新，确保营养均衡，吃出健康营养每一天。四是智能化养老。运用九如城自主研发的智慧养老信息化系统，为每位长者制定个性化护理方案，并通过信息平台对护理质量和效果进行全程跟踪监管。

4. 中山街道敬老院：一站式医养健康服务

2021年8月5日，中山街道敬老院启用，可为老年人提供生活照料、医疗护理、膳食营养、康乐活动等一站式住养服务。建筑面积4220平方米，分为综合照护区、认知症照护区以及重症护理区，共有床位 120 张，有单人间、二人间、三人间、四人间多种房型，房间内配有电视机、空调、衣柜、移动餐桌、紧急呼叫器、洗手间等。紧急呼叫系统及应急按钮、随处可见的扶手、无障碍卫生间、无障碍通道、适老化浴室等无障碍设施，让老年人行走、轮椅转运更安全方便。此外，院内还配有厨房、餐厅、洗衣房、配餐室、多功能教室、棋牌室、阅览室、心理咨询室、健身步道等。餐厅菜谱由营养师配制，每周不重样，并可针对特殊需求，提供低盐、低嘌呤、半流质、鼻饲等用餐服务，还可根据需求设立单灶或生日宴等。

敬老院由街道投资建设，按照公建民营的模式，由专业第三方负责运营管理。敬老院配备了一支规范化、专业化、多元化的管理服务队伍，团队由医生、护士、康复治疗师、厨师、营养师、健康管理师、社会工作者、心理咨询师、养老护理员、志愿者等人员组成。敬老院设置了医疗机构，配备药房、门诊、治疗室、医生办公室等诊疗区，定期由医务人员开展诊疗服务，建立医疗与养老结合的模式，整合内外部中西医、康复、理疗等服务资源，提供一站式医养健康服务。敬老院还不定期开展康乐活动，如记忆训练、琴棋书画、影视赏析、康复训练等活动。

二　存在问题

（一）养老机构资源配置呈现区域失衡现象

我们调研发现，目前上海养老机构资源配置存在区域失衡问题，主要表现如下。

一是养老机构规模由内到外逐渐扩大。调查发现，从内环内区域到外环外区域，上海养老机构规模（机构面积、床位数）逐渐扩大，尽管外环外的养老机构数量比中内环区域内的有所减少，但床位数规模具有优势。由此可见，外环外的养老机构规模普遍较大，床位数占据绝对优势。其中一个重要原因可能是政府对养老问题的重视，也与郊区拿地成本低、外环外交通条件改善和居民养老意识加强等有关，许多民营资本看到这一朝阳产业的机遇，投资建设大型养老机构。根据统计，外环外民营养老院数量占全市所有民办养老机构的 42.9%，是其他区域民营机构所占比例的两倍还多（内环内 19.6%，内中环 20.1%，中外环 17.4%）。

二是养老机构床位配置效率也是由内环到外环逐渐提高。外环外最高，而中内环、内环内区域较低。内环线以内床位配置为每千名老人 2.35 张，内环线以外、中环线以内为每千名老人 2.64 张，中环线以外、外环线以内为每千名老人 2.87 张，外环线以外为每千名老人 2.92 张，全市平均为每千名老人 2.79 张，内环线以内及内环线以外、中环线以内区域每千人拥有的床位数低于全市平均水平。原因可能是市中心位置（中环内）土地资源稀缺，拿地成本高，养老机构规模小，导致床位资源配置不均等，其中相当部分养老机构为公办或者公办民营性质（中环内区域公办养老院占比 44.9%），说明中环内区域的养老机构床位数配置效率有待提高。护理员、护士和医生的配置也基本呈现这一状况。

由于上述现象的存在，出现了市区"一床难求"、郊区"空置率高"的现象。老年人宁可排队等候市区养老机构的一张床位，也不愿入住条件还不错的郊区养老机构，造成养老资源利用的冷热不均。因为市区的养老机构总体来说就医环境好、交通方便、离家近、医护人员相对较多。

（二）医养结合形式大于内容，老年人"医"的需求还没有得到充分满足

医养结合是未病疗养、有病治病、病后护理，医疗护理和健康养老相结合的新型养老模式，它将现代医疗服务技术与养老保障模式有效结合，实现了"有病治病、无病疗养"的养老保障模式创新，较好地解决了老年人的"健康"刚需，成为市场关注的热点。最近几年来，上海市将推进养老机构医养结合服务作为政府办实事项目，养老机构积极响应探索开展医养结合服务，并取得了一定的成效，部分老年人能在养老机构中接受及时的小病治疗和康复服务，减少了频繁前往医院就医的麻烦。但总体来说，医疗和养老功能仍然处于普遍的分离状态，这应该说是上海市养老机构的一大痛点。截至 2020 年年底，上海全市内设医疗机构的养老机构只有 317 家，占养老机构总量的 43%，全市养老机构与医疗机构签约率达到

100%，这一比例放在全国来讲应当是排在前列的，但真正能够为入住老人提供专业性的涵盖院前健康管理、院后慢病管理、长期照护、康复、安宁疗护等"医、养、护、康"服务的养老机构少之又少。

究其原因，一是实行医养融合成本比较高，养老机构普遍没有积极性。养老机构要内设医疗机构，必须按照内设医疗机构的相关规定，引入医疗设施和医护人员，这无疑会增加管理成本、减少利润，这是很多实力有限的养老机构难以承担的。二是医疗服务层次低，水平有限。绝大多数有内设医疗机构的养老机构，由于受场地、设施设备、专业技术人员等的限制，通常只能为老人发发药、打打针、输输液，看些头疼、发热、伤风感冒的小毛病，条件好一些的还能做些简单的专科护理服务，以及简单的康复训练等，至于拍片、化验等基本上无力提供。但老年人除了对基本医疗服务有需求以外，也对重大疾病的诊疗有需求，只能由老人家属带到大型医院去排队挂号就诊，"看病难"依旧困扰着这些老年人。三是缺乏专业人员。目前，上海市养老机构中的养老护理员95%以上为来自农村或城镇二次就业的"临时工"，护理员队伍整体呈现高龄化、高流动性、低待遇、低学历特征（91%是女性，60%的年龄在50周岁以上，75%左右是初中及以下文化水平），普遍缺少专业护理知识；聘请的医生和执业护士等专业技术人员基本是退休人员或工厂医务室的从业人员，职称也以初中级职称居多（超过90%），高级职称很少，具有老年医学和老年护理专业学习教育经历的医生和护士更少。四是医疗风险的存在。养老机构提供医疗服务，势必会产生相应的医疗行为，由于缺乏医疗专业技术人员，尤其是高水平的医疗专业技术人员，加上医疗设备不先进，难免会发生医疗事故，一旦死了人，产生了医疗纠纷，这一年基本上白干，甚至亏损，这也是养老机构开展医养结合积极性不高的一个主要原因。

总之，当前上海市养老机构的养老服务和医疗服务的结合虽有所改善，但总体上融合程度较低，养老机构"养老不医护"，导致老人常常难以获得足够的医疗护理与康复服务。根据调查，老年人在选择专业养老机构时考虑的首要因素是"医护条件较好"，这充分反映了潜在顾客对医疗服务的巨大需求，当前上海市养老机构医养结合程度较低的状况与上海市深度老龄化的养老服务需求严重不匹配。

（三）养老护理员队伍素质偏低，流失率较高

上海市养老护理员 95% 以上是来自农村或城镇二次就业的"临时工"，以大龄女性护理员为主，男性护理人员极少，文化程度低、年龄偏大，只有不超过 50% 的人接受了短期的上岗前职业培训，持有基本上岗证，技能等级很低，只能为老人提供简单的生活照料，不具备医疗照护知识和技能。由于年龄偏大、知识水平低，后续岗位技能证书等级提升难度很大。再加上受待遇、社会尊重程度、个人归属感、养老机构间人才抢夺等多方面因素影响，护理员流动性较大，每年高达 30% 以上，护理员队伍的不稳定严重影响了护理服务质量。另外，养老护理员的服务能力与老年人及其家属对优质服务的需求存在差距。分析全市养老机构护理员队伍，一是文化程度较低，初中及以下学历占 75% 以上，有些甚至是文盲，学习能力欠佳，考证难；二是专业水平不高，持证护理员中，初级证书的占 85% 以上，中、高级证书较少；三是队伍年龄结构老化，50 周岁以上占比 60% 以上，年轻的专业护理员较少，招不到、留不住；四是人员流动性强，工作 5 年以上的仅为 31.8%；五是养老机构内设医疗机构中专业医生和护士存在招录难、用工难等问题。

（四）服务质量参差不齐，服务能力有待提升

一是服务功能不全，服务水平尚需改善。调查数据显示，一般低层次的养老机构主要提供生活照料服务，医疗护理以及文化娱乐服务则相对较少，精神慰藉服务更少，而高层次养老机构能够照料老人的日常生活，也能够在机构内为老人提供基本的医疗护理以及文化娱乐服务，甚至可以为老人提供个性化的精神慰藉（能提供心理/精神服务的养老机构占比约为72.82%）。但是，从所提供的文化娱乐服务项目来看，以老年人棋牌、阅读等室内活动为主，文化娱乐设施主要是阅览室和棋牌室，配置的比例分别达到 78.9% 和 77.89%，只有大约三分之一的机构设置了健身室、电影室、书画室、手工制作室，19.27% 的被调查养老机构配置了网络室。文化娱乐活动具有很强的个性特征，不同兴趣爱好以及身体健康状况的老人对于文化娱乐活动的要求不一样。比如，身体条件好喜欢跳舞的老人愿意

参加机构舞蹈队，但是身体条件较差、没有兴趣的老人只希望观赏别人的表演。大多数养老机构没有充分了解入住老人对文化娱乐服务的个性化需求，也没有配备相应的文化娱乐器材设备、提供形式多样的文化娱乐活动项目，所以文化娱乐服务质量不高。从所提供的心理和精神慰藉服务来看，服务提供人员以护理员为主，在提供相应服务项目的养老机构中65%～75%是由护理员完成，而非专业心理服务人员，专业心理咨询师提供相应服务的比例仅为25%～35%（中高档养老机构）。老年人身体健康状况开始退化，子女不能经常看望入住机构老人，老人容易感到孤独、寂寞，身心比较脆弱，会更加渴望别人的关心，但心理疏导需要具备专业技巧，精神慰藉服务要有人文关怀特性，护理员绝大多数来自农村，文化水平不高，也没有接受过专业的培训，所以心理和精神慰藉效果并不如意。从所提供的医疗服务来看，医疗护理功能较弱。应当说，上海市养老机构中医疗保健用房的配置比例还是比较高的，在被调查养老机构中，医务室/卫生室用房设置的比例达到86.82%，但主要是发药、打针，看一些头疼发热的小毛病，医疗服务水平较低，老人"足不出户"看病的需求满足程度不高。能提供康复护理服务的养老机构比例也不高，只占被调查养老机构总数的47.06%，至于（中医）保健室的配置比例就更低了，仅有21.3%的养老机构设有（中医）保健室。对于养老机构医疗服务，老人最看重的是能够方便及时就医。

二是尚有少部分养老机构设施简单，存在安全隐患。调查发现，上海市尚有一些养老机构，尤其是老、旧、破、小的敬老院，环境较差，设施不全。有些养老机构楼道内的扶手和宽度不方便老年人使用，有些养老机构卫生间的门过窄，不方便轮椅进入，坐便器没有扶手，不方便老人起坐。另外，有些养老机构浴室条件简陋，重障老人不方便洗浴，再加上地面没有做防滑处理，存在较大的安全隐患，严重不符合上海市《养老机构设施与服务要求》（DB31/T685—2013）的规定。调查数据显示，针对养老机构中的公共卫生间，尚有近8%的机构没有进行地面防滑处理，4.5%的机构没有安装扶手装置，12%的机构没有安装紧急呼叫装置。因此，需要尽快进行适老化改造和达标建设，确保老人入住的方便性、舒适性和安全性。

三是部分养老机构服务和管理思想陈旧，管理水平不高。有些养老机构认为只要不打骂、不虐待老人，让他们吃饱穿暖就行了，康复服务、娱乐服务、心理服务等都不需要，工作标准和服务规范都是多余的。有些养老机构，出于所谓管理上的需要，对入住老人提出许多限制，要求入住老人在生活、作息等方面高度统一化，挤占了老年人在生活上的许多自由空间，让老年人很不习惯。在调查中，就有老人反映说："养老院不允许老年人自由出入的规定让入住的老年人感觉像笼中鸟一样，堵在这个笼子里面。"有少数养老机构不重视建章立制，院内管理服务制度不健全，缺少预防和处置老年人跌倒、坠床、噎食、走失等意外事件的基本应急方案。有些养老机构制定的管理服务制度文不对题、无法落实。还有些养老机构考核制度没有细则，操作性不强，考核内容不完善，查出的问题无具体整改措施。这些制度的缺失，造成了养老机构服务长时期在低水平运行。

四是养老护理员人性化服务有待提升。如前所述，上海市养老机构的护理员95%以上来自农村，养老护理员队伍呈现"两高两低"特征，即"高龄化、高流动性、低待遇、低学历"，他们仅仅经过短期的培训就上岗，由于文化水平不高、综合素质不强，加上待遇和社会地位不高，缺乏职业精神、护理伦理和自觉的人性关怀。调查中，有老人反映说："只要你有钱，每次照顾完了给个红包，护工就会对你好一些。"因此，加强对护理人员的护理伦理、人性服务教育与培训迫在眉睫。

三　对策建议

（一）提高上海市养老机构资源配置效率的建议

1. 建议一：合理规划，控制总体发展规模，提高内涵建设

随着上海市老龄化问题越来越严峻，政府促进养老事业发展的利好政策频出。一方面，要求政府在机构养老发展规模上要有所规划和把控，建议控制外环外区域养老院的建设规模，尤其是民营养老院的建设规模，同时在外环外区域养老院区位规划上考虑所在区域的辐射人口和交通条件的便利性，从而吸引护工人才；另一方面，外环外养老机构不盲目追求规模

和硬环境上的优势，要加强内涵软环境建设，比如民营养老院可以在提升客户服务满意度、塑造企业品牌和提升企业文化上努力，吸引护工人才，吸引老年人入住。同时，政府也要采取措施做好内环内区域养老机构床位资源配置，在土地成本高昂和空间有限的条件下，加快推进利用政府、企事业单位或社区街道闲置房屋资源进行改造和修建，扩大养老院床位数量，提高总体养老资源的使用效率。

2. 建议二：提高护理人才培养质量，加大老年护理专业人才输送力度

建议政府出台多项措施，积极投入财政，鼓励中等、高等医学院校加强老年护理人才的培养力度，并激励对民办养老机构输送护理人才。我们通过调查访谈发现，外环外民营养老机构的护理人才需求更大、质量要求更高，这就需要众多医学院校加大护工和护理人才培养培训力度，提高人才培养质量；另外，校方也要加强医学教育建设，转变目前护理人才对养老服务的就业观念，配合政府制定从事养老服务行业的人才就业奖励政策，满足养老机构的大量护理人才需求，缓解目前人才供应不足的压力。

3. 建议三：加强医养融合，采取激励政策和优惠措施吸引优秀医护人才

政府应当继续加强医养融合政策落实的力度，配套出台相关政策措施，加强养老、医疗管理机构的功能整合。可以通过多点执业、家庭医生上门和养老服务绩效考核等方式来激励本市二、三级医院或者社区医院医生参与养老行业，调动医护人员的积极性。同时，养老机构，尤其公办养老机构，要改变观念和思路，不再把养老事业单纯当成一项行政和公益任务来做，要具备管理运营思路，切实改善养老软硬环境，提升服务质量，改革绩效考核制度，提高收入待遇，吸引优秀老年医护人才加入，促进"医"和"养"的最终融合。

（二）加快推进上海市养老机构医养结合的建议

详细内容参见第五章"上海市医养康养发展现状、存在问题与对策建议"。

（三）进一步提高养老护理员队伍素质的建议

详细内容参见第九章"上海市养老护理员队伍发展现状、存在问题与对策建议"。

（四）提升养老机构服务质量的建议

1. 建议一：进一步完善服务功能，提高服务水平

首先，要及时解决老人就医问题。目前，多数养老机构只具备生活照料功能，医疗护理功能较弱。建议有条件的养老机构尽量实行"医养融合"，满足老人"足不出户"看病的需求。养老机构可以与附近社区医院及大医院建立合作机制，由医院派医生定期到机构坐诊。同时，养老机构要完善老人健康档案信息，对于患有急性病的老人，要重点陪护，一旦发现异常，立即送往附近医院急救。

其次，专业定制满足老人个性化需求的娱乐服务。因身体健康状况、兴趣及个人经历不同，老人文化娱乐活动需求差异比较大。养老机构应全面收集每一位老人的文化娱乐兴趣，为他们提供符合自身需求的娱乐服务；组织多种形式的兴趣小组，满足老人的不同文娱需求，实行文化养老；对于一直被忽视的失能、半失能老人的文娱需求，应结合这类老人长期卧床不运动造成肌肉萎缩的特点，逐步推广"音乐介入养老照顾"项目，并开发相关专业服务，让失能、半失能老人也能身心愉悦。

最后，要经常性地关怀老人的内心世界。精神慰藉服务是老人急切需要的服务之一，也是影响老人对养老机构服务满意度评价的核心指标，养老机构在做好其他服务的同时，应关注老人的内心世界。在日常生活照料过程中，养老机构应关注机构内鳏寡孤独老人情况，倾听他们的内心世界、分担他们的烦恼、排除他们的孤独。在条件允许的情况下，养老机构应发挥机构内其他老人的作用，组织有意愿、有能力的老年人开展"一对一"帮扶活动，帮助有需要的老年人及时走出阴影，特别是要引进一些心理专业人才，或者和专业的心理咨询公司合作，向老人提供专业化的心理与精神慰藉服务。

2. 建议二，引导、帮助、扶持、督促养老机构进行适老化改造、优化养老环境，消除安全隐患

针对少数养老机构，特别是老、旧、破、小的养老院环境差、设施简陋、安全隐患高的现状，政府要制定措施，加大扶持力度，限期进行整顿，特别是对老年人的起居室、沐浴室、盥洗室、公用厕所间、餐厅、会客聊天室、楼梯走道等进行适老化装修和标准化改造，帮助这些养老机构配齐卫生保健室、文化娱乐用房、康复训练室、心理咨询室、临终关怀室等，使之更加符合现代老年人的生活需求。

3. 建议三：对公办养老机构进行改制，实行公建民营

随着上海人口老龄化形势的日益加剧，社会对公办养老机构的服务对象和服务能力提出更高要求。而公办养老机构编制少、人员紧、经费缺、管理死等弊端日益凸显，影响公办养老机构的运行活力。建议加大公建民营改制力度和步伐，让专业的人做专业的事，既可以发挥民办养老机构的专业能力，又可以为入住的老年人提供更优质的养老服务。

4. 建议四：通过指导、帮助和强化培训，帮助养老机构提升管理服务水平

一是政府可通过购买服务的方式，委托相关高校或专业培训机构定期组织对养老机构负责人及其他相关管理人员的培训，组织相关管理人员到运营管理水平高的养老机构参观学习，到日本、德国和中国台湾等养老运营经验丰富的国家和地区考察调研，参加养老高峰论坛等，帮助他们提高认识，转变观念，提升运营管理水平。

二是各级民政部门要帮助养老机构制定"一院一策"的整改方案，指导养老机构健全制度、依规运营，培训人员、提高素质，规范服务、形成机制，在检查、整改、提高的基础上，促进机构的服务质量实现进一步提升。

三是高度重视护理员队伍的素质建设，特别要强化护理员护理伦理和人文关怀的教育培训。一方面，要组织护理人员学习，让他们了解护理伦理和人文关怀的理念和要求，请礼仪老师进行护理人员的行为和语言培训，制定详细的护理伦理和人文关怀行为规范和标准；另一方面，通过舆

论宣传、树立典型等，积极营造人性化护理的氛围，在养老机构中形成关注老人、关心老人、重视老人需求、尊重老人权利的风尚，这样才能让老人心情放松、开心愉悦。

（钱芝网）

第二章 上海市社区养老发展现状、存在问题与对策建议

一 发展现状

（一）建立了较为完善的社区养老政策体系

2001 年 4 月，上海市民政局发布的《关于印发〈关于全面开展居家养老服务的意见〉的通知》（沪民事发〔2001〕23 号）指出，需大力发展居家养老服务体系，形成机构养老和居家养老相结合的服务网络。

2003 年，为了进一步规范居家养老服务补贴经费的管理和使用，上海市民政局发布了《关于进一步规范居家养老服务补贴经费管理和使用的通知》（沪民福发〔2003〕28 号）。

2004，上海市民政局发布了《关于进一步推进深化居家养老服务工作的通知》（沪民福发〔2004〕6 号）。

2006 年，上海市政府办公厅转发了市民政局等部门《关于进一步发展居家养老服务的意见》。同年，上海市民政局先后出台了《上海市居家养老服务需求评价表》和《上海市居家养老服务工作用表》（申请/审批），进一步完善了养老服务的内容和工作。同年 10 月，上海市发布了《关于进一步促进本市养老服务事业发展的意见》。

2008 年，上海市出台了《关于全面落实 2008 年市政府养老服务实事项目，进一步推进本市养老服务工作的意见》（沪民福发〔2008〕5号）。

2009 年，上海市政府针对如何开展具体的生活护理工作出台了《社区居家养老服务规范》。

2012 年，上海市人民政府印发了《上海市老龄事业发展"十二五"规划》（沪府发〔2012〕22 号），提出要深入开展"老年友好城市"和"老年宜居社区"创建工作。

2013 年，上海市老龄工作委员会办公室牵头组织编制了《上海市老年友好城市建设导则（试行）》（沪老龄办发〔2013〕19 号）。

2014 年，为了进一步应对老龄化发展趋势，满足上海市生活自理困难老年人的养老服务需求，不断提高上海市养老服务的供给能力，上海市民政局印发了《关于调整本市社区居家养老服务相关政策的实施意见》的通知（沪民老工发〔2014〕9 号）。同年 8 月，上海市老龄工作委员会办公室、上海市民政局发布《关于推进老年宜居社区建设试点的指导意见》（沪老龄办发〔2014〕10 号）。

2015 年，上海市印发了《社区居家养老服务规范实施细则（试行）》（沪民老工发〔2015〕4 号）。同年 8 月，上海市印发了《关于全面推进本市医养结合发展的若干意见》的通知（沪民福发〔2015〕19 号）。

2016 年，上海市民政局出台了《关于加强社区综合为老服务中心建设的指导意见》。同年 9 月，上海市政府印发了《上海市老龄事业发展"十三五"规划》的通知（沪府发〔2016〕85 号）。

2017 年，上海市政府办公厅转发了市民政局制定的《上海市社区养老服务管理办法》的通知（沪府办发〔2017〕35 号）。

2018 年，上海市民政局发布了《关于开展社区"养老顾问"试点工作的通知》（沪民老工发〔2018〕7 号）。

2019 年，上海市民政局印发了《关于资助开展社区日间照护机构运营模式试点的通知》（沪民老工发〔2018〕22 号）。

2019 年，上海市人民政府印发了《上海市深化养老服务实施方案（2019—2022 年）》（沪府规〔2019〕26 号）。

2020 年，上海市民政局印发了《2020 年上海养老服务工作要点》的通知（沪民养老发〔2020〕5 号）。2020 年 12 月，上海市人大常委会颁布了《上海市养老服务条例》，这是上海市养老服务领域的"基本法"。

上述通知、实施意见、规划等共同构成了上海市社区养老服务政策制度体系，为上海大力发展社区养老指明了方向、提供了依据。

（二）在全国率先探索和实践了社区嵌入式养老服务模式

家庭和社区是上海老人养老的最重要场所，面对超大型城市人口密度大、土地资源紧缺和大型养老机构建设成本高昂等客观因素的制约，上海积极探索社区嵌入式养老服务的新型供给模式。

社区嵌入式养老起源于上海闵行区颛桥镇的养老方式探索。为满足老人"在家门口养老"的愿望，2013 年颛桥镇政府利用社区中闲置的公共配套设施，建设了一个规划面积 623 平方米、仅有 30 张床位的"迷你"养老院，采用政府购买专业化运营服务的模式，为周边生活半自理、轻度失智失能老人提供全天候的护理照料服务，并通过日托、助餐等方式，辐射社区其他有需要的老年人群体。这种机构运行方式就是日后"长者照护之家"的典型模式，"社区嵌入式养老"概念就此诞生。

2014 年 3 月，上海市民政局印发了《"长者照护之家"试点工作方案》，明确提到"长者照护之家"是为老年人就近提供集中照护服务的社区托养设施，一般采取社区嵌入式设置方式，辐射周边社区。随后，上海市政府进一步发布《关于加快发展养老服务业、推进社会养老服务体系建设的实施意见》，明确提出要因地制宜兴办家庭化、小型化养老机构。2014 年下半年开始，上海以"长者照护之家"、社区综合为老服务中心等为重点，开展社区嵌入式、多功能、综合性养老服务机构的试点工作。

2015 年，社区嵌入式养老试点工作正式纳入上海市政府实事项目加以推进，社区嵌入式养老迅速发展。

2019 年 5 月，上海市人民政府印发了《上海市深化养老服务实施方案（2019—2022 年）》，提出加快社区嵌入式养老服务布局，重点打造枢纽型的社区养老综合体（综合为老服务中心或分中心），集成日托、全托、助餐、医养结合、康养服务等功能，社区综合为老服务中心（分中心）在街镇全覆盖的基础上实现数量翻番，不少于 400 家。同年 11 月，上海市发布了《上海市社区嵌入式养老服务工作指引》，正式宣布上海在未来的养老服务体系建设进程中把社区嵌入式养老服务作为首选的模式。

2020 年 12 月,上海市人大常委会发布了《上海市养老服务条例》,用地方立法的形式规定在中心城区和城镇化地区重点发展社区嵌入式养老服务,在社区内根据实际嵌入不同规模和功能的养老服务和设施,为老年人提供便利可及的养老服务。

2021 年 6 月,上海市人民政府办公厅发布了《上海市老龄事业发展"十四五"规划》,提出构建社区嵌入式养老服务"1+8"体系。"1"是每个服务圈内至少建有 1 家集多种养老服务功能于一体的社区综合为老服务中心,"8"是指围绕每个服务圈应具备 8 项标配功能:专业照护类、助餐服务类、医养结合类、健康促进类、智能服务类、家庭支持类、养老顾问类、精神文化类。

2017 年,"嵌入式养老"首次写入国家文件,在民政部、财政部《关于做好第一批中央财政支持开展居家和社区养老服务改革试点工作的通知》中要求,重点增设嵌入式居家和社区养老服务设施和机构。"社区嵌入式养老"成为上海继"9073"之后又一项在全国引领养老服务业发展方向的重要举措,也是上海为国家构建新型养老服务体系贡献的又一"上海智慧"。

目前,上海市社区嵌入式养老服务机构主要有两种类型:一种是专业化的长者照护之家,截至 2020 年年底,全市已建成 204 家;另一种是社区综合为老服务中心,截至 2020 年年底,全市已建成 320 家,并且实现了 215 个街镇全覆盖。除此之外,有些社区结合具体情况在社区嵌入设置了其他类型的养老服务机构,如日间照料中心,截至 2020 年年底,全市已建成 758 家。

(三) 强化社区助餐场所(点)建设,让老人享受"舌尖上的幸福"

2019 年 3 月,上海市民政局发布了《关于提升本市老年助餐服务水平的实施意见》,确定到 2022 年,全市助餐服务场所数量实现"倍增"(不少于 1600 个),其中社区长者食堂不少于 400 个的工作目标。各行政区纷纷落实,不断实践,截至目前,全市共有社区老年助餐场所超过 1232 个,相关区和街镇还形成了不少经验做法。

1. 闵行区：建设示范型、标杆型社区长者食堂

2021 年 10 月，闵行区打造的示范型、标杆型社区长者食堂——闵行区莘庄镇莘松社区长者食堂正式营业。该社区食堂位于莘松三村 43 号，项目建筑面积 380 多平方米，设有就餐区、厨房区、更衣室、后勤间、卫生间等。食堂设计餐位 107 个，辐射莘松社区 5 个居委会 20 个片区，成熟运营后将提供一日三餐，日供餐能力约 900 客（含堂食和送餐）。该社区食堂聚焦助餐、家庭照护、老年认知障碍友好社区建设，打造集老年助餐、社区自治、社会公益、养老服务能力支撑等功能于一体的综合性平台。

与传统的社区食堂不同的是，该食堂的特色亮点是突出"智慧"与"舒适"，引入智慧助餐系统，实现线上点餐、自助结算、人脸支付、营养数据查询和分析等智慧助餐功能。餐厅的整体设计布局充分考虑适老化元素，如就餐区、洗手台、卫生间的设计，确保就餐安全性和舒适性。分设功能专区，如爱心专座区，为行动不便的老年人专设轮椅就餐区，提供辅助进食类餐具；记忆家园区，即老年认知障碍支持专区，系社区老年认知障碍宣教、早期筛查阵地，赋能家庭照护；多功能活动区，为社区居民定期提供健康饮食指导、免费讲座、举办公益活动，促进代际交融、社区融合。餐厅还提供糖尿病、高血压等老年群体定制菜品，满足特殊膳食需求，为不同人群调配不同节气靓汤、药膳食谱，提供高服务品质。餐厅提供堂食、外送、个性化订餐等一体化服务，成熟运营后，为社区周边居民提供一日三餐服务。

2. 崇明区：不断完善老年助餐服务网络

面对老龄化程度不断加深的现状，崇明区采取多种方式，不断完善老年助餐服务网络。一是加大助餐服务供给能力。近年来，结合老年人实际需求，崇明区大力推进老年助餐服务场所建设，截至 2020 年年底，全区老年助餐服务场所达 92 家，基本实现老年助餐场所数量倍增。目前，崇明区助餐服务供给能力约 1.3 万客，达到全区 65 周岁以上户籍老年人口的 7%，月供餐量约 10 万客。二是优化助餐场所"1+N"布局。崇明区在大力推进老年助餐服务场所数量实现倍增的同时，注重优化设施布局，形成"1+N"的助餐服务场所布局。各乡镇在辖区内至少建设一家社区长者

食堂，以村居为单位设置 N 个老年助餐点，在地广人稀的农村地区构建"1+N"的助餐服务网络，大大提高了助餐服务的可及性和便利性，让更多的老年人能够在家门口自由选择集中用餐或上门送餐。

3. 虹口区："虹口乐龄"养老专屏新增送餐服务监管功能

2021 年 2 月，虹口区养老数字大屏"虹口乐龄"新增送餐服务监管功能，初步实现养老服务监管数字化转型。一是明确送餐标准，落实配送要求。对本区户籍 80 周岁以上的独居老人、长护险照护等级 4 级以上的老人，经街道认定后，提供助餐上门服务。按照平均每 25～30 位老人配置 1 名骑手的比例，每日从社区助餐点逐份送达老人家中。二是合理安排路线，开展配送打卡。按照及时、安全的要求，结合社区老人集散分布，每名骑手根据系统设计的路线开展配送，同时应用手机 App 进行考勤打卡。除特殊天气或其他意外原因外，准时送达率在 95% 以上。三是轨迹描述上大屏，实现实时监控。目前，"虹口乐龄"大屏上已经能够用数据描述的形式，将当日骑手的服务轨迹、老年人用户信息、逐份送达轨迹等予以展现。同时，技术团队也在持续完善数据校核，并以每日更新的频率实时反映。四是及时响应预警，提高群众满意度。因极端天气或意外情况导致服务延迟的，配送服务团队将启动预警和预案，及时向沿路配送老人致电告知，并调动机动人员到达现场做好服务跟进。

4. 松江区：提升为老助餐的社会参与度

松江支持有资质、有信誉、有爱心的社会餐饮企业在服务场所设置"老年餐桌"，专门为老年人提供价格优惠、品种多样的老年餐。鼓励各街镇大力开展老年助餐场所建设，明确每个街镇需建设 1～2 个供餐能力在 150 客/餐以上的社区长者食堂，建成后交由第三方专业机构运营。同时，松江正大力推进养老机构与社区居家养老服务融合发展，鼓励养老机构"破围墙、增功能"，发挥溢出效应，向周边社区的老年人开放食堂，并提供上门送餐服务。预计到 2022 年年底建成 11 个社区食堂。除此之外，在部分条件成熟的社区长者食堂，松江区还试点了自助称量结算、自动营养分析、刷脸结算、机器人收盘等智能用餐场景，提升社区老年助餐服务的多样性和便利性。目前，九里亭街道社区长者食堂已经完成部分场景建设，泖港镇黄桥社区长者食堂正在建设之中。

5. 杨浦区：开设"睦邻小厨"老年助餐点新形式

"睦邻小厨"由杨浦区 12 个街道依托社区综合为老服务中心、社区睦邻中心等资源，同时利用存量助餐设施改造而成，方便社区老人用餐。小厨自 2021 年 1 月底试运营以来，温馨整洁的用餐环境、智能便捷的结算系统、明厨亮灶的监控设备、美味实惠的菜品餐食，让许多老年人、白领员工和社区居民成了忠实"粉丝"。

6. 闵行七宝镇：打造老年助餐连锁化运营模式

七宝镇城市化水平较高，利用存量房屋持续建设大型社区食堂却遇上难题。经过反复调研磋商，七宝镇因地制宜建立起大型社区食堂和助餐点之间的"供应链"，实现"集中到点，点餐服务"的助餐方式，形成老年助餐品牌化、连锁化运营的模式，满足老年群体就近便捷、安全放心、质优价廉的就餐愿望。

七宝镇以"15 分钟养老服务圈"为单元，在综合为老服务中心嵌入助餐点功能，并由大型社区食堂连锁化运营，向助餐点"集中到点"供餐，让助餐点兼具社区食堂的"点餐服务"功能，一举解决了持续建设社区食堂的难题，满足了老年人便捷可及的助餐需求。目前，七宝镇按照均衡布局要求，建起"东南中北"四个片区的助餐网络：东有静安新城社区食堂和大上海国际花园社区食堂；北有航华社区食堂；中有青年路助餐点和万科助餐点；南有皇都助餐点。通过完善助餐设施布局，七宝镇每天为老年人提供助餐服务 2000 客左右。2021 年年底，惠明、静安第一居民委员会助餐点也陆续建成并投入运营，助餐布点更趋完善。

与此同时，七宝镇充分利用大型社区食堂的助餐资源，进行连锁化运营，目标就是发挥品牌优势，达到服务均等、标准统一，从而提升服务品质。现有的 3 家社区食堂中，加工能力为 500 客的有 2 家、加工能力为 800 客的有 1 家。通过综合考察和分析，选取 2 家进行各有侧重的连锁化助餐服务试点。

为保障老年人"舌尖上的安全"和助餐满意度，七宝镇实行闭环管理，通过"食品质量源头把控、送餐环节时间把控、丰富菜品提高感受度、拓宽助餐渠道、畅通建言献策通道"五个环节提升助餐服务质量。在保质上，为了保证社区食堂和连锁助餐点的餐品同质化，社区食堂主动接受食品安全监管部门的监督检查，保证食品安全可追溯；还配备送餐保温箱等，算好路程时间及时配送，确保餐品安全卫生有温度。在保量上，社区食堂每天推出 8~10 款菜肴，荤素搭配，口味上顾及老年人的饮食习惯，低油低盐；一周内确保菜品不重样；允许老年人根据需求点半份菜，满足老年人饮食多样化的需求，同时避免浪费，提高老年人用餐满意度。在保价上，让利于老年人，菜价略低于市场价；65 周岁及以上老年人享受折扣优惠。经过连锁化运营试点，七宝助餐服务形成了自身的特色。

助餐点虽然地方小，但在完善的管理和合理的引导下，老年人自觉配合分时段就餐；许多老年人还自带保温盒回家用餐，极大减轻了堂食的压力。在完善连锁化经营的同时，七宝镇为了拓展助餐服务，着力在"助餐+"上做文章。设置在邻里中心等场所的助餐点，利用资源优势大力开展各项为老服务，丰富了老年人的生活。老年人在享受助餐服务的前后，可获得养老顾问、医养结合、文体教育等多项服务，把助餐服务点建设成为沟通、分享、共治的良好平台。

7. 浦东三林镇：试行助餐监管制度

为了加强老年人助餐点标准化建设和规范化服务，2021 年 2 月，由镇社建办牵头，开始试行助餐监管制度。镇里组建了两支队伍，一支是由居家养老服务中心工作人员、镇人大代表、镇党代表、居村老年志愿者等组建的助餐质量巡访队伍，每月随机对三林镇 5 个助餐点开展明察暗访，从主观上找出助餐点的不足；另一支是由市场监管所、安监所、六大社区中心工作人员组建的助餐质量监督队伍，每半年开展一次联合巡查，重点监管消防安全、食品安全等内容，从客观上为助餐点查漏补缺。

8. 普陀区曹杨新村街道：采用智慧餐盘

2021 年以来，为了让食客免于在疫情期间排长队，普陀区曹杨新村街道武宁片区社区食堂推出了自助结算的智慧餐盘。只要把选好的餐盘放在结算台上，就能自动显示菜品总价，如果预先录入人脸信息，还可以使用便捷的刷脸支付。此外，面食区域也将人工叫号改为电子牌叫号。曹杨新村街道年满 60 周岁的老年居民，还可以向居住地所属居委会登记申请开通"益卡通"服务。这张卡将老人的人脸信息与敬老卡绑定，老人无须再用现金结账，也免于不会使用支付宝、微信等电子支付方式的尴尬。

此外，"益卡通"还有老年助餐服务功能，老人不光可以享受满 15 元减 3 元的优惠，还可以坐在家里下单，社区食堂会将暖心午餐送上门。截至 2021 年 5 月，曹杨新村街道已有 7000 余人登记了"益卡通"服务。

（四）推进老年人居家环境适老化改造

在连续 8 年实施低保困难老年人家庭居室适老化改造项目的基础上，采取"政府引导、市场化运作"的方式，统一改造服务平台、规范服务流程、优化改造项目清单，并制定梯度补贴政策，开展面向全体老年人的居家环境适老化改造。2021 年此项工作纳入了市委民心工程，计划完成 5000 户适老化改造，目前共有 12262 户老年人家庭提出申请，8867 户完成入户评估，4915 户完成改造。

详细情况参见第十三章"上海市社区居家养老适老化改造发展现状、存在问题与对策建议"。

（五）实施智慧化养老服务

上海市坚持以老年人为本、就近便捷、质优价廉、形式多样的智慧养老建设方向，构建了智慧养老政策制度和标准体系，培育扶持养老高科技企业，积极引导、扶持和发展智慧养老，搭建了上海市养老服务信息化平台，开辟了"空中养老顾问"专栏节目，持续发布智慧养老应用场景清单，强化老年人智能技术培训指导，消除老年人的数字鸿沟，探索形成了颇具特色的智慧养老模式和经验，全市养老服务整体智慧化水平逐年提升。

详细情况参见第八章"上海市智慧养老发展现状、存在问题与对策建议"。

（六）开展非正式照料服务

依托家庭成员、社区志愿者等为家庭养老提供增能支持服务。2012 年起实施"老伙伴计划"，目前每年有 4 万名低龄老年志愿者为 20 万名高龄独居老年人提供日常关爱服务。2017 年起实施"老吾老计划"，为失能老年人家庭照料者提供技能培训，提升居家护理水平，目前已开展了五批，覆盖 14 个区 113 个街镇。2019 年起在五个区开展养老服务"时间银行"试点，鼓励和支持发展互助性养老服务，目前共注册"时间银行"的服务提供者 6651 人，完成服务时长（时间币）14034 小时，共服务老年人（服务对象）14191 人。

（七）试点开展长期护理保险照护

上海市是全国首批开展长期护理保险试点的 15 个城市之一，2017 年在徐汇、普陀、金山三个区试点，2018 年在全市全面铺开。为此，上海市制定出台了《上海市长期护理保险试点办法》《上海市长期护理保险试点办法实施细则（试行）》《上海市长期护理保险需求评估实施办法（试行）》《上海市长期护理保险服务项目清单和相关服务标准、规范（试行）》《上海市长期护理保险定点护理服务机构管理办法（试行）》等一系列政策制度。截至 2020 年年底，上海市长期护理保险共服务失能老人 55.58 万人，极大地提高了上海老年人的生活质量。

详细情况参见第六章"上海市长期护理保险发展现状、存在问题与对策建议"。

（八）探索认知障碍照护

2018 年起，上海市每年将改建认知障碍照护床位列入市政府实事项目，目前全市已建成 7000 多张认知障碍照护床位。2019 年 9 月起，在全市推进老年认知障碍友好社区建设，致力于推动认知障碍在社区的早发现、早干预，目前已覆盖 121 个街镇。

详情参见第七章"上海市老年认知障碍照护发展现状、存在问题与对策建议"。

（九）设立社区养老顾问制度

为了让老年人方便精准地了解养老服务相关政策，2018 年上海市推出养老顾问制度，提供政策咨询、资源链接、个性化养老方案定制等服务。目前，养老顾问点已实现街镇全覆盖，并向居村延伸，全市共 5930 处养老顾问点、8261 名养老顾问员，至今已累计提供近 51 万人次有温度的服务。开通"上海养老顾问"微信公众号，汇聚各类养老服务信息，方便公众一键查询。

详细情况参见第十四章"上海市社区养老顾问发展现状、存在问题与对策建议"。

（十）深化医养康养结合

在社区普遍开展家庭医生签约服务、推进家庭病床服务，实施医养康养结合，努力让老年人方便获得医疗和康复服务支持。

详情参见第五章"上海市医养康养发展现状、存在问题与对策建议"。

（十一）形成了一批社区养老服务典型做法和模式

1. 徐汇区：全域建成"邻里汇"社区养老服务体系，实现人人享有美好老年生活

徐汇区是上海市的中心城区，历史底蕴深厚，科教文卫资源丰富，社会主体发达，民众参与意识强，居民群体多元，服务需求多样。但徐汇区仍有不少狭小逼仄的旧里弄和老小区，人均住房面积小，让拥有一间"客厅"成为居民心中的奢侈品，这一诉求经常被集中提及。

小区居民和基层干部突出反映了社区公共服务空间少、资源散、功能弱的"顽症"，社区养老服务缺乏有效载体、平台和抓手。从为全区居民建立家门口"公共客厅"的构想，到逐步在社区建立一站式、一体化的社区养老服务体系，徐汇区通过项目化运作、品牌化推进，全区推广建设"邻里汇"社区嵌入式养老服务体系，提供政务服务、生活服务、为老服务、健康服务、文化服务、体育服务、教育服务、法律服务、心理服务、志愿服务十大类基本服务，让处于深度老龄化的社区具备持续照料能力，让老年人在熟悉的环境中、在亲情的陪伴下原居安养，老人们的社区归属感显著提高，"邻里汇汇邻里，美好生活共同体"已成为徐汇老年人的高品质生活标签，"邻里汇"养老服务体系已打造成为具有徐汇特色、体现徐汇美好生活的民生服务品牌。

一是打造家门口的"党群站""会客厅""托老所""便民点"。"邻

里汇汇邻里",培育有温度的社区。"邻里汇"汇集的是民众服务需求、社区服务功能、区域服务资源、社会参与热情、自治共治智慧,是有效补齐当前社区养老服务短板、整合各类社区服务资源、打造有温度的社区的积极实践。"邻里汇"突出体现了"小空间、大集聚,小平台、大创新,小载体、大服务"的理念,体现了家庭结伴、邻里结情、社区结缘的家国情怀,打造成为家门口的"党群站""会客厅""托老所""便民点",真正形成"一汇多点、一体多元、一网覆盖,全时响应、全区联动"的徐汇社区养老服务体系。目前,徐汇已建成18家"邻里汇",其中有9家设置了综合为老服务中心、长者照护之家、日间照护机构、助餐服务点;有7家设置了社区卫生服务站,其余也都设置了健康促进空间,提供健康自测、健康档案建立、慢性病健康指导等服务,形成了嵌入社区、医养结合的养老服务供给体。

二是"颜值+温度"同框,营造养老服务的亲和力。从本质上看,养老服务具有天然的亲和力属性。因此,"邻里汇"建设之初,在设计风格上就凸显温馨、舒适,力求既有"颜值"、又有"温度",体现地域特征、文化特质、老人特点,让老年人真切感受到这种熟悉的亲和力,让他们走进"邻里汇"、建设"邻里汇"、享受"邻里汇"。徐汇区康健街道寿昌坊是全区第一家建成的"邻里汇",这里原本封闭的围墙被改成围栏,栽上树、种上草,不再有门禁的概念,完全与小区融为一体,人也就越聚越多。但是,能吸引居民"走进"这片公共服务空间,不代表能吸引他们"坐下来"共建共享。为了增加"邻里汇"的服务内容,街道向大小公益团体、民非组织伸出了橄榄枝,邀请他们设计出合适的服务或活动项目,最终从中筛选并引进了包括"亲子绘本阅读""听林爷爷讲红色革命故事""记忆课堂"等23个项目,覆盖从学龄前到老年人的各种居民群体。

三是"内涵+品质"并存,升级养老价值观。老年人对于美好生活的向往是高品质的养老服务,这绝不是一味追求高大上的硬件建设,而是要更多地从服务理念、服务内容、需求满足出发。"邻里汇"社区养老服务体系尤其注重服务功能、服务内涵、服务场景,突出抓好服务质量,满足老人多元化、高品质的养老需求,让生活在徐汇的老人有温度、有尊严、有品质地养老。天平街道"66梧桐院邻里汇"(简称"领里汇")坐落于历史风貌区的核心区域，其中一栋还是文物保护建筑。"邻里汇"的整体布局、空间设计、内嵌服务凸显历史底蕴、文艺气质与养老服务的完美融合。社区文化名人组成"名家坊"，常在"邻里老年餐厅"餐余饭后表演优秀曲目，传播传统文化。

四是"养老+托幼"组合，实现老少同乐、代际和谐。"邻里汇"经常让小朋友和老年人玩到一起，有的社区的"邻里汇"把一楼空间转换成全社区共享的"大客厅"，透明的围墙消解了原来的距离感，小朋友带来的笑闹声最让老人愉快，"老少乐"空间把老人的沙发躺椅和幼儿的爬行垫、玩具安排在一起，小朋友听老人讲故事，和老人做游戏，其乐融融。

五是"他助+自助"联动，鼓励老年人成为养老服务的主角。徐汇区致力"卓越徐汇、典范城区"建设目标，正变得更宜业、更宜居，而一代代建设者、开拓者、奋斗者逐渐步入老年、回到社区，他们是一支养老服务的重要力量。"助人自助"的本质是通过帮助他人，以达到帮助自己的效果。"邻里汇"设立的初衷亦是如此，在实践过程中通过"他助+自助"联动，不断强化"助人自助"理念，让老人们不仅乐于接受，也乐于奉献，提升老年人的主人翁意识，让老人们有能继续发挥自己光和热的平台和机会，提升参与感、满足感和成就感，老年生活更加丰富多彩、更加充实美好。斜土街道江南新村"邻里汇"充满浓浓的"船"文化气息，接待处的船型大招牌，走廊、楼梯间随处可见的救生圈、铁锚、热带风情的小装饰品，无不显示着这家"邻里汇"的鲜明特色——船。江南新村是一个有着70多年历史的老小区，这里的居民大多是江南造船厂的退休职工。他们对船舶有着很深的热爱和情结，因此这家"邻里汇"就将船舶文化融入硬件环境之中，让居民踏进大门就能勾起曾经工作时的美好回忆。在"邻里汇"建设和服务过程中，社区老年居民尤其是船厂老职工充分发挥主体能动性、群策群力、积极参与，他们更自豪的是自己的人生价值在这里再次得到了体现。"邻里汇"的全职工作人员并不多，但每天来这里活动的老人、孩子多达上百人次，如果仅靠工作人员显然是不够的。老年居民自发成立了志愿者队伍，排班来这里参与志愿服务。居民爱"邻里汇"，不仅仅是因为"能得到"，还因为"能付出"。他们不仅能够得到服务体验，还能够在共建共享过程中得到一种深层次的价值体现。

2. 长宁区：聚焦"四个一"，打造长宁优质均衡的社区嵌入式养老服务体系

2018 年以来，长宁区以承接第二批全国居家和社区养老服务改革试点为契机，聚焦"一本账、一个圈、一盘棋、一张网"，健全完善以家庭为核心、社区为依托、市场为支撑、医养相融合的居家和社区养老服务体系，着力打造"有梯度、有精度、有深度、有温度"的社区嵌入式养老服务体系。

一是重规划，理清"一本账"，突出社区嵌入式养老的梯度。长宁区建立养老规划顶层设计，先后制定《长宁区养老服务"优质+均衡"三年行动计划》《长宁区深化养老服务实施方案》等统揽文件。打造"社区综合体+家门口微养老"的街居两级养老服务层级。一方面，在每个街道都建成 1 家社区综合为老服务中心，形成"一站式综合服务""一体化资源统筹""一网覆盖的信息管理""一门式办事窗口"。另一方面，整合社区老年活动室、闲置物业资源，指导街镇灵活设置多个家门口的养老服务站点；依托社区内长者照护之家、老年日托所、助餐点等嵌入式设施，开展专业照护类、医养结合类、助餐服务类、健康促进类、精神文化类等服务。2018 年至今，在区财政局、市场监管局等部门的大力支持下，长宁区相继制定出台了 20 余项区级政策，重点鼓励养老机构向社区开展助餐、助浴、日托、医疗等延伸服务，支持发展"物业+养老"模式，开设"记忆家园"等认知症社区托养服务设施，引导社会餐饮企业加盟"长者餐桌"，因地制宜增加社区嵌入式养老的服务功能，进一步丰富市场化、多元化的服务供给。

二是重体系，优化"一个圈"，强化社区嵌入式养老的精度。长宁区大力发展社区养老服务设施，基本建成"五圈合一""一中心、多网点、全覆盖"的"社区养老 15 分钟生活服务圈"。2020 年以来，长宁区推进社区嵌入式养老体系的成效和做法先后得到中央电视台、新华社等国家和市级媒体宣传报道。新华路街道织密织实"一中心、多网点、全覆盖"的"15 分钟养老服务圈"，完善街居两级功能性设施、适配性服务和情感性支持等"嵌入式"服务供给，以敬老邨这一社区更新样本助推老年宜

居社区建设。华阳路街道以围绕社区老年人"床边、身边、周边"服务需求，建设"设施可达、信息可知、服务可及、情感可依"的嵌入式养老服务体系，实现"不离家、不离亲、不离群"的原居颐养目标。仙霞新村街道将茅台路乐龄惠老服务街区营造纳入"一街一品"建设，探索打造综合为老服务中心分中心等社区嵌入式养老服务创新示范点。虹桥街道围绕"美好生活在虹桥，幸福养老在身边"的目标，推动"设施嵌入、专业嵌入和创新嵌入"，以美好生活服务站做细做实家门口养老服务。区民政局会同区医保局、区财政局制定《长宁区家庭照护床位实施方案》，在江苏路街道和天山路街道率先开展家庭照护床位试点，探索符合条件的养老机构将专业服务配送到居家老年人床边。在江苏路、华阳路、虹桥和新泾镇4个街镇开展康复辅具社区租赁服务试点，申报新华、仙霞、北新泾、程家桥为第二批试点街镇，通过引入辅具服务商，满足老年人多元化的康复需求。鼓励养老机构向社区延伸服务，推进机构、社区、居家融合发展。率先探索"物业+养老"跨界模式，以居家为基础、社区物业为依托、合格养老服务供应商为支撑，盘活闲置社会设施用于"物业+养老"点位建设30余个，其中打造惠老家园6个，丰富社区居家养老服务社会化供给。长宁区建立全市首个区级智慧养老大数据平台，对接市级为老服务平台等数据库，凸显"一屏通""一卡通""一点通""一线通""一视通""一键通"的"六个一"特色，让养老服务更精准围着老人"转"。构建区、街、居三级社区养老顾问体系，探索养老顾问点向居民区延伸，打通养老服务供需对接的"最后一公里"。2019年，平台荣获上海市十大智慧养老典型案例优秀奖。以制标贯标提升嵌入式机构服务效能。长宁区在对34家养老机构实现"OSM现场精细化管理系统"导入的基础上，主动编制各街道社区综合为老服务中心导入标准化手册，今年将在全市发布首个区级社区综合为老服务中心标准体系，通过制标贯标持续提升嵌入式养老设施的运行效能。

三是重整合，下好"一盘棋"，助推社区嵌入式养老的深度。打造医康养护全周期服务，鼓励养老院与护理院"两院合一"模式，无内设医疗机构的养老机构与社区卫生中心100%签约；在社区综合为老服务中心推动以"'三站一体'为基础，康养驿站为补充"的社区医养结合模式；

在江苏路和天山路街道率先探索家庭病床与家庭照护床位"两床合一"优势互补，全区家庭医生与65周岁以上老年人签约覆盖率超过85%，服务满意程度连续多年超过90分，长期护理保险和居家养老服务覆盖全区17%的户籍老年人。健全认知障碍分级照护全链条模式，2019年长宁区在全市首发《长宁区老年认知障碍友好社区建设标准》和《长宁区社区和居家认知障碍照护规范》两项领跑全国的标准，引领性打造涵盖社区宣导、早期筛查、社区预防、家庭支持、专业干预、照护机构入住等认知症全链条服务模式。2020年，实现老年认知障碍友好社区建设在街镇全覆盖，积极营造全社会共同关爱老年认知障碍群体及其家庭的友好化氛围。

四是重品质，织密"一张网"，提升社区嵌入式养老的温度。健全非正式照料服务体系，完善立体式适老化改造服务内容，每年推进100户困难老人家庭适老化居室环境改造，推进7个适老化小区和2个街区的公共空间改造，新华街道敬老院成为全市适老化改造的样板。为全区60周岁以上户籍老人购买"银发无忧保险"；每年通过"老伙伴计划""老吾老计划"等载体，倡导低龄老人关爱高龄独居老人、为家庭护老者赋能。完善多层次养老服务队伍。2018年以来，长宁区与上海开放大学合作开设老年护理大专班1个和中专班1个，结业51人，并给予学费补贴和奖励。新增两家养老护理实训基地，每年开展各类培训1000余人次；设立养老服务领军人才队伍建设专项资金，培养一批素质高、能力强的养老领军人才。在虹桥、天山路、北新泾街道开展首批养老服务"时间银行"试点，助推社区互助式养老模式。开展运动健康志愿者、应急关爱志愿者等一批志愿者培育试点项目，推动志愿者专业赋能。

3. 普陀区：聚焦深度老龄化，打通政务服务"最后一公里"

一是利用智能技术，提供贴心便利服务。普陀区民政局按照"一网通办"工作要求，积极在受理中心推行"一件事一次办"，针对医保、社保、民政等老年人高频办理的服务事项，进一步推进数据共享，不断优化办理流程，尽可能现场一次性告知办事流程和材料，对于缺少材料的老年群众，办事人员利用电子证照库调取材料，做到应调尽调。除大厅办理外，还对老年群众通过电话或面对面指导"网上办""掌上办""上门服务"等模式，切实方便老年群众办事，实现"最多跑一次"，甚至"一次不用跑"。长寿路街道、甘泉路街道、桃浦镇等受理中心持续推进延伸服务，将医保、社保等老年人高频办理的事项，延伸至区域内人口密集度高、人流量较大的片区，并设便民服务延伸点，派青年骨干长期进驻，方便老年人"就近办"；在下放延伸事项的同时，着力做好对接工作，与受理中心本部无差异化办理。通过"预约办事"减少排队等候时间，通过自助终端以及24小时自助服务区随时自助办理相关事项。目前，普陀区已建成6个24小时自助服务区，部分服务区已延伸到社区居委会，能够更好地就近为社区老年居民服务。为了更好地方便居民自助操作，受理中心通过志愿者服务队为居民提供自助机操作指导，同时通过编制便民服务操作指南，满足居民工作时间以外的业务办理需求，实现政务服务24小时"不打烊"。

二是主动发现，为老年人排忧解难。普陀区民政局坚持强化问题导向和需求导向，畅通老年人政务服务信息交互渠道，受理中心利用"好差评"评价仪、意见本、热线电话等，广泛收集老年人在办事过程中遇到的问题难点、意见建议，及时回应老年人关切、关注的问题，不断做实做细，推进完善老年人政务服务便利化的各项工作。进一步完善老年人健康突发问题应急预案，加强工作人员应急急救知识培训，中心配备医药应急箱和必要的急救器材，确保办事群众，特别是老年人在办事过程中突发疾病，工作人员能及时果断采取有效措施，降低损伤程度。长征镇养老顾问服务，根据社区老年人个性化需求精准匹配养老服务设施，围绕各区的养老服务资源和特色亮点，让更多老人找到适合自己的个性化养老方式，打通了社区养老服务的"最后100米"。

三是增设渠道，拓宽老年人通行凭证方式。普陀区民政局积极倡导高效便捷的线下为老服务，指导受理中心在大厅入口安排志愿者或工作人员专门服务，对不使用智能手机的老年人群体，采取查验有效身份证件登记、出示"通信行程卡"查询结果作为辅助行程证明、授权工作人员代查"随申码"等替代措施，方便老年人进入中心办事。万里街道受理中心针对一些智能终端能操作的事项，如就医记录册更换、综合减负查询等事项，授权工作人员代为办理，老年人可不必进入办事大厅，减少通行手续。曹杨新村街道、真如镇街道受理中心，在"随申码"拓展应用上开拓创新，依托"一网统管"，在受理服务中心大厅门口安置了信息智能读取终端机，居民仅需刷身份证，机器屏幕上就会跳出与其对应的健康码，终端还具备现场测温、人证核验功能，使得社区老人持一证即可"走天下"，与年轻人一同享受科技所带来的智能与便捷。

四是方便支付，保留现金缴款方式。为方便老年人支付，普陀区民政局要求受理中心办事窗口涉及相关费用缴纳的，窗口均支持现金或银行卡支付，不以任何格式条款、通知、声明、告示等方式拒收现金。居民医疗保险集中缴费期间，志愿者手把手指导老年居民进行网上操作缴费，答疑解惑，窗口提供零钱兑换服务，满足老年居民现金支付需求，提供现金支付渠道和转换手段，减少使用智能设备有困难的老年居民的办事难度，确保能够顺利完成缴费。

五是便民利民，提供便利化服务措施。普陀区民政局还将为老服务设施纳入受理中心标准化建设的具体内容，在受理大厅设置爱心专座，免费提供轮椅、老花镜、雨伞、急救药品等便利化服务。对行动不便的老年人给予电话预约办理，鼓励并指导有智能手机的老年人在线办理就医记录册更换、新版社保卡开通、申领年老退休时一次性计划生育奖励费、个人办理退休手续、退休住院计划给付受理等高频业务。石泉路街道针对高龄老人、失能老人，结合服务事项和网格化管理，联合居委会提供入户咨询，在政策允许范围内，部分业务上门办理服务，最大限度地实现特殊需求老年人办理业务零跑腿、全办成。

六是热情关怀，提倡温情服务。考虑到老年人行动不便，视力、听力和表达能力较弱等特点，各受理中心在员工培训项目中专门增设了针对老年人的"亲切服务"标准，要求窗口人员做到态度热情、耐心细致、言语温和、举止有礼，主动关怀提醒老年人注意出行安全、天气变化等。宜川路街道配备了简明易懂的服务告知单、服务事项指南等，通过学雷锋志愿服务工作站的形式，对有意愿进行网上办理的老年人进行一对一全程指导，对操作的智能设备进行字体优化等改造，使之更加符合老年人习惯和需求。

七是绿色通道，享受优待服务。为减少老年人办事等待时间，在受理中心服务大厅开通为老服务"绿色通道"，工作人员主动为老年人取号办理业务，设置或优化为老服务专区或窗口，配备专门引导的服务人员，现场服务人员优先接待有需求的老年人。长风新村街道推广"陪伴式"面对面服务，设大厅主管，做好"引导""取号""复印""帮办"等便利化服务，落实专人对年龄偏大的退休居民给予"一网通办"一件事操作指导。

八是加强宣传，提高涉老服务信息知晓率。为了让更多的老年人了解受理中心为老服务内容，普陀区民政局指导各受理中心通过实体大厅的宣传栏（板）、电子显示屏、宣传手册等线下渠道和"微信公众号"等线上渠道，如"随申办市民云"App普陀"靠普办"专区、"普陀民政"和"万里街道社区事务网上通"公众号等形式，主动推送为老服务相关信息，方便老年人及其子女和亲属及时获取为老服务信息。

4. 闵行区：多元化融入，发挥资源集聚效应，提升社区养老服务水平

一是融入邻里中心为老服务资源。闵行区充分利用社区邻里中心资源，合并设置综合为老服务中心。颛桥镇社区综合为老服务中心与社区邻里中心"双心"合璧，以"孝亲、敬老"为服务宗旨，内设为老服务接待室、老年文体活动室、老年健康咨询室、图书阅览室、影视播放室、按摩理疗室、日间照料中心等，重点打造以"健康小屋""老年文体""公园书场""日照中心"为特色的综合服务。仅2019年，中心开展共振音乐按摩、睡眠治疗、血压测量等10余项活动，服务3800多人次；组织中药香囊DIY、大型健康讲座等，服务1100多人次。到2021年，闵行区依托社区邻里中心，建成100个社区综合为老服务中心（分中心）。

二是融入社会为老服务资源。坐落于浦锦街道的锦颐社区综合为老服务中心，运营一年来形成了医养结合为特色的锦颐综合服务模式。除嵌入长者照护之家、日间照料中心、社区卫生服务站、社区助餐等服务功能外，依托街道3家三甲医院、2家社区卫生服务中心、1家专业康复机构等浦锦"医疗体"资源，为社区老人提供中医理疗、疾病预防、康复照护指导、健康体检等优惠服务。中心还引入第三方专业机构，提供康复辅具租赁、适老化改造等优质服务资源。

三是融入养老机构为老服务资源。继王敬老院是 2018 年度闵行区区长质量组织奖获得者，也是闵行区首批机构与社区养老服务融合发展先行单位。机构向社区开放以来，发挥机构资源和专业优势，依托高品质养老护理团队和医疗志愿者队伍，为社区老年人提供居家护理、医疗服务等"类机构"多元化养老服务。继王敬老院还每两月安排 3 名医生和 1 名护士入驻中心开展义诊，颇受社区老年人的欢迎。

5. 黄浦区：深化嵌入式养老服务，为老年人打造宜居宜养幸福港湾

黄浦区高度重视为老服务工作，从聚焦老年人的"一餐饭"，到适老化改造的"一间屋"；从一条热线抚慰老人孤独的心灵，到智慧养老带来的舒适和便捷，不断深化嵌入式养老服务内涵，为全区老年人谋福祉。

一是为老助餐，从"有的吃"到"吃得好"。探索多种方式助餐，更便利地满足老人多样化、差别化的就餐需求。为让老人"一餐饭"可以有更多选择，黄浦区充分盘活更多场地，支持更多有条件的街道开设社区长者食堂。五里桥街道在萌志敬老院一楼开设了社区长者食堂，供应能力为日均 500 客；老西门街道依托社区综合为老服务中心庄家街分中心的现有厨房设施，专门在中心内部开辟了长者就餐区，并根据老年人用餐习惯和营养需求，配有营养均衡的高血糖餐和防"三高"套餐。

二是适老化改造，"螺蛳壳里做道场"。南京东路街道作为上海市首批适老化改造的 6 个街道之一，尝试将适老化改造从室内扩展到室外。江阴路 72 号住着 26 户人家，60 周岁以上老年人口比例高达 77%。2019 年，街道对江阴路 72 号实施了综合性改造，除了对公共部位进行更新之外，还因地制宜进行了适老化改造。比如对老洋房的改造，楼梯、走廊的墙壁上都安装了扶手，楼梯以及部分地面铺设着防滑条，增大了行走摩擦力，方便老年居民在楼内行走；同时街道对小庭院实施了改造，原来堆满杂物的小花园被清理干净，公共空间腾出可以坐着聊天的地方，路面被修平，还铺上了防滑地砖；变化较大的是居民的合用卫生间，可以看到全新装修过的淋浴房与马桶间，墙壁上不但有方便老人使用的安全扶手、折叠椅，还有紧急呼叫报警装置，老人一旦发生险情，可以按报警装置，走廊内就会铃声大作，"叫"来家人与邻居。

三是一条热线，抚慰老人孤独的心灵。黄浦区瑞金二路街道综合为老

服务中心的院子内有一个服务许多老人的地方——"心悦夕阳"为老服务站。早在 2008 年，黄浦区在上海率先试点"心悦夕阳"为老服务工程，在 10 个街道建了"心悦夕阳"心理服务分站，这条热线串联起了空巢老人与心理咨询师。截至目前，"心悦夕阳"已经累计培训 1000 多名本土社区志愿者，开展心理咨询超过 53 万余人次。而今，黄浦心理咨询师协会已经吸纳了 100 名专业会员及 1000 多名志愿者加入。他们中有医生、律师、教师、社工，都拥有心理咨询师执照，其中年轻人占了大多数，"心悦夕阳"经过 13 年摸索，在社区末梢搭建起了危机预防干预网络，抚慰老人孤独的心灵。

四是智慧养老，为老人带来舒适和便捷。只要刷一下身份证或社保卡，就能在家门口获得自我健康管理一站式服务。日前，黄浦区已经建成"智慧养老"一体化综合服务管理信息平台，以实有老年人口数据库为基础，上接"上海市养老服务平台"、区"大数据"中心，下通各街道综合为老服务中心平台。该系统具备资金监管、认知障碍筛查干预、养老顾问及老人需求分析等功能，实现了全区范围内的服务需求跨街道派发、转接。

6. 浦东新区：加快建设"大城养老"新模式

面对人口深度老龄化的形势，浦东新区加快推进全国养老服务业综合改革试点，坚持改革创新，突出保障基本，激活社会活力，构建居家社区机构相协调、医养康养相结合的养老服务体系，加快建设具有浦东特色、符合浦东实际的"大城养老"模式，努力提升辖区内老年人及其家庭的获得感、幸福感、安全感。

一是打造养老"便利店"。南码头路街道地处老城区，老人多、老小区多、老问题多的"三老"问题比较突出，资源禀赋较差，物理空间极为有限。辖区户籍老年人约 3.1 万，占全社区户籍人口的 40.3%，人口老龄化严重。面对这样的现实，如何打造嵌入式养老模式、推进"15 分钟养老服务圈"布局？南码头路街道探索了"旗舰店+便利店"的社区养老新模式。"便利店"面积不大，功能齐全。标准化老年活动室、微型助餐点、微型日托、微型助浴、便民服务、辅具租赁、书画交流、影音观赏、心理咨询等各种设施和功能一应俱全。养老"旗舰店"的受欢迎程度不亚于"便利店"。"旗舰店"就是南码头路街道综合为老服务中心，位于临沂路 381 弄 31 号，建筑面积约 3000 平方米。顾名思义，"旗舰店"的功能设置更为齐全，有社区食堂、日间照料中心、多功能活动室、综合会议室等。"旗舰店"的日间照料中心目前有 35 位日托老人。早上，中心派车把老人接过来，护理人员会带着老人做操、玩益智游戏，帮他们按摩等，度过丰富的一天后，中心再送老人回家。

二是实施家门口的嵌入式养老。在陆家嘴街道，老龄化问题和养老问题同样突出。街道现有 60 周岁以上老年人 3.9 万余人，包括 1511 名独居老人，户籍老年人口比例达到了 33.39%。大部分老年人的养老意愿是不离家庭、不出社区。近年来，陆家嘴街道将"嵌入式养老服务模式"与新区"家门口"服务体系相结合，作为街道提升为老服务整体能级、进一步打造为老工作品牌的抓手。2019 年 4 月，陆家嘴街道通过了《陆家嘴街道社区嵌入式养老服务体系暨家门口 15 分钟养老服务圈规划》和《陆家嘴街道社区嵌入式养老体系建设方案》，提出按"15 分钟养老服务圈"的目标，划分梅园、崂山、滨江三个区域，分别设置一处社区综合为老服务中心，并将综合为老服务中心打造成资源调配的枢纽、专业服务的支撑、项目孵化的基地。位于崂山五村 555 号的陆家嘴街道综合为老服务中心，便是社区嵌入式养老服务体系中的核心枢纽。这个"镶嵌"在居民区里面的综合为老服务中心，上下 4 层按照功能定位，划分成双家支持中心、老年服务中心、日间照料中心和长者照护之家，甚至还有认知症照护专区。解决社区的助老问题，吃永远是第一位。陆家嘴街道在街道层面设置长者食堂，作为社区为老助餐的枢纽，协调整个社区的为老助餐服务，为符合条件的老人送餐上门。社区食堂还使用了智慧助餐系统，将智慧应用和金融科技落地到食堂场景中。取餐环节，加装了 NFC 芯片的智能餐碟可以自动识别价格；支付环节，老人可以直接"刷脸"享受相应优惠。新区民政局相关数据显示，2019 年起，新区区级相关部门主动让渡资源，各街镇充分挖潜，将 142 处存量资源改造为社区嵌入式养老设施，已全部完成改造或投入运营。截至目前，全区有综合为老服务中心 50 家，长者照护之家 27 家，老年人日间照料中心 102 家，老年人助餐点 182 家，农村睦邻点 739 家，形成了密切联动、功能互补、系统衔接的养老服务圈。

二　存在问题

（一）社区嵌入式养老体系不够健全，面临不少挑战

社区嵌入式养老能够充分利用和整合社区的闲置资源和周边的养老服务资源，具有规模不大、布点灵活、功能多元等特点，为老年人就近养老提供专业化、个性化、便利化的养老服务，让老年人"离家不离社区"，继续在熟悉的社区环境中生活，"一碗汤的距离"方便了子女探视。这一养老模式弥补家庭养老的社会化不足，避免了机构养老的结构性失调，也更利于弘扬尊老美德。实践证明，社区嵌入式养老服务模式在方向上是正确的，在操作上是可行的，在实践中也是行之有效的，但也存在不少问题。

1. 邻避效应明显，建设运营难度大

社区嵌入式养老以长者照护之家和综合为老服务中心等社区养老服务机构为载体，社会上对于养老服务机构的偏见，"希望有养老服务，但不要养老机构在身边"的邻避效应，在社区嵌入式养老上体现得也比较明显。由于社区嵌入式养老机构都是在社区中，有的甚至就设在居民楼的一层、二层，在建设过程中，常常因居民阻挠而迟迟不能动工，有些已经建设好的也因居民反对不能如期开张运营，但房租还得照付，机构经营压力较大。

2. 床位周转率低，影响老人受益面

社区嵌入式养老服务机构兼具长期住养照料和短期托养（喘息式）照料两种功能，尤其是喘息式服务更是一大特色，深受老人和子女的欢迎，但实践中老人一旦住下，往往不愿意离开，尤其是在部分收费偏低的长者照护之家，这就使得床位周转率比较低，受益的老人比较少，背离了社区嵌入式养老服务的初衷。究其原因，一是住在家门口的养老服务机构中，环境熟悉，子女探视方便，收费不高，老人和子女不愿意离开；二是有些区对社区嵌入式养老服务机构的床位没有周转要求，部分机构运营方为便于管理、降低成本，也不愿意周转床位；三是有些区虽然要求床位入

住时间最长不超过半年，但由于街镇与运营机构并未提前约定机构内长住床位和喘息式床位的比例，因此执行起来比较困难。

3. 机构收支不能平衡，运营难以为继

"小"是社区嵌入式养老模式的突出特点之一。嵌入式养老服务机构只有几十张床位，单单依靠收取床位费，很难维持整个机构的开支与运转。一般来说，养老机构最合理的床位设置是 300 张左右，而如果投入比例小，要靠床位费来收回投资费用以及维持正常运转，是很难做到的。以上海第一家社区嵌入式养老服务机构浦兴路街道的福苑长者照护之家为例，该机构核定床位数 14 张，有 7 名员工，另有医生、护士和康复人员等 6 名，床位数和工作人员的人数基本相同，除去其他运营成本，按照当下的收费标准来算，能够提供给每位员工的月薪只有 3500 元左右，这样是肯定不能平衡运转的。

4. 运营补贴仅限民非，限制了行业发展

上海养老机构相关运营补贴惠及对象一直以来仅限于具有公益性质的民非组织，企业不能享受，运营方为了获得补贴，大多选择在社团局登记注册为民非法人，由于不能进行利润分红，运营方往往同时会成立一家甚至几家公司，然后以委托业务外包的方式，将民非组织的相关经费打到公司里，实际上就是将钱从左口袋转移到右口袋。而由街镇投资装修的嵌入式机构，通常由街镇注册为民非法人，相关补贴发放到街镇账户，运营方无法直接享受运营补贴和以奖代补补贴，需要通过街镇转给运营方，往往补贴分批发放，发放时间存在不确定性。所有这些不仅加大了监管的难度，不利于激发社会力量积极参与多层次养老服务供给和培育品牌养老企业，也与国家层面"对提供相同服务的经营性养老机构应享受与公益性养老机构同等补贴政策"的要求不相符合。

5. 价格机制有待理顺，收费高低易引起争议

纳入保基本养老机构名单的长者照护之家，实行的是政府定价管理，在运营初期由街镇按照市场比较法定价，且价格长期不变，未能根据机构实际运营情况，通过成本调查与监审，及时复核收费标准的合理性。同时，养老服务收费也一直未出台成本规制和监审办法，缺乏定价规则指引。

未纳入保基本管理的长者照护之家，根据文件规定，由街镇与运营方通过协议方式约定价格（民建民营机构可自主定价），这往往又会出现两种倾向：一种是有些街镇完全交由运营方自主定价，很少关注机构的定价是否合理；另一种是有些街镇对最终价格干预过多，与运营方就合理价格水平持不同意见，如对部分带资装修且无政府采购费用支持的自负盈亏机构限价过低，明显低于成本，也低于同区域同类设施水平养老机构的收费标准。

6. 缺乏特有的设施建设和服务质量标准，监测考评难以通过

目前，长者照护之家等社区嵌入式养老服务机构，除床均建筑面积（不低于 18 平方米）比传统养老机构（25～42.5 平方米）有所降低外，其设施建设和服务质量监测标准往往直接套用传统养老机构标准执行，这与嵌入式养老机构的实际情况不符。如前所述，嵌入式养老机构规模较小，由于总面积有限，厨房、消防设施、洗衣间、污物间等完全按照大型养老机构要求配置较为困难，其中消防设施还可能存在社区已配置了而嵌入式养老机构又重复配置的情况。在服务质量监测方面，绿化率、电梯、医生和保安等保障性设施和人员的达标要求也较难实现，如何应对监测考评，是嵌入式机构最大的困惑之一。

7. 公用事业收费执行民用标准遇阻，急盼政策支持

根据规定，养老机构公用事业收费可执行民用标准。但不少社区嵌入式养老机构是利用商住或办公楼沿街底层改造而来的，只占整栋楼一到两层。由于没有独立的产权证和公用事业单位认可的独立计量装置，只能按照整栋楼产权证注明的商业用途执行商用收费标准。以电费为例，即使物业公司为嵌入式养老机构单独安装了"小表"，电力部门也不认可，若要执行民用标准，必须由电力部门拉专线并安装单独的计量装置，但一次性安装费用在 80 万～100 万元之间，机构无法承受。

（二）社区养老服务机构发展水平区域差异显著，需要优化平衡

上海市社区养老机构发展水平不一。根据我们调查所获得的数据，对上海市社区养老机构发展水平进行聚类分析，可将上海市社区养老机构发展情况划分为四种类型，区域差异显著，大部分区域处于发展水平一般和

较差区域。其中，徐汇区、长宁区、普陀区属于发展最好的优质潜力区，闵行区、黄浦区、杨浦区、虹口区属于良好潜力区，静安区、浦东新区、嘉定区、宝山区、青浦区、松江区属于发展较好的中等潜力区，而崇明区、金山区、奉贤区属于发展一般的低等潜力区。

在区域空间差异上，中心城区的社区养老机构发展最好，其次是近郊区，远郊区发展最差，因此上海市社区养老机构综合发展水平在空间分布上总体呈现由中心城区向远郊区递减的现象，呈发散式分布。从环线分布来看，中环线以外的社区养老机构数量过少，发展水平普遍偏低，虽然其建筑面积、床位数量均显著大于内环以内的社区养老机构，但是在硬件设施、人力资源、服务水平等方面都处于初级发展阶段。内环线以内的社区养老机构发展普遍较好，但是也存在着显著差异，发展不平衡现象突出。

从区域间差异来看，社区养老机构的管理制度和硬件设施地区差异较小，服务水平和人员配备地区差异较大。根据我们的抽样调查研究，得出如下几点研究结论。

一是中心城区社区养老服务机构总体发展水平要远远高于郊区。上海市中心城区日间照料中心总体服务发展指数平均得分为 58.012 分，这一得分本身不高，及格分都没有达到，而郊区日间照料中心平均得分更低，为 38.821 分，只有中心城区的 67%；上海市中心城区长者照护之家总体服务发展指数平均得分为 61.391 分，而郊区长者照护之家平均得分为 40.387 分，只有中心城区的 66%；上海市中心城区综合为老服务中心总体服务发展指数平均得分为 48.730 分，而郊区综合为老服务中心平均得分为 30.160 分，只有中心城区的 62%。由此可以看出，中心城区的社区养老服务机构总体发展水平要远远高于郊区。

二是郊区的社区养老服务机构主要在应急预案制度建设方面落后于中心城区。在管理制度方面，上海市中心城区日间照料中心管理制度指数平均得分为 75.500 分，而郊区日间照料中心平均得分为 38.106 分，只有中心城区的 50%；上海市中心城区长者照护之家管理制度指数平均得分为 79.889 分，而郊区长者照护之家平均得分为 49.041 分，只有中心城区的 61%；上海市中心城区综合为老服务中心管理制度指数平均得分为 71.185 分，而郊区综合为老服务中心平均得分为 56.218 分，只有中心城区的

79%。由此可以看出，郊区社区养老服务机构在管理制度建设方面落后于中心城区。

三是中心城区社区养老服务机构人员配备要远远好于郊区。在人员配备方面，上海市中心城区日间照料中心人员配备指数平均得分为 47.526 分，而郊区日间照料中心平均得分为 29.779 分，只有中心城区的 63%；上海市中心城区长者照护之家人员配备指数平均得分为 56.747 分，而郊区长者照护之家平均得分为 31.542 分，只有中心城区的 56%；上海市中心城区综合为老服务中心人员配备指数平均得分为 48.730 分，而郊区综合为老服务中心平均得分为 22.616 分，只有中心城区的 46%。由此可以看出，中心城区社区养老服务机构人员配备要远远好于郊区。

四是郊区社区养老服务机构主要在安全设施与智能养老服务设施方面落后于中心城区。在硬件设施方面，上海市中心城区日间照料中心硬件设施发展指数平均得分为 60.399 分，而郊区日间照料中心平均得分为 43.327 分，只有中心城区的 72%；上海市中心城区长者照护之家硬件设施发展指数平均得分为 59.615 分，而郊区长者照护之家平均得分为 42.750 分，只有中心城区的 72%；上海市中心城区综合为老服务中心硬件设施发展指数平均得分为 51.450 分，而郊区综合为老服务中心平均得分为 43.259 分，只有中心城区的 84%。由此可以看出，郊区社区养老服务机构硬件设施配置与中心城区差距不算很大，郊区主要在安全设施与智能养老服务设施方面落后于中心城区。

五是中心城区社区养老机构主要服务水平要远远高于郊区。在服务水平方面，上海市中心城区日间照料中心服务水平指数平均得分为 57.119 分，而郊区日间照料中心平均得分为 32.481 分，只有中心城区的 57%；上海市中心城区长者照护之家人员服务水平指数平均得分为 54.515 分，而郊区长者照护之家平均得分为 31.542 分，只有中心城区的 58%；上海市中心城区综合为老服务中心服务水平指数平均得分为 37.876 分，而郊区综合为老服务中心平均得分为 21.399 分，只有中心城区的 56%。由此可以看出，中心城区社区养老机构主要服务水平远远高于郊区，郊区只有中心城区的二分之一多一点。

由于各区经济水平的发展及政府对于社区养老产业的重视，各区硬件设施情况相差已不大，各区政府积极为社区养老机构配备专业的生活照料、医疗、娱乐等设备。然而，各区之间人员配备水平和服务水平相差甚大。以人员配备为例，中心城区人员配备情况较好，医疗护理人员、营养师、康复师数量较多，而远郊区由于地处偏远，医护人员、管理人员、康复师、营养师等数量远达不到要求。如何平衡各区之间的养老人力资源，应是我们思考的方向之一。此外，上海 16 个区社区养老机构的承载力有一定的差距，机构平均每天服务老人的数量存在较大差别，其原因在于社区养老机构本身发展的不均衡性，声誉较好的社区养老机构更能吸引老年人，从而其机构承载力较大；而声誉较差的社区养老机构，对老年人的吸引力较小，服务老人数量较少。因此，如何缩小区域内差异是促进上海市社区养老服务业区域协调发展的主要任务，需要依靠中心城区、近郊区和远郊区自身对养老服务业的重视和跨区域养老资源转移、养老模式探索等联动推进。

（三）社区养老服务供需不够匹配，契合性有待改善

1. 社区养老服务供给来源单一

社区养老服务资金供给来源单一，筹资渠道不畅，社区养老机构缺乏积极性。根据我们的调查发现，虽然上海市社区养老机构已基本实现街镇全覆盖，但效率低下问题仍存在，究其根源在于缺乏资金支持，社区养老机构盈利能力较差，导致积极性减弱。目前上海市社区养老由政府主导，政府通过开办补贴、以奖代补等方式对机构进行扶持。据本次调查统计，日间照料中心平均每家接受政府补贴 39.80 万元，长者照护之家平均每家获得政府补贴 76.88 万元，综合为老服务中心平均每家获得政府补贴 68.28 万元。日间照料中心平均每家获得经营收入 26.82 万元，但经营成本支出平均每家达到 64.86 万元，反映了社区养老机构发展周期较长、资金回报过慢等特点。由于社区养老机构公益性较强，缺乏市场盈利的刺激，大部分机构发展的能动性减弱，这对于社区养老的长期发展将产生不利影响。

社区养老服务供给主体单一，社会力量参与程度较低。从上海市社区养老机构发展历程来看，主要由政府出资建立社区养老机构，交由街道或

者第三方社会组织运营。但实地调研发现，上海并未充分组织发展社会化多元力量参与社区养老机构的建设、运营与管理。此外，目前的政策设计主要针对公办公营社区养老机构，对社会组织、民办运营机构、民非团体等养老服务供给方的培育与扶持力度较小，并未充分调动他们的积极性，导致社区养老机构的社会参与性不强，制约社区养老机构的发展。因此，如何充分调动多方力量参与社区养老机构的建设和运营，充分发挥他们各自的优势，帮助政府共同管理，逐渐放开社区养老市场，提高其运行效率，是亟待解决的社会问题。

2. 社区养老服务供需结构不平衡

一方面，目前上海市社区养老服务供给小于需求，即服务供给跟不上老年人的实际需求。主要体现在以下三个方面：一是日间照料中心、长者照护之家、综合为老服务中心等服务供给资源有限，无法与上海市持续攀升的老龄化率相契合；二是社区养老所提供的服务大多是基本日常生活照料，无法为更多的失智、失能老人等特殊老年群体提供更专业化的服务；三是上海市社区养老服务目前只针对沪籍老人，非沪籍但投奔子女长期在上海居住养老的老人无法享受社区养老照护福利补贴等。

另一方面，上海市社区养老服务利用率低于服务供给。通过调研发现，位于外环以外的某些社区养老机构规模较大，床位数量较多，去掉长护险和各种政府补贴金额，收费仍然较高，加之社区养老服务政策宣传不到位，愿意为服务买单的老人心理预期还比较低，因此床位使用率较低，资源空置浪费。

3. 社区养老机构服务供给层次偏低

目前，上海市尚未对老年人需求进行划分，细分养老市场。政府对于社区养老扶持主要体现在养老资源总量的供给，包括养老床位数和养老硬件设施的配置。经过调查可以发现，老年人受年龄、身体健康状况、文化程度、经济条件、居住情况等多项因素影响，养老需求差异性明显。目前上海市社区养老机构所提供的服务项目基本能满足老人的生存需求，对于更高层次的养老需求，还远远无法满足。同时，我们发现社区养老机构内医疗护理服务供给层次过低。医养结合型社区养老机构是吸引老年群体、提升服务质量的关键。随着年龄的增长，老年人对于医疗护理的需求随之增加，如何做到"医"和"养"有效衔接是社区养老机构所面临的问题。目前，社区养老机构设置医疗机构（站、点）真正开展医疗服务的并不很多，仅提供较为简单的医疗照护服务，比如量血压、测血糖，还没有涉及更高层级的康养服务。

4. 认知症照护尚未形成有效的系统方案，需要加强探索

截至 2019 年，我国大约有 1000 万名失智老人，且每年都在快速增长，失智老人人数在世界上排名第一，65 周岁及以上老年人群的失智症发生率高达 5.9%。按照这一比例测算，截至 2019 年年底，上海市失智老人约为 31 万人左右，并且随着老龄化趋势的加剧，失智老人数量还在不断增加。失智老年人数量迅速增加已经成为上海市人口老龄化最严重的问题之一，如何照顾这些老人，成为上海市无法回避的难题。目前，上海市养老床位总数只有 16 万多张，即使全部都用来照护失智老人也远远不够，何况认知症照护床位只有区区 7000 多张。因此，上海市绝大多数失智老人都是由家庭照料的，由于家属缺乏专业的护理知识，无法让失智老人在家庭护理中得到专业有效的治疗，再加上失智老人日常生活无法自理，而且往往行为异常，这些特殊情况也让普通家庭没办法进行有效的照料，让大多数成年子女不堪重负，失智老人长期照护问题成为许多家庭的困扰。早在 2012 年，世界卫生组织曾发布一份报告称：当一个家庭成员被诊断患有阿尔茨海默病后，其照护服务提供者很容易成为第二个病人。失智已被列为全球公共卫生优先考虑的病症，它严重影响老年人和家人的生活质量，对老年人、照顾者、家庭和社会均造成巨大影响，容易产生社会隔离。虽然，这几年来民政部门不断加大认知症照护的力度，《上海市养老服务条例》中也将失智老人的长期照护列入其中，但总体来讲，全市尚未形成统一的被行业认可的认知症评估标准和干预标准，缺少认知症健康教育规范，更未形成可推广、可复制的系统方案。因此，需要进一步加大实践、探索的步伐和政策支持。

（四）文化养老服务不能满足消费需求，亟待加大服务供给

随着物质生活的丰裕、医疗保障水平的提高、健康期望寿命的延长，

老年人对晚年美好生活的需要，已经不仅仅包括物质需要，还有对精神、文化等方面的追求，这就是文化养老。文化养老是对新时代老年人精神需求的回应，是中华优秀传统文化的传承，是坚持"以人民为中心"的内在要求。文化养老不仅能够丰富老年人生活，实现老有所学，还能够增强老年人的社会参与、延伸老年人的价值，实现老有所为；此外，以文化娱乐、健康养生、愉悦精神为主要内容的文化养老，还能让老年人实现老有所乐。由此可见，文化养老不仅对老年人的身心健康有益，对于促进家庭和社会和谐，推动社会精神文明建设都有着积极的作用。

当前，上海市在推动文化养老方面做出了很多努力，取得了较好的成效，但仍然存在以下问题。

1. 文化养老服务的配备条件尚不够完善

目前，上海市开展文化养老服务的场所多为老年大学、老年人活动中心（室），养老院书画室配备占比只有 49.15%，棋牌室配备占比82.44%，手工制作室配备占比 58.05%；长者照护之家阅览室配备占比67%，书画室配备占比 50%，棋牌室配备占比 33%，手工制作室配备占比25%；综合为老服务中心阅览室配备占比 80.47%，书画室配备占比56.21%，棋牌室配备占比 65.68%，手工制作室配备占比 58.58%，数量远远无法满足老年人需求。一些老年人活动中心（室）存在硬件、软件配备条件不够完善的问题，部分设施陈旧、场地简陋，相应的设备和活动器材、用品也不足，绝大多数老年人文化活动的载体限于公园、广场等传统场所。

2. 文化养老活动内容不够丰富、多样

不管是社区、机构，还是老年人自发组织的文化活动，都存在活动项目较少、专业化服务项目不足的问题，文化养老尚停留在自娱自乐阶段，已有的文化服务活动缺乏创新，内容较为简单，老年人实际参与度不高，且参与人员固定，久而久之老年人失去参与文化活动的兴趣。

3. 老年教育供给资源有限

老年教育产业作为精神文化养老服务产业的重要组成部分，目的是为了实现"老有所学"这一目标，但在现实中存在服务供给与需求的缺口，目前上海市只有4所市级老年大学,全年最多容纳学员1.329万人,市级老年大学分校(系统校)和区级老年大学共有62所,全年最多容纳学员4.07万人,街道、乡镇级老年学校共220所,学员全年也只有25.80万人,而上海60周岁及以上的老年人已超过530万人,哪怕只有10%的老年人有文化养老需求,文化养老需求人数也高达53万人,何况远远不止10%的老年人有文化养老需求。因此,老年大学长期"一座难求",再加上一些老年教育机构所开设的课程门类少且供需不匹配,无法让老年人共享文化成果。老年教育作为公共产品,供给主体主要为各级政府,主体较为单一,所能提供的老年教育资源较有限,不能满足迅速发展的老年教育需求。

4. 文化为老服务缺乏专业人员

文化养老服务人才匮乏是当前上海市文化养老服务面临的一个突出问题。上海市的文化养老服务人员主要是居委会的行政人员、少量的社工和志愿者、养老院和社区养老服务机构中的护理人员等,还有一些临时招聘人员,他们中大部分人都没有受过基本的文化训练,文化素养不足,专业化程度不高,文化养老人才的不足已经影响了上海市文化养老的持续发展。

(五) 社区养老服务人才短缺,整体素质不高,需要加强培养

调查发现,很多老人不仅患有多种慢性疾病,心理健康状况也欠佳,他们对于专业性较高的养老护理需求非常强烈,这需要大量的养老护理、医疗康复、精神慰藉等专业人才,才能提升老年人的医疗护理质量及心理健康程度。我们发现上海市社区养老机构养老专业人才匮乏,人力资源供给数量无法满足人口老龄化程度的不断加深和养老服务需求的多样化。

以护理人员为例,被调查的日间照料中心,平均每家配备护理员2.90人;被调查的长者之家,平均每家配备护理员5.42人;被调查的综合为老服务中心,平均每家配备4.06名护理员。而依据《养老机构设施与服务要求》(DB31/T 685—2013),养老床位与护理员配备比约为4.54∶1,测算出被调查日间照料中心实际比为5.49∶1,由此可见,养老护理员需求数量存在很大缺口。

除护理员外，医生、护士、康复师、营养师数量也严重不足。以长者照护之家为例，在 119 家长者照护之家中，仅有 46 家机构报告配备了 55 名医生，其中主治医师及以下职称占比 82.27%，副主任医师职称占比 12.28%，主任医师职称占比 5.45%，从医生的学历结构看，65.45% 为专科学历，34.55% 为本科学历；在被调查的长者照护之家中，只有 74 家机构报告配备了 87 名护士，从护士的学历结构看，高中/中职学历占比 78.16%，大专/高职学历占比 20.69%，本科及以上占比 1.15%；只有 28 家机构报告配备了 31 名康复师，均为接受康复技能专业培训的人员，从学历结构看，高中/中职学历占比 51.61%，大专/高职学历占比 38.71%，本科及以上学历占比 9.68%；只有 36 家机构配备了 36 名营养师，营养师的学历分布为高中/中职学历占比 19.44%，大专/高职学历占比 44.45%，本科及以上学历占比 36.11%。由此可见，这些专业技术人员数量不足、质量不高，专业性及整体素质较差。

（六）社区养老机构服务质量不高，服务水平有待提升

1. 社区养老服务配套设施不完善

在社区养老服务设施建设方面，服务配套设施尚不完善，部分社区养老机构的适老化改造情况不理想。从基本情况来看，根据我们的调研，以日间照料中心为例，建筑面积平均值为 714.49 平方米，已达到上海市社区养老机构建设标准，但是这些社区养老机构内部的配套设施仍过于单一，其中基本服务区域中占比最高的为公共服务区域、生活服务区域，占比分别为 89.27% 和 81.71%，而保健服务区域占比较少；医疗保健用房配置情况总体较差，医务室/卫生室配置率仅 37.80%，配置心理疏导室的机构更是少之又少；在服务设备配置方面，虽然健身器材的配置比例达到了 63.41%，但功能轮椅、康复训练设备等基础性服务设施的配置情况不理想；从安全保障设施来看，紧急呼叫系统、监控系统的配置比例均未达到 50%，老人定位设备在社区养老机构中应用较少，日间照料中心仅为 8.05%，有待加强；从智慧养老设施配置情况来看，上海市社区养老机构智慧养老情况不容乐观，三类机构的物联网设施配置均未达到 20%，智能监测系统均未达到 30%，远程医疗设备均未达到 15%，社区养老机

构的智慧养老发展非常缓慢。

2. 社区养老服务项目单一

在养老服务项目建设方面，上海市社区养老机构提供的服务项目主要涵盖六大类，分别是生活照料、医疗保健、文化娱乐、精神慰藉、老年大学、健康教育咨询。根据本次调研发现，上海市社区养老机构普遍存在服务内容繁杂且层次低等问题。服务内容仅能围绕最基础的物质需求方面开展，例如助餐、家政以及护理等板块中的少数项目。心理疏导、文化娱乐、医疗保健等需求层面的服务内容开设较少。我们通过访谈发现，多数老人认为现有的社区养老服务项目不能满足其全方位、丰富多彩的养老服务需求。其中，在助餐服务方面，部分老人认为饭菜质量一般，且没有针对高血压、糖尿病等慢性病人的专供午饭；在医疗保健服务方面，提供最多的项目是测血压、量体温，由于大部分的社区养老机构不设医务室、护理站，老年人的医疗保健需求没有得到更好的满足；在精神文化需求方面，老年人普遍认为目前社区养老机构缺乏专业心理咨询服务，文化娱乐需要基本依靠"自给自足"，虽然上海市部分社区养老机构已提供此类服务，但服务内容较为单一、服务种类较少，质量参差不齐，目前很少有为老年人提供展示其兴趣、爱好的"文化舞台"。

3. 社区养老服务专业程度低

在养老服务专业性方面，社区养老服务人员在专业性、服务质量、服务意识方面均有所欠缺，具体表现在社区养老服务人员在上岗前有不少并未取得相关职业资格证书，也未受过专业性的职业技能培训，所提供的养老服务专业性不强；在提供服务的过程中，社区养老服务人员的专业知识和技能欠缺，只能为老年人提供基本生活照料等较低等级的服务项目，老人期望的高质量服务项目无法得到满足；在服务意识方面，养老服务人员并未建立系的服务意识，无法对老年人的需求进行统一评估。

4. 社区养老服务理念欠缺

目前社区养老机构的公益性仍较强，由于管理者服务意识欠缺，普遍管理能力较弱，导致社区养老机构经营灵活性比较差，缺乏创新服务的动力。通过与老人的访谈我们发现，目前公办社区养老机构缺乏竞争压力，容易将入住机构或使用服务设施的老年人作为被管理者，而非被服务者，部分养老护理人员对待老人的态度较差，导致老年人的被服务体验感较弱，且服务意识仅停留在日常生活照料中，文化娱乐、精神慰藉等高层次的服务意识有待加强。

三 对策建议

（一）改进社区嵌入式养老体系的建议

1. 加强舆论宣传，加深居民的了解

一般而言，社区嵌入式养老机构在正式运营后，周围居民往往态度转变较大，在参观了机构设施和服务后，对机构持欢迎态度，希望家中老人能够入住。因此，要通过多种新闻媒介，以文字、图片和视频等多种形式，采用免费参观体验、短期试住等多种方式，加强舆论宣传，增加居民对社区嵌入式养老机构的了解，引导居民理解和支持社区嵌入式养老机构。

2. 完善社区嵌入式养老服务机构管理办法，促进床位高效周转

修订现行的《上海市社区嵌入式养老服务工作指引》，对所有社区嵌入式养老服务机构提出床位周转要求，增加喘息式床位的最低占比、最长入住时间、两次入住最短间隔时间等规定；适当发挥价格杠杆的引导作用，对入住短期托养床位的老人，做好登记管理，超期入住停止长护险支付或按照时间长短上浮收费标准；鼓励有能力的公办养老机构为老年人提供居家期上门、康复期护理、稳定期生活照料等养老服务；加大家庭养老床位建设，完善有关政策，增加居家护理服务比重。

3. 多方施策，提高社区嵌入式养老服务机构的综合能力

鼓励现有的嵌入式养老服务机构在积极探索、总结经验的基础上，扩大社区嵌入式养老服务规模，通过规模化运营走集约化发展道路；制定优惠政策，支持品牌养老机构开展嵌入式养老服务，充分发挥综合性养老机构的管理和服务优势；探索将社区运营能力较弱的居家养老服务中心以及其他分散的社区养老服务机构，通过招投标等方式"让渡"给社会养老

企业统一运营；鼓励社会资本投资设立嵌入式养老机构，促进养老机构进行规模化连锁经营，提高养老服务专业化、标准化水平，提升服务质量。

4. 补贴政策一视同仁，充分调动各方面的积极性

解除补贴政策的民非限制，对所有机构一视同仁，凡是提供社区嵌入式养老服务的企业，均给予民非同等待遇的运营补贴支持政策，其招用的护理人员和专技人员发放同等待遇的以奖代补补贴。

5. 健全定价规则，理顺价格机制

出台上海养老服务行业成本规制和监审办法，明确进入养老服务定价成本的支出范围、各类支出计入定价成本的参数标准、成本归集方法与定价原则等，为政府定价提供核算依据，为非政府定价提供核算方法参考。对纳入保基本养老机构管理的社区嵌入式养老机构，继续坚持政府定价，定期进行成本监审，复核收费标准合理性及调价必要性；对非保基本的社区嵌入式养老机构，赋予运营方更大的定价自主权，通过市场化的价格机制，鼓励更多社会力量参与服务供给。但赋予运营方更大的定价自主权，并不意味着运营方可以随意定价，政府相关管理部门应加强对定价合理性的审核，切实履行好监管职责。

6. 建立与嵌入式机构相匹配的设施建设和服务监测标准，使监测考评有据可依

民政与相关行业主管部门联合研究制定社区嵌入式养老机构的设施标准，优化其服务质量监测标准。

7. 出台支持政策，推动公用事业收费支持政策有效落地

建议由民政等部门建立"清单制管理"方式，通过政府"背书"，落实执行民用收费标准的优惠。具体操作上，可由公用事业单位适当减免、或由街镇承担独立计量装置的一次性安装成本；或者按照商用收费标准先征收再返还一定比例；或以物业公司"小表"为基础，与公用事业单位协商确定估值方法、根据计量估值执行民用收费标准等。

（二）平衡各区养老资源的建议

构建社区养老服务体系，推动养老事业发展，需要通过引入新形式、新方法，对现有养老资源进行整合，统一配置到相关社区，为社区老年人

提供更加便利和先进的养老服务。政府要通过对相关资源进行整体的研究和评估，合理安排社区现有资源，对相关资源不足的部分进行合理补充。

1. 因地制宜明确差异化发展定位

上海市社区养老机构区域差异显著，发展不均衡格局依然存在，应制定差异化发展战略，促进其协调发展。针对中心城区经济发达、老年人养老需求多元化、高端化等特点，应发挥市场在资源配置中的决定作用，注重服务品质的提升和类型的多样化，构建多层次养老服务体系；近郊区应加强养老服务业平台建设，建立医院、健康管理中心、养老保健中心等机构的联动平台，进一步保障大部分老人的生活，形成一体化养老服务业路径；远郊区应在保障老年人基本公共服务全覆盖的前提下，重点解决郊区空巢家庭的养老需求，实现有保障的养老服务业发展模式。

2. 建设社区养老资源平台

对现有居家和社区养老综合服务平台升级，统筹构筑社区资源平台。基于社区平台，协调社区间的各种设施进行互补运作，形成上海市一体化社区养老资源整合，同时打造各具侧重点、各具特色的差异化社区养老模式。通过建设社区养老资源平台，根据全市的资源分布情况，与邻近社区共建共享能满足老年人特殊需求的资源，将社区养老机构由养老照料性质发展为多样化服务性质的专业机构。比如，以邻近的 5 个社区为单位，统筹规划具有一定规模的医疗资源及社区体育运动设施，设置集中化运动馆及康复器械，使有运动康复需求的老年人能够就近满足养老需求。

3. 联合社会组织整合社区养老服务内容

联合社会养老机构，保证社区与引入社会机构的协调运行。统筹形成全辖区老年人实时共享的服务信息目录，整合社会化养老机构服务内容，协调各区之间养老资源差异性，由民办机构为老年人提供公益性养老服务，并在符合市场运行规律的前提下，为全辖区有需要的老年人提供一定的增值服务。同时对于增值服务要做好监管工作，在合作合同的制定上，要明确各自的责任界限，不能敷衍了事地提供服务，要定期进行跟踪考核，合理分配服务内容、覆盖面和设备维护，建立完善的嵌入式工作运行机制。

（三）增强社区养老机构供需契合性的建议

1. 拓宽资金筹措渠道

伴随着老龄化进程的不断加快，养老服务需求增多，上海市养老产业正处于快速发展阶段，需要投入大量的人力、物力、财力，单靠政府力量无法适应养老产业的发展。因此，政府要逐渐放开社区养老市场，引入更多的社会力量共同参与社区养老产业的建设，并对民间资本进行监督和管理，促进社区养老效率提升，保障养老服务质量，为养老产业提供新的发展动能。

2. 积极培育和扶持养老服务社会组织

发挥社会组织协同作用，培育社区养老供给多方主体。由于社会组织的发展刚刚起步，各项设施和服务还不尽完善，需要政府的引导、培育和大力扶持。政府可以通过制定相应的激励政策，吸引和鼓励更多的企业或社会组织参与到社区居家养老服务中来。比如，提供税收优惠，降低社会组织参与的成本；给予低息贷款，放宽银行贷款条件，延长贷款期限；对社区居家养老服务机构的水、电费，出台支持性政策，按社会福利机构的优惠价格收缴，或者予以补贴。另外，政府还可以大力发展老年社区志愿者团队，继续扩充服务志愿者的数量，吸收更多的力量参与到社区居家养老服务的工作中来。通过鼓励社会力量管理运营居家和社区养老服务设施，培育和打造一批连锁化、品牌化、专业化的龙头社会组织或机构、企业，使社会力量成为提供居家和社区养老服务的主体。

3. 完善服务内容实现供需平衡

完善社区养老服务体系。加强老年人档案服务管理，将老年人的过往及每周身体健康状况、家庭经济、社交需求、文化娱乐、精神慰藉等状况均记录在册，分析了解老年人最切实的需求，针对老人不同的需求提供差异化、多样化的养老服务。在建立档案系统之后，通过对老人进行问卷调查、访谈等方式，及时了解其对社区养老机构及人员的意见和建议，并对老年人的档案进行补充、完善。

在供给服务布局上，加强社区养老工作信息平台的建设，实时掌握老年群体需求变化，推进个性化养老资源的供给建设。借助服务平台先进的管理和信息化技术，将老年人、政府、社区、医疗机构和第三方服务机构紧密联系起来，为老年人生活提供全方位的服务。原则上，对于社区老年服务机构所在的每个社区，在基本养老服务设施建设的基础上，整合周边第三方企业，共同提供管家、餐饮、护理、法律咨询等服务供老年人采购。

增设社区养老服务的特色内容。随着生活水平的提高，老年人在享受养老服务的时候，更加注重服务的多样性。老年群体由于年龄、经济水平、文化程度、生活习惯存在差异，千篇一律的大众型养老服务项目已然不能满足老年人多样化的养老需求。结合上海社区养老服务的发展需要，社区养老机构应该进一步丰富养老服务的种类和内容，让服务更加有针对性，能够满足特定人群的需要。在情感层面上，应加强对于老年人心理问题的关注，可与心理机构进行定期定向合作，为老年人提供心理咨询服务。此外，社区机构应积极联系高校、医院的志愿者，让更加专业的人参与到社区养老机构的服务中。在医疗照护服务方面，社区养老机构应联系专业的医生，定期到社区来为老年人看病，开展健康医疗知识讲座等。社区养老机构应在充分保障老年人基本服务需求的基础上，将老年人分层、分级，制定困难老人服务需求清单，为不同需求的老年人开展助餐、助浴、日托、全托等多项保基本服务以及康复护理、精神慰藉等多层次、多样化、个性化的新型养老服务项目，并实现动态管理，为精准服务提供支撑，形成特色养老服务模式。

（四）加强认知症照护的建议

加强认知障碍照护床位建设。公办养老机构和公建民营养老机构要增设一定比例的认知障碍照护床位，主要用于收养政府托底保障的认知症老人；鼓励社会资本投资建设以认知症照护为主体的养老机构；参照日本学龄前幼儿看护点方式，在社区新建、改建认知症老人日间照料中心。

借助专家力量制定认知障碍评估、筛查标准和预防、干预流程，构建老年人认知障碍分级照护体系，编制认知障碍社区居家照护指南。

开展健康教育，普及认知障碍知识，提高社区居民对老年认知障碍的正确认识。

联合相关公益组织开展认知障碍风险测评，掌握本区老年认知障碍风险人群的基础情况，建立上海市认知障碍风险人群库，实施早期预防干预。

在相关街镇及居委会开展老年人心理关爱项目试点工作，增强对常见心理行为问题和精神障碍早期识别的能力。

继续在相关街道开展老年认知障碍友好社区建设试点工作，并逐步向全市推广，尽快建立老年认知障碍全流程、全方位服务体系，形成可复制、可推广的"上海方案"。

通过政府购买服务的方式，试点为 60 周岁及以上优抚对象，特困、低保、低收入家庭，计生困难家庭和纯老年人家庭四类重点人群中的失智老人提供"喘息服务"，让养老机构短期托管照顾老人，或是提供临时居家上门照料服务，给这些家庭减轻负担，提高他们的生活质量。依托社区综合为老服务中心等养老服务设施，建立社区老年认知障碍支持中心，提供防走失、防跌倒、防误食、防自杀指导和照护支持，发挥平台作用，合理配置资源，建立健全老年认知障碍友好支持网络，形成社区长效支持机制。

设立上海市失智老人照护救济基金。失智失能老人一般都需要 24 小时照顾，在上海雇用一个这样的保姆每月至少需要五六千元，虽然上海市已经实行了长期护理保险制度，解决了一部分护理费用问题，但有不少老人的养老金达不到这个水平，建议设立上海市失智老人照护救济基金，重点救济特困、低保、低收入家庭和计生困难家庭的失智老人。另外，鼓励失智老人家庭采取社会保险模式，以个人缴费为主，通过购买老年护理保险来支付个人长期护理的巨额费用。

联合上海相关医学院校加快培养失智老人社会化照护服务人才；每年对从事老年认知障碍照护工作的专业护理人员开展培训和职业技能认定；通过政府购买服务等方式，依托专业医疗机构、社区内的养老机构等专业社会组织，实施家庭照料者培训项目，为照顾老人的家庭成员或家政人员提供免费培训，提高其专业照护能力。

（五）加大文化养老服务的建议

1. 加大投入完善文化养老设施设备

政府应加大资金投入，各部门之间应相互支持配合，建设和完善老年人文化活动场所和适老设施，为文化养老筑牢物质根基。另外，政府部门也可以动员其他的社会力量，实行公办、民办、股份制多种文化投入模式，确保有大量的资金作为打造文化养老新平台的基础，为办好具有上海特色的老年文化事业提供不竭的动力。

2. 发展多元化文化养老服务内容

文化养老质量高低取决于文化服务的模式与内容，政府、社区和社会组织应该针对老年人的生理、心理和兴趣爱好等特点，积极组织针对老年人群的各类文化娱乐活动，搭建文化养老服务平台，让老年人在文化养老服务体系中有所为、有所乐。一方面，根据老年人的需要和基本状况，开展一些难度不大但趣味性强的活动，比如开展乒乓球、台球、踢毽子等比赛，鼓励老年人参加太极剑、太极拳、广场舞、健身操的锻炼，让老年人在活动中锻炼身体，体会到生命的乐趣，或开展书画、音乐、舞蹈、走秀、棋艺、手工制作等比赛，在比赛中展示自己，陶冶情操；定期组织老年人外出旅行，让他们在大自然中放松身心，在景区胜迹中陶冶情操。另一方面，打造文化学习平台和文化养生平台，比如建立老年人图书馆，定期举办座谈会，老年人不仅学习了新知识，而且也陶冶了情操，愉悦了心情；定期邀请医院的专家开展健康知识讲座，或定期对老年人的身体进行检查，在一定程度上保证老年人的身体健康；与此同时，顺应时代和科技发展，通过社会活动向老年人引介新事物、传达新观念，让老年人能够了解社会趋势，紧跟时代潮流。另外，政府相关部门还应牵头定期举办针对老年人的各类会演等活动，让老年人始终保持高昂的斗志和饱满的热情。

3. 创新老年教育供给模式

在发扬原老年大学"文化养老"的基础上，继续丰富文化内涵，扩大原有教学规模和条件，创新教学方法，通过体验式教学、远程教学和在线教学，把传统教学和网络教学结合起来，构建老年人终身学习平台。在社区建立流动老年大学，通过经常开展读书、讲座、参观、表演、游学等形式吸引更多老年人走进社区相互学习、相互交流。鼓励更多职业院校、高等院校设立老年教育相关专业，开放老年教育资源，发展非学历教育。积极探索社会各界联合办学模式，拓宽老年教育资金筹集渠道。鼓励企业、社会组织和个人设立老年教育发展基金，形成国家、企业、个人三方共筹资金的渠道，同时对从事老年教育投资的企业或公益性捐款单位、个人给予税前扣除等优惠。鼓励图书馆、艺术馆、体育馆、文化活动中心定期开展老年教育主题活动，免费为老年人提供活动场地和资源，为积极开展老年文化活动提供便利。

4. 进一步加强社区文化养老功能

社区是老年人实现"文化养老"的重要场所，其特点是温馨，便利。建议社区可以做到以下几点。一是每年拿出一定经费用以配套和完善文体广场、文化活动室、社区剧场、电子阅览室、公共图书馆等资源，免费为老年人提供服装、乐器和道具，提高老年人展现兴趣爱好的积极性。二是主动联合老年大学、图书馆、艺术中心等文化教育单位，聘请业务骨干到基层为老年人提供书法、舞蹈、音乐、太极拳、戏曲等方面的指导。三是在有条件的社区文化中心或居委会老年活动中心乃至居民楼里，辟出一个或几个小型乃至微型的老年学习场所，作为老年大学的分教学点，安排从教育岗位上退休不久、学识与能力均符合老年大学教学资格的老教师或其他有能力者担任师资，开设若干门适合老年人"老有所学"需求的课程。

5. 打造专业化的文化养老人才队伍

首先，要建立健全党委领导机制，按照政治强、业务精、素质高、作风正的要求选拔社区干部。其次，在志愿者建设方面，要鼓励社区退休的老干部、老学者、老教师、老艺术家加入志愿者队伍，集中人才和资源优势，为开展社区活动、文化培训、编排文艺节目、创建文艺品牌提供高水平的指导和帮助；鼓励有时间、有精力的其他健康老年人也积极参与文化养老方面的志愿服务；完善志愿服务登记制度和为老服务"时间银行"制度，营造整个社会为他人服务就是为自己的将来服务的良好社会氛围。再次，政府要大力鼓励和支持辖区内的高校、职业院校、中小学校加入志愿者队伍。最后，还要加强社会工作对文化养老服务的介入，通过文化服务活动中的专业引领，增进老年人之间的互动和互助，帮助他们在社区内形成稳定的文化活动圈子，引导老年人实现自身价值，持续满足其精神文化需求。

（六）强化社区养老人才培养的建议

详细内容参见第九章"上海市养老护理员队伍发展现状、存在问题与对策建议"。

（七）提升社区养老服务质量的建议

1. 普惠"兜底"的社区养老服务设施建设

作为与传统养老理念一脉相承的普惠"兜底"养老服务，丰富社区养老设施，提高设施的利用率，对提高社区老年人的幸福感具有重要意义。现阶段，上海市社区养老主要以完善社区服务功能为出发点，充分利用社区养老设施资源，为老年人提供普惠性的社区养老服务。

2. 兼顾个体需求的养老设施建设

老年群体由于年龄、经济水平、文化程度、生活习惯存在差异，千篇一律的大众型养老服务项目已然不能满足老年人多样化的养老需求。社区养老机构应在充分保障老年人基本服务需求的基础上，将老年人分层、分级，制定困难老人服务需求清单，为不同需求的老年人开展助餐、助浴、日托、全托、购物等多项保基本服务，以及康复护理、精神慰藉等多层次、多样化、个性化的新型养老服务项目，并实现动态管理，为精准服务提供支撑，形成特色养老服务模式。比如，在日常生活需求设施方面，根据老年人需求调整增加服务项目，扩大已有的服务设施，优化完善老年活动室、助餐餐厅、休闲绿地；在精神文化生活设施方面，根据老年人需求建立老年人活动中心，开展心理咨询、法律讲座等活动，满足老年人的娱乐需要；在活动场所设施方面，根据老年人的需要，开设老年班和老年聊天室，丰富老年人的文化活动，改变老年人活动以打牌、下棋、麻将为主的单一局面。加强社区养老综合服务信息平台建设，实时掌握老年群体需求变化，推进个性化养老资源的供给建设。利用服务平台的先进管理和信息技术，将老年人、政府、社区、医疗机构、第三方服务机构紧密联系起来，为老年人生活提供全面服务，使老年人拥有健康快乐的晚年生活。对已设置的社区老年人个性化服务设施，要加强宣传，避免出现无人知晓的情况，使老年人充分了解服务内容，提高社区养老服务水平，提高社区养老设施利用率。

3. 继续推行老年宜居社区建设

推动老年宜居环境的理念与公共政策、建筑规划、生活服务等各个环节相融合，将适老化改造纳入上海市社会治理体系中，整体规划，全面推进。完善社区适老化改造标准、居家适老化改造标准和适老化改造清单，打造适老化改造样板间。着力推进家庭适老化人居环境建设，对经评估符合条件的老年人家庭开展适老化改造，在原有补贴金额的基础上加大资金补贴力度。着力推进老年友好居住区环境建设，在老旧小区开展综合性适老化改造、老楼加装电梯的基础上，结合城市更新，加大居住区老年友好宜居环境建设，突出对公共通道、公共照明、社区休闲绿地、街心公园、社区健身场所等公共空间的适老化改造，使老年人"下得了楼""出得了门""上得了车"。

4. 嵌入智慧养老提升服务专业性

切实厘清"智慧养老"的有效需求和真正需要的具体技术设备，破解"重技术、轻需求""重产品、轻服务""重概念、轻场景"的智慧养老现象，坚持以老年人为本、"淘宝式"就近便捷、质优价廉、形式多样的智慧养老建设方向，积极引导、扶持和发展智慧养老。构筑网格 2.0 大民生"全景全息"数字养老场景，推动养老领域公共数据"一网统管"，实现老人"一证通办"。加大智慧健康养老产品的应用，开发适用于老年人的 App 应用程序，鼓励养老服务机构利用智能腕带、智能药盒、智能血糖仪及相关移动应用等智能化软硬件产品，加快推行"虚拟养老院"建设和居家养老服务智能化改造。继续支持、推广、发布智慧养老应用场景解决方案，引导社会组织或企业提供新的创意，积极开发解决方案，破解供需对接瓶颈。鼓励公共服务场所消费，费用缴纳保留人工窗口，支持现金和银行卡支付，鼓励应用人脸识别，简化网上服务流程，为老年人提供语音引导、人工咨询等服务。继续加大开展老年人智能技术教育培训，将老年人运用智能技术能力列为老年教育的重点内容，打造"智慧养老场景设备体验间"，通过体验学习、尝试应用、经验交流、互动帮扶等，引导老年人体验新科技，积极融入智慧社会。

5. 建设社区养老服务沉浸式体验示范社区

建设社区居家服务沉浸式体验示范社区，通过嵌入相应的功能性设施设备，开展无障碍、适老化居住环境建设，加快推进试点老年认知障碍友好社区、家庭照护床位、辅具租赁、适老化住房改造、"老吾老计划"等项目，为老年人及其家人全景描述符合老年人生活照料、康复护理、精神慰藉等需求的社区养老服务功能及场景，为"大城养老"开展社区养老服务提供完整、可参照的样本。同时继续构建一站式"15分钟养老服务圈"、家门口"5分钟社区生活圈"、楼道内"1分钟邻里互助圈"，建立并完善社区养老服务站点，引导创建社区示范睦邻点，完善邻里互助服务。

（吴　韬）

第三章　上海市农村养老发展现状、存在问题与对策建议

一　发展现状

（一）上海市农村养老服务设施建设现状

1. 上海市农村养老服务设施建设制度

为进一步加强上海市农村养老服务设施建设，上海市先后制定、出台了一系列制度、政策。

2014 年 8 月，上海市老龄办、民政局下发的《关于推进老年宜居社区建设试点的指导意见》提出，进一步推动邻里互助服务，推广社区睦邻点建设。

2015 年 11 月，上海市民政局等八部委联合发布了《关于加强本市农村养老服务工作的实施意见》，要求立足农村地区经济社会发展水平，以老年人的需求为导向，充分考虑务农农民、离土农民以及农村地区的城镇居民等的不同养老需求，分区域、有重点地分类推进农村养老服务工作，并聚焦养老设施建设、服务水平提升、政策支持保障等，提出了统筹农村养老服务设施规划和建设、推广农村地区老年人睦邻点建设等十大建设任务，推进城乡基本养老公共服务均等化，切实提高农村居民基本养老公共服务和社会保障水平，让农村老年人共享改革发展成果。

2016 年 9 月，上海市人民政府发布了《上海市老龄事业发展"十三五"规划》，进一步提出要发展非正式照料体系，并以睦邻点为依托构建

"邻里互助圈"。

2017年4月，上海市民政局制定的《上海市社区养老服务管理办法》将睦邻点作为社区支持类服务设施，并提出建设要求。

2017年8月，为了让示范睦邻点成为老年人生活互助和情感寄托的重要载体，让更多的老人参与并融入社区，上海市老龄办、民政局发布了《关于培育发展本市社区老年人示范睦邻点的指导意见》（沪老龄办发〔2017〕9号），提出到2020年年底，全市示范睦邻点不少于2000家，针对睦邻点成员养老需求，以自助互助等方式开展生活照料、文化娱乐、精神关爱等服务，提供助餐、助浴、洗涤、代办等一项或多项互助活动，解决成员的一些基本生活需求。对符合条件的示范睦邻点由市级福利彩票公益金按照每个睦邻点1万元的标准给予一次性补贴，区财政按1∶1比例配套。

2018年6月，上海市民政局等八部委发布了《上海市农村地区养老服务美好生活三年行动计划（2018—2020年）》，明确提出建设农村养老服务网络。具体而言，农村地区每个街镇至少要建设一家标准化养老机构；在某个大行政村或几个小行政村连成的片区，要建设具有托养功能的社区为老服务场所，比如各种形式的托老所、长者照护之家以及社区综合为老服务中心等；在村组层面大力发展睦邻点，或依托老年活动室发展具有一定生活照料功能的服务场所，推动互助式养老。到2020年，纯农地区村组睦邻点实现全覆盖，全市农村地区示范睦邻点达到1500家，"不离乡土、不离乡邻、不离乡音、不离乡情"的互助式农村养老服务得到充分发展。

2021年4月，中共上海市委、上海市人民政府发布了《关于全面推进乡村振兴加快农业农村现代化的实施意见》，提出强化乡镇养老院专业照护能力，推进养老院薄弱环节改造和护理功能升级。加快片区养老综合体建设，强化老年助餐、日间照料、健康促进等综合服务能力。发展农村互助性养老，新建650家市级示范睦邻点。

2021年6月，上海市人民政府印发了《上海市乡村振兴"十四五"规划》，再一次提出在乡村开展农村养老提升行动，纯农地区村组睦邻点实现全覆盖，全市农村地区示范睦邻点达到3000家，互助式农村养老服务得到充分发展。加强农村养老护理员队伍建设，农村养老护理员持证比例达到80%。

2021年6月，上海市出台了《上海市老龄事业发展"十四五"规划》，提出将农村养老服务设施和服务纳入乡村振兴规划，支持利用农村宅基地或闲置集体建设用地，进一步完善镇有"院"、片有"所"、村有"室"、组有"点"的设施网络。

2021年8月，上海市民政局印发了《上海市农村老年人示范睦邻点建设指引》的通知（沪民养老发〔2021〕18号），明确示范睦邻点"三个定位"：作为非正式照料的重要内容，为老年人提供情感支持；作为农村互助式养老的典型形态，满足老年人"不离乡土、不离乡邻、不离乡音、不离乡情"的养老情结需要；作为构建农村邻里互助圈的载体，以示范睦邻点为纽带，将"陌邻"变为"睦邻"。

2. 上海市农村养老服务设施建设成效

目前，上海市涉农区农村养老服务三级网络已经全部覆盖，形成了"镇（街）有院、片区有所、村（组）有点"的新格局。过去三年来，上海乡镇敬老院建设持续推进，涉农区三年间新增床位19296张，改造认知障碍照护床位3492张，两年完成薄弱机构改造的三年工作目标共计133家。上海涉农区已建成具有平台功能的综合为老服务中心224家，占全市70%，实现了乡镇全覆盖；长者照护之家、社区日间服务中心、老年人助餐服务场所已建成1419个，占全市六成以上。过去三年来，针对农村邻里交往频繁、人际关系密切的特点，上海以村民小组为单位，由邻近居住的农村老年人利用闲置房屋，发展具有生活照料、精神慰藉、互助服务功能的睦邻点，上海涉农区已建成1988个示范睦邻点，占全市总量的80%。此外，还建成标准化老年活动室3158个。

（二）上海市农村养老服务能力现状

1. 农村养老服务得到统筹发展

如前所述，根据上海市城乡发展一体化和"乡村振兴战略"要求，八部门先后出台了《关于加强本市农村养老服务工作的实施意见》和《上海市农村地区养老服务美好生活三年行动计划（2018—2020年）》，全面加强顶层设计，系统谋划。金山区、松江区分别参加了全国居家和社区养老服务改革第一批和第二批试点，全面完善了区域设施和服务网络；奉贤区、闵行区作为第三批和第四批试点单位，获评全国优秀（得分均排名第一）。

2. 农村养老服务保障不断增强

在上海市政府实事项目安排方面，将养老床位、社区助餐、日托等建设指标集中于郊区，着力弥补郊区设施总量的不足。在财力投入方面，近年来，农村养老服务建设及项目资金占年度总资金的 60% 以上。在评估考核方面，把农村养老服务发展成效列入区政府的年度绩效考核，并作为上海市社会养老服务体系建设年度评估的重要内容。

3. 老年人支付能力有效提升

全面落实普惠性的老年综合津贴制度，涉农区受益老年人占 57%；完善城乡保障待遇统一的养老服务补贴制度，凡是本市户籍且年满 65 周岁的农村老年人，可以和城里人一样享受老年综合津贴，目前涉农区补贴对象人数占比超过 90%。从 2018 年起，上海市全面开展长期护理保险试点，农村居民医保对象与城镇职工医保对象待遇相同。不少区还在持续探索增强农村老年人支付能力的措施，例如闵行区采取"三个一点"，夯实农村老人的支付能力。一是长护险补助一点。闵行区把农村养老设施纳入长护险定点护理服务机构，主要收住照护一到三级的农村老人，入住长照后，照护二到三级的老人可享受 510 元/月（以 30 天计算）的长护险护理补贴。二是老宅出租收入支持一点。通过农村长照建设，老人入住服务机构后，将老宅交给村委会统一回租、装修、对外出租，变零星散租为统一出租，可以获取更高、更稳定的租金收入，这样既增加了收入、消除了安全隐患，也明显提升了老人的支付能力。三是老年人子女贴补一点。闵行区以孝文化为核心，组织老年志愿者护老宣传队，弘扬村域内尊老、敬老、爱老、孝老模范家庭典型，引导老年人子女同理换位思考，鼓励子女拿出部分费用用于父母养老，让农村老年人放下养老费用支付的心理负担。

4. 医养融合发展深入推进

目前涉农区养老机构中已有 207 家内设了医疗机构，占全市的 63%。农村养老服务机构与医疗机构普遍签约，嘉定等区大力推动乡镇卫生院、社区卫生服务站点入驻养老机构，促进医养设施结合；松江等区积极参与全国医养结合试点，成效明显；闵行区积极推进"托管式、嵌入式、签约式"三种医养融合服务模式，医养融合"一院一方案"正在各养老机构实施，并根据功能定位和服务方式，做好服务内容上墙公示与日常医疗服务，方便老人在住养地就诊。

5. 护理员队伍建设水平提高

积极吸引农村本地富余劳动力从事养老服务工作，全面开展养老护理员职业技能培训，涉农区养老护理员持证率达到 70% 左右。浦东、闵行、嘉定、松江、金山等区制定了区域性补贴政策，对养老护理从业人员给予就业扶持和激励。

6. 智慧养老项目各具特色

涉农区针对留守老人多、地广人稀和看护力量薄弱的情况，普遍建立了区级养老服务平台，注重科技赋能，积极开展智慧居家养老服务项目，加强信息技术在养老服务领域的融合渗透。

奉贤区推进智慧居家养老项目，借助"智能腕表"，提供居家生活监测、应急救助、定位、健康管理等服务，目前已覆盖 60 周岁以上特困老人和 80 周岁以上老人 4200 人，处理电子围栏 3783 次告警，找回走失老人 2 次，成功救援脑梗复发老人 2 例。

金山区整合了现有的"福鑫宝"科技助老、养老机构床位登记轮候、居家养老智慧管理、老年照护统一需求评估等系统，建设"金山区智慧养老服务平台"及区级平台展示点，平台以金山区现有的 500 家睦邻点为依托，凭借已形成的覆盖全区村居的服务网络，通过综合为老服务中心、日托、助餐点等养老设施和平台有效对接，在信息化平台支撑下将服务延伸至老人家中，打造集宣传告知、受理办理、运营管理为一体的养老服务相关综合信息管理系统。

闵行区构建"智能移动养老安全网"。一是为社区高龄、独居、失能失智老人佩戴智能腕表，这一项目已在古美路街道率先启动，已为全区 4600 名 60 周岁及以上的孤寡老年人、认知障碍老年人和 80 周岁及以上独居困难老年人提供智能居家看护服务。二是实施"智能移动养老管家服务"，项目由 GPS 智能手环、客服人员、信息平台监测组成，运营方通过智能设备和信息化系统，24 小时掌握居家老年人的健康、安全状况，遇到突发事件紧急报警，构筑起针对特殊困难老年群体的智能移动安全网。

宝山区推出"居家宝"等智慧养老服务项目。浦东新区建设家门口的科技助老服务站。嘉定区推出"互联网+老龄"养老服务，促进农村地区远程健康监护、居家安防、定位援助等新技术应用。闵行区、奉贤区建成全国智慧健康养老试点示范基地。

7. 运营管理方式持续创新

涉农各区加大培育本土专业组织开展养老服务，并引导中心城区专业化水平较高的养老服务机构到农村地区落地生根。金山区颐和苑项目列入全国城企联动普惠养老试点，宝山、嘉定、奉贤等区支持镇、村养老服务设施批量委托专业组织运营，提高运营效率。青浦区淀山湖福利院引入了深耕养老行业 12 年的九如城集团进行运营，依托九如城专业的运营管理团队和优质的医疗资源，力争将该项目打造成为"医康护养一体化""家院互融"的示范性养老机构。闵行区在培育"恒研""继虹""希言"等本土品牌的基础上，引进"福苑""福寿康""万福年华"等一批连锁化运营的居家和社区养老服务龙头企业与社会组织，为闵行区养老市场提供了优质资源。目前，全区 67 家日托有 22 家由第三方运营。

8. 养老服务质量明显改善

按照全市统一标准和要求，对农村养老院进行多部门联合质量大检查，并开展养老机构等级评定，涉农区养老机构参评数量超过 50%。2020 年涉农区养老机构服务质量日常监测得分超过全市平均水平，相比2019 年提升明显，等次从"一般"升至"良好"，崇明、奉贤、青浦等区进步最快。

（三）上海市农村养老服务模式

1. 居家养老

这是农村最常见的养老模式，农村老人在自己身体可以劳动的情况下，不论多大年龄，哪怕是六七十岁甚至年龄更大，只要自己能够干得动活儿，都会在自己的地里干活，一方面可以产出农作物获得相应的经济收入，另一方面也可以获得自己最基本的口粮。这是绝大多数农村老人的一种现状，他们不可能闲在家里。但在身体不允许干农活时，他们一般选择在家里养老。子女不在身边的，每个月大概补贴 1000 多块钱，有些条件好的子女在城里安家了，就将父母接到城里共同生活。这种陪伴式居家养老是农村最常见的模式。

2. 养老院（敬老院）养老

孤寡老人大部分由政府托底在乡镇敬老院居住养老。对于残疾、大病后遗症、慢性病患者和其他低收入人群，政府给予了补贴，可以在乡镇养老院养老。

3. 睦邻互助养老

农民自觉发起、自愿参加的以村民自治为特征的睦邻点养老。村组利用农民闲置宅基房屋，加强基础设施的改造，为独居、高龄、困难等老年人提供就餐、休闲、学习、议事、调解、娱乐、健康宣传等服务。以奉贤区的"四堂间"和青浦区的"睦邻客堂间"为代表，浦东、崇明等区也形成了各具特色的睦邻互助模式，其中奉贤区的"四堂间"最为突出。

奉贤区为上海远郊区，伴随着城镇化的进一步发展，受农村空心化影响，农村的"空巢"老人数量相对增多。为解决"老无所依"问题，2014 年奉贤区开始探索以建设农村宅基睦邻为特征的农村社区居家养老模式——"四堂间"。2014 年 9 月，奉贤区民政局开展了多次调研，结合农村地区地广人稀，独居留守老年人多、宅基房屋闲置等实际情况，在青村镇李窑村探索成立了宅基睦邻点。同时，四团镇引导三团港村退休的老书记成立了赛家便民服务社，由老书记负责在三团港村寻找合适的点位，政府进行简单装修并添置桌椅、电视机等设备。经过总结提炼，全区统一将之称为农村宅基睦邻"四堂间"。此后，奉贤开始宅基睦邻"四堂间"的试点工作并全面推行建设。为使"四堂间"的建设更加规范有序，2015 年奉贤区针对各镇农村养老服务的推进情况，出台了《奉贤区创建农村宅基睦邻"四堂间"指导意见》。2018 年，奉贤区出台《奉贤区扶持农村宅基睦邻"四堂间"发展实施方案》，并通过不断加大资金扶持力度，有力保障了"四堂间"的发展。"十三五"末，奉贤区基本实现了"四堂间"全区覆盖。

对于"四堂间"的建设和发展，奉贤区实施了"三个突出"。

第一，突出对"四堂间"进行精准化功能布局，为农村地区的老年人打造"吃饭的饭堂、聊天的客堂、学习的学堂和议事的厅堂"。一是便民饭堂。"四堂间"设置厨房、用餐间，配备消毒柜、冰箱、净水器等设施设备，为农村老人提供荤素搭配、营养美味的午餐。对卧床、行动不便或临时有突发情况的老年人提供上门送餐服务，满足老年人的不同需求。二是休闲客堂。为邻近的老年人提供相互沟通交流的温馨场所。三是快乐学堂，实现小班化学习。针对农村老年人的特点，在师资配备上以本地人为主，授课以图文、故事、视频等老人易于理解的方式为主，为老人提供惠民政策宣讲、健康养生咨询、安全防范讲座等学习课程。四是自治厅堂，实现小区域议事。通过对涉及本宅基土地征用或流转方案、宅基地建设使用方案、老年人综合津贴发放等村民关心的热点、重点问题进行讨论，参与村委决策，保障老年人的知情权、参与权、决策权，使"四堂间"成为农村老年人议事和自治的重要平台。

第二，突出对"四堂间"进行规范化运营管理，提升服务质量。一是制定基本标准。研究出台《奉贤区扶持农村宅基睦邻"四堂间"发展实施方案》，推出"四堂间"创建和运营的基本标准，明确每个点位的服务半径：原则上以6个村民小组为主，每个点位的服务对象不少于50人；建筑面积不少于60平方米，设有厨房、用餐间、客堂、卫生间、室外活动等场所。按照标准要求创建并通过验收的"四堂间"，给予一次性创建补贴5万元；按照标准要求运营并通过考核的"四堂间"，每个点位给予每年5万元的运营补贴。二是明确评估办法。出台《奉贤区农村宅基睦邻"四堂间"创建和运营评估办法》，结合国家和上海市有关机构养老和社区养老标准方面的具体规定，从"四堂间"基本硬件建设状况、设施配备状况和选址的合理性三个方面规定创建评估标准和具体指标；从四堂功能、日常管理、服务状况、安全保障、助餐服务、多元主体参与六大方面规定运营的评估标准和具体指标。三是开展星级评价。结合创建评估和运营评估结果，对睦邻"四堂间"开展星级评价，划分合格、三星、四星、五星4个等级。根据定期检查和评估情况动态，相应调整星级评价结果，并对不同的星级等级状况给予相应的奖励资金，鼓励村级组织和其他社会组织更积极地参与"四堂间"的建设和运营。

第三，突出多元化社会参与。奉贤区以推进"互联网+三社联动"工作为契机，积极引导社会组织参与"四堂间"的运营管理，通过整合资源，将医疗、服务、文化元素注入"四堂间"。一是社会力量参与。积极引入第三方社会组织上海新途社区健康促进社，对"四堂间"进行专业化运营管理。建立健全"堂长制"，每个"四堂间"招募一批"堂长"、健康大使、文娱大使、自治大使，并由专业社工定期召集堂长和大使团队聚会，开展专题培训。二是课程设置新颖。由第三方团队授课的手指操、健康舞、凳子舞等广受欢迎，防跌倒训练、记忆力训练、智力训练等课程也让老年人受益匪浅。各村还结合本村老年人的兴趣和需求设置特色课程。三是服务项目多样。村民志愿者为出行不便的老年人代缴水电费、电话费，定期安排理发、修皮鞋、配钥匙、修理小五金等便民服务。社区卫生服务中心定期为老年人提供量血压、测血糖、健康咨询等服务。社区文艺团队等每季度开展文体活动，进行主题会演，大大丰富了农村老年人的生活。"四堂间"成为代办事务、便民服务、义诊等志愿服务的有效载体。

"四堂间"利用的是农村地区村集体或村民闲置的宅基房屋，在政府牵头、社会赞助、村委负责、老人自愿的机制下，通过基础设施改造，为本宅基（村民小组）独居、高龄、困难等老年人提供就近养老服务，实现小圈子用餐、小邻里联系、小班化学习、小区域议事的农村居家养老。"四堂间"的建立不仅解决了农村留守、独居老年人吃饭、精神孤独等问题，而且有效促进了老年人之间以及老年人与村委会之间的交流，增进了邻里和谐和村民自治，增强了村民凝聚力和政策宣传，加强了各类养老服务资源的融合，使"四堂间"在发挥四堂功能之外，产生了更多的效益，让更多农村老人在自己熟悉的环境中实现"原居安老"，满足他们"不离乡土、不离乡邻、不离乡音、不离乡愁"的养老情结。2019年12月，奉贤农村宅基睦邻"四堂间"入选首批全国农村公共服务典型案例。

4. 农村嵌入式养老

农村嵌入式养老有如下两种服务模式。

第一，由政府主导推动形成的农村专业化养老服务模式。近几年来，各涉农区积极挖掘土地和房屋资源，形成了由政府主导推动形成的农村专业化养老服务模式，即通过村里统一回租村民空置房源，建设长者照护之家等养老设施，为老年人提供全天照料、日间照料、助餐等为老服务。

闵行区梅陇镇许泾村的田园许泾长者照护之家就是由 4 栋回租民宅改建而成的，场地面积达 3500 平方米，共设置了 61 张床位，目前已经有 23 名老人入住。只要是 60 周岁以上的老人，就可以低廉的价格入住，特别是农村户籍老人，每月 3000 多元就能在长者照护之家养老。

闵行梅陇社区吴介巷长者照护之家 2018 年 12 月成立，是闵行区首家农村自助互助养老机构，项目由村集体回租村民一栋三层闲置小楼和几间辅助房，按养老机构设计标准进行改造，规划 28 张床位，除了保留农宅风貌和乡土文化，项目还委托民营同康医院参与管理服务，有两位专业医疗人员常驻，为老人提供 24 小时医疗保障服务，同时兼顾日间照顾、老年助餐、邻里互助、志愿帮助等功能。

第二，由社会力量发起举办的"原生态"养老服务模式。以社会组织为主导，连片租用农村闲置房屋，在完整保留农村老宅原样结构和农村自然生态的基础上，配套适老化设施，链接公益资源，为本村或邻村村民提供养老服务。

以松江区叶榭镇"幸福老人村"为代表。上海市松江区叶榭镇堰泾村是上海市城郊的一个大村，由原来的堰泾村、杨典村两村"撤二建一"而成，下辖 26 个村民小组，966 户，户籍人口 3213 人，外来流动人员 1476 人。辖区内有上海幸久包装材料有限公司等 9 家实体型小企业。目前 60 周岁及以上老年人口 1051 人，在户籍人口中所占比例达到 32.7%。

堰泾村的"幸福老人村"由 3 名公益人士（其中 1 人为本村人）投入 400 余万元，租用本村 9 户人家的 10 栋房子建设而成，有 49 张床位，目前入住 40 多位老人。其中，超过 80% 为高龄老人，本村老人占 60%，本镇的占 80%，其他集镇的占 20%。幸福老人村的重要特点在于它既为本村以及临近的农村老年人提供日托、全托服务，还辐射本村和周边村落居家养老的老年人，提供文化娱乐、餐饮、上门护理等服务。

堰泾村"幸福老人村"一方面重构了村庄互助网络，另一方面建立了机构内部老年人的互助机制，同时链接了各类政府项目支持和社会公益资源。如"微孝早餐"活动就是通过公益众筹的形式，由爱心人士自愿认领老年人爱心早餐，后来政府给予了部分资助，为村里 70 周岁以上共计 106 位老人提供爱心早餐。在这一过程中，村里老党员自发组织了 8 支志愿者队伍每天过来帮忙，包括准备和发放早餐、院内卫生清扫等。同时，入住老年人成立了自己的老年工作委员会，由全部入住老年人投票选出，进行自我管理。老年工作委员会每个月开一次例会，一是对近期出现的问题进行总结或者互相之间指出一些不恰当的行为，互相敦促改正坏习惯；二是进行自助服务安排，如打扫卫生、收拾餐具等。另外，"微孝 1+1""微孝工坊""幸福庆生会""微孝百分百"等活动链接外部公益团队和公益人士。爱心年夜饭从厨师到配菜、端菜、收拾卫生、表演全部都由志愿者完成。

堰泾村"幸福老人村"的收入主要来自老年人入住机构的费用，用于居家互助养老的费用则主要来自政府补贴和公益捐赠。据统计，仅 2018 年，幸福老人村就收到捐赠物资 10386 件（斤），收到捐赠现金 99269 元。同时，由于幸福老人村与外部资源对接较多，他们也通过联系乡镇农业专业合作社，帮助本村的家庭农场主进行"合作社基地农户"的供销合作，如松江大米等。

堰泾村位于城郊地区，与外部资源链接较为方便，"幸福老人村"通过设计以"微孝"为主题的各类活动，让文化宣传与志愿服务有载体可以落地，同时鼓励村民参与、自助互助。2018 年有 18 个团队、7566 名志愿者来到村里，为机构和村里老人提供各类服务。从 2017 年开始的"微孝家宴"每年都有超过 500 余人参与，爱心企事业单位和个人进行认领捐赠。在这些互动参与之中，村庄的凝聚力、影响力都得到很大提高，2020 年"幸福老人村"荣获"上海城市治理最佳实践案例"优秀案例奖。

松江区叶榭镇堰泾村"幸福老人村"已成为全国农村养老推广的典型模式，并在松江区推广复制。

5. 乡村振兴背景下与产业联动发展的农村养老社区模式

通过土地流转并整体性规划，将养老、文化、体育、医疗、休闲、绿地等各类公共服务设施统一纳入、合理布局，建设适宜老年人生活的美丽家园。同时，由村级集体经济或第三方统一管理，并与乡村旅游等产业发展相融合，与当地就业相结合，实现经济社会效益的双赢。奉贤区西渡街道（五宅村）和青村镇（吴房村）、松江区泖港镇（黄桥村）、嘉定区马陆镇（北管村）等积极探索，形成了富有活力的农村老年宜居社区，其中以奉贤区西渡街道（五宅村）、松江区泖港镇（黄桥村）为主要代表。

奉贤区西渡街道"五宅·青春里"养老社区于2021年10月25日正式揭牌，该社区总建筑面积约5300平方米，共有床位150张，该社区是以"三块地"改革为抓手，通过盘活农民闲置房屋打造以"还青春"为主题的特色养老社区。"五宅·青春里"养老社区原址上有17户人家，五宅村村委会与其中14户村民协商后，将其房屋流转给村委会，流转期为15年，流转费按宅基地证有效建筑面积进行计算，每5年相应递增。另有3户人家通过集中上楼的方式将宅基地腾出。上海奉贤二建股份有限公司则提供了项目援建，负责项目建设及部分装修，建成后捐赠给五宅村村委会，共耗资约3000万元。

养老社区提供二人间、三人间、四人间和六人间几种房型，老人可根据需求自愿选择。社区规划将75张床位留给本地老人、75张床位留给外区老人，分层分类制定本宅基老人、本村老人及外区老人入住"五宅·青春里"养老社区的收费标准。本地老人根据房间类型，入住床位费在1000~1600元/月不等，本村上楼老人和本宅基老人另有床位费8折和全免的福利。外区老人入住床位费在2000~3500元/月不等。通过这样的差异化定价，既确保本村养老需求，又开放了市场准入，以弥补本村老人入住的成本缺口。

为提高社区内老人生活质量，养老社区委托专业的养老机构——上海春田五宅养老服务有限公司进行养老社区的日常运营管理，配备行政管理人员5名、医务人员3~4名、后勤保障人员4名，并按照1:4的标准配备护理员，为入住老人提供日间照护、长期照护及居家上门护理。此外，充分利用资源开展护老者培训，即由护理专家或从护理员中抽调业务骨干，为辖区内养老机构的非专业照护员和社区内失智失能老人家属提供专业机构和家庭护理培训，力求通过培训提高家属照护技术、自我保护和管理能力，以此带动辖区内养老服务品质提升。

五宅村村委会还通过农村承包地流转，在周边农田开辟花卉蔬菜种植、果树采摘等休闲功能，广泛运用自然元素，帮助老人怡乐生产、复建心灵，不断拓展康复休闲等其他养老服务功能。此外，社区集"集中照护、日间照料、技能培训"于一身，按需设置影音室、书画室等功能区域。

松江泖港镇黄桥村属于传统纯农地区，老年人口占全村的 35.67%，老龄化问题较严重。为了改善村民居住环境，从 2018 年开始，黄桥村实施农村宅基地改革项目，让村民从破旧的老房子整体"平移"到舒适的新居所。同时，还专门为老年人打造了幸福老人村。如今，走在老年社区里，整齐划一的房屋，既富有江南水乡肌理又极具当地农村风貌，房间内部功能设施配备完善，专为老年人打造的樱花广场、休闲步道、健身设施等公共服务配套一应俱全，从根本上改善了老年人的居住环境。不仅如此，黄桥村还不断强化医疗养老结合，在黄桥村的"智慧健康驿站"里，配备的先进智能健康体检仪器可为老年人提供健康自检自测和有针对性的健康指导等服务，是守护老年人健康的"好管家"。为了打通服务老年群众健康的"最后一公里"，该村在保留村卫生室的基础上，建成了专供老年人体检的场所，可为老年人提供血压、血糖、胆固醇等 11 项检查，让老年人及时全面地了解自己的身体状况，每天都有 20 多人过来测量。同时，黄桥村还建立了村民大食堂、老年活动室、农家书屋"充电站"等，各类志愿服务小队定期为村内空巢老人提供生活帮助和心理关怀，体贴、周到、细心的综合性服务让老年人不出村就能享受高品质的养老生活。在保障"原居"养老硬件的同时，黄桥村还不断提升老年人的精神文化生活。楹联是黄桥村乡村文化的一抹靓丽底色，该村现已被命名为"中国楹联文化村"。在举办常规的老年文体活动，如跳舞、唱歌、剪纸、沪剧表演等的同时，黄桥村还发扬传统，积极推动楹联文化建设，比如组织老年村民开展写楹联活动，精心成立楹联沙龙，建立上海乡村楹联馆，让老年人积极参与学习交流、集体创作，有效丰富老年群众的精神文化生活。黄桥村获评"2021 年全国示范性老年友好型社区"荣誉称号。

二　存在问题

（一）农村养老机构入住率偏低

根据我们的调查，上海市农村养老机构平均入住率只有 51% 左右，部分养老机构入住率不到 40%，有的甚至只有 20% 左右。入住率偏低的养老机构主要有以下几种类型。

一是护理服务水平低的养老机构。养老服务不同于其他商品和服务，是基于人与人之间长期的、带有互动性以及感情色彩的关系型服务。养老服务提供过程中的护理服务水平被直观地作为衡量服务质量好坏的"显性因素"。随着经济条件的不断改善，农村老年人的需求也不单纯表现在吃、穿、住等基本需求，还表现在精神慰藉、身心康复和专科护理诸方面，因而在选择养老机构时，老年人及其亲属也开始关心护理服务质量，而护理服务质量又涉及护理服务内容、护理服务水平、护理服务态度、护理服务环境、护理服务条件、护理服务设施等方面。护理服务内容简单、方式单一、标准化水平不高、活动空间狭小的养老机构，老年人是不愿意入住的。调查中有超过 50% 的老人认为"养老机构比较专业，应能为老人提供比家庭养老更完善的护理"，这是他们选择养老机构时最为看重的事项之一。护理服务水平的高低直接反映养老机构的优劣，很多养老院由于护理服务不到位，陷入"低服务质量—低入住率—低服务质量"的恶性循环。

二是缺乏医疗保障的养老机构。老年人之所以选择到养老机构中养老，一个重要的原因是希望生病时能够得到及时的救助和治疗，而农村的医疗资源和条件相对城区来讲要差，那些没有内设医疗机构的养老机构，或者虽然与乡镇卫生院、社区卫生服务中心签署了合作协议，表面上看似乎能够提供医疗服务但实际上只是签了一纸协议并无实质性医疗服务的养老机构，又或者就医不便的养老机构，入住率非常低，这也是城市老人不愿意到郊区养老机构养老的最为重要的因素。

三是饮食条件不好的养老机构。老年人入住养老机构后，就意味着要长期生活在养老机构中，甚至直至生命结束，所以养老机构的饭菜是否可口，营养搭配是否均衡，饭菜是否软烂方便咀嚼和吞咽等，也影响老年人对养老机构的选择。调查中我们发现有一部分老年人为此换了几个养老院。

四是硬软件都不是很好的养老机构。价格相对比较便宜，养老服务比较单一，只是提供一日三餐服务，文化娱乐、健身服务、心理咨询、康复训练等服务场所、服务设施和服务项目不足或不多的养老机构，由于性价比不高，对老人缺乏吸引力，导致养老床位闲置，浪费现象严重。

此外，少数民营养老机构养老服务项目定位不清晰、盲目投资、做大项目、兴建了一些床位数非常大的项目，而这些项目本身和当地农村老人的需求、经济状况并没有对应起来，这些养老机构空床率也比较高。

（二）农村社区养老效能不高

我们对上海市社区养老进行了调查，调查覆盖全市 16 个区，获得有效样本 698 个，其中有 363 个样本位于郊区，日间照料中心 230 家、长者照护之家 39 家、综合为老服务中心 94 家，主要分布在崇明区、奉贤区、青浦区、松江区、金山区、宝山区、嘉定区、闵行区、浦东新区、徐汇区（3 家）、长宁区（1 家）。

我们从管理制度、硬件设施、人员配备和服务水平四个维度对郊区和中心城区的社区养老服务机构进行了分析，分析结果如下。

1. 农村社区养老服务机构在应急预案制度建设上落后于中心城区

在管理制度方面，郊区日间照料中心平均得分为 38.106 分，而中心城区日间照料中心管理制度指数平均得分为 75.500 分，郊区只有中心城区的 50%。郊区长者照护之家平均得分为 49.041 分，而中心城区长者照护之家管理制度指数平均得分为 79.889 分，郊区只有中心城区的 61%。郊区综合为老服务中心平均得分为 56.218 分，而中心城区综合为老服务中心管理制度指数平均得分为 71.185 分，郊区只有中心城区的 79%。由此可以看出，郊区社区养老服务机构在应急预案制度建设等方面落后于中心城区。

2. 农村社区养老服务机构人员配备要远远低于中心城区

在人员配备方面，郊区日间照料中心平均得分为 29.779 分，而中心城区日间照料中心人员配备指数平均得分为 47.526 分，郊区只有中心城区的 63%。郊区长者照护之家平均得分为 31.542 分，而中心城区长者照护之家人员配备指数平均得分为 56.747 分，郊区只有中心城区的 56%。郊区综合为老服务中心平均得分为 22.616 分，而中心城区综合为老服务中心人员配备指数平均得分为 48.730 分，郊区只有中心城区的 46%。由此可以看出，郊区社区养老服务机构人员配备要远远低于中心城区。

3. 农村社区养老服务机构主要在安全设施与智能养老服务设施方面落后于中心城区

在硬件设施方面，郊区日间照料中心平均得分为 43.327 分，而中心城区日间照料中心硬件设施发展指数平均得分为 60.399 分，郊区是中心城区的 72%。郊区长者照护之家平均得分为 42.750 分，而中心城区长者照护之家硬件设施发展指数平均得分为 59.615 分，郊区是中心城区的 72%。郊区综合为老服务中心平均得分为 43.259 分，而中心城区综合为老服务中心硬件设施发展指数平均得分为 51.450 分，郊区是中心城区的 84%。由此可以看出，郊区社区养老服务机构硬件设施配置与中心城区差距不算很大，郊区主要在安全设施与智能养老服务设施方面落后于中心城区。

4. 农村社区养老机构服务水平要远远低于中心城区

在服务水平方面，郊区日间照料中心平均得分为 32.481 分，而中心城区日间照料中心服务水平指数平均得分为 57.119 分，郊区只有中心城区的 57%。郊区长者照护之家平均得分为 31.542 分，而中心城区长者照护之家人员服务水平指数平均得分为 54.515 分，郊区只有中心城区的 58%。郊区综合为老服务中心平均得分为 21.399 分，而中心城区综合为老服务中心服务水平指数平均得分为 37.876 分，郊区只有中心城区的 56%。由此可以看出，郊区社区养老机构服务水平要远远低于中心城区，郊区只有中心城区的二分之一多一点。

上海农村地区相对还是比较富裕的，所以农村老年人也呈现出多种需求，比如家政服务、医疗保健、文化教育、法律援助、健身娱乐等，由于各方面的原因，这些需求在目前的养老服务中还不能全方位提供。我们通过访谈发现，在助餐服务方面，部分老人认为饭菜质量一般，且没有针对高血压、糖尿病等慢性病人的专供午饭；在医疗保健服务方面，提供最多的项目是测血压、量体温，大部分的社区养老机构不设医务室、护理站，老年人的医疗保健需求没有得到更好的满足；在精神文化需求方面，老年人普遍认为目前社区养老机构没有提供专业心理咨询服务，文化娱乐服务内容较为单一、服务种类较少、质量参差不齐，等等。由此也可以看出，郊区社区养老服务理念是欠缺的。目前郊区社区养老机构的公益性仍较强，由于管理者服务意识欠缺，普遍管理能力较弱，导致社区养老机构经营灵活性比较差，缺乏创新服务的动力。在与老人的访谈中我们发现，目前公办社区养老机构缺乏竞争压力，容易将入住机构或使用设施服务的老年人作为机构中的被管理者，而非被服务者，部分养老护理人员对待老人的态度较差，导致老年人的被服务体验感较弱。

客观地讲，我市农村地区的养老服务设施总体来讲是相对较好的，但正是由于管理制度不够健全、部分硬件设施设备缺乏、养老护理人员不足、提供的服务单一、服务水平低下，加上老年人受居家养老的传统观念的影响等，导致农村地区的社区养老效能并不高，日间照料中心、睦邻点等服务的老人数都比较少，本来我市社区养老服务机构包括中心城区的服务效能就不高，郊区与中心城区相比就更低了，我们在调研的时候常常发现一些养老机构门是关着的，里面一个人都没有，有人的机构人数也不多，有些就 3~5 个人而已，尤其是睦邻点，内部管理公约、活动规则、安全预案等看不到上墙，更不用说应当在场所的醒目位置公开了。

（三）睦邻点等互助养老缺少基本的法律支持

互助养老是农村自下而上自行探索和创设的新型养老模式，到目前为止，国家层面尚未将其纳入正规养老制度的序列。与居家养老、机构养老等养老模式不同，互助养老的身份界定始终不清不楚，它既不属于居家养老，也不属于机构养老，处于中间地带。虽然民政部在 2012 年发布的《关于鼓励和引导民间资本进入养老服务领域的实施意见》中明确提出要支持农村互助养老发展，国务院在 2013 年制定的《关于加快发展养老服务业的若干意见》中提到要探索建立健康老人参与志愿互助服务的工作机制，国务院在 2017 年发布的《"十三五"国家老龄事业发展和养老体系建设规划》中强调，要通过邻里互助、亲友相助、志愿服务等模式和举办农村幸福院、养老大院等方式，大力发展农村互助养老服务。但是以上均属于政府文件，没有形成法律规定。政府文件虽然有权威性，但是与法律制度相比仍有所不足，尤其是在资金拨付、权责主体、运作模式等方面均没有明确的法律规定，自然也缺乏法律的支持和保护，容易导致互助养老模式在实际运行中受到法律制度的限制。

由于缺乏法律法规的保护，互助养老模式运行过程中出现的问题和纠纷也难以处理，事件相关方的权责划分不清，比如老人在睦邻点生活发生了意外怎么办？如果服务中发生意外，责任如何划分？后果如何承担？这些都没有明确规定。如果发生意外死亡，责任如何界定？这些都会使一些打算入住互助养老场所的老人产生心理上的疑虑，从而影响他们的入住决定。另外，缺乏法律规定也给政府部门的监管带来了难题。

互助养老模式的发展还面临着组织困境。基层村级两委组织囿于自身条件限制，在没有能力很强的人担任村支书或村主任的情况下，很难组织村民完成互助养老场所的建设及运营工作。互助养老资金筹措机制还不健全。开展互助养老需要大量资金，建设初期，政府给了一次性创建补贴，但对于建成后的后续运营，政府没有给予持续的财政补贴。地方政府的一次性财政支持、村集体的有限公益金倾斜、社会组织的间歇性资金支持、社会精英和家庭成员的间断性捐赠与募集，只能短暂地维持老年人的日常需求，而且多元参与力量同时支援的情况很少，现收现支方式使得资金储备不够，互助养老的福利性支出将会缩减，互助场所的修缮将会滞后，互助养老活动将大打折扣。缺乏有效的监督管理及考核机制，农村互助养老建设中存在重建设、轻管理，重设施、轻服务等问题。

（四）农村闲置住房及宅基地流转再利用使用价值评估程序缺失

根据《农业农村部关于积极稳妥开展农村闲置宅基地和闲置住宅盘活利用工作的通知》（农经发〔2019〕4号），农村闲置住房及宅基地可以用来发展符合乡村特点的休闲农业、乡村旅游、餐饮民宿、文化体验、创意办公、电子商务等新产业新业态，也可以用来发展农产品冷链、初加工、仓储等一二三产业融合发展项目，还可以采取整理、复垦、复绿等方式，开展农村闲置宅基地整治，依法依规利用城乡建设用地增减挂钩、集体经营性建设用地入市等政策，为农民建房、乡村建设和产业发展等提供土地等要素保障。事实上，上海农村无论是睦邻互助养老还是嵌入式原居养老，如奉贤的"四堂间"、"青春里"养老社区以及松江叶榭镇"幸福老人村"等，都充分利用了农村闲置住房及宅基地，节约了大量资源。但在调研中，有村民反映说他们不知道自家的闲置住房和宅基地价格是如何评估的，也不知道是根据什么标准来评估的，总觉得评估价格低了。农村住房一般距离城市较远，受地理位置、房屋建造材料、房屋建筑结构等方面的影响，价值很难评估，加上宅基地使用权在之前的法律中是禁止改变用途的，没有进入市场的经验借鉴，政府也没有出台农村住房及宅基地使用权基准价格及最低保护价，所以评估参照标的模糊，再加上农村住房及宅基地使用权价值评估监督救济制度缺失，增加了价值评估不公正的概率。

（五）"社区"观念尚未建立，养老服务转型慢

上海市早已全部撤县建区，从理论上讲村民已经变成居民，"村"也变成社区了，真正意义上的农村不存在了，但"社区"观念还没有完全建立起来，导致养老服务转型缓慢。一方面是社区养老服务供给主体建设观念的转变缓慢，另一方面是养老服务受用主体社区居民的观念转变不到位。养老往往被认为是单个家庭内部的义务或是政府的责任，很少被认为是需要全社会共同参与的活动。然而在专业医护比配置偏低的现状下，两方面的观念转变亟须完成：一是组织决策过程中多元主体共同参与，二是农村地区新型互助、积极的老龄观融入传统养儿防老的观念。应当说村级组织所做的决策对农村社区服务展开需要依托的基础建设有最直接的影响，沿用原有村级行政组织虽在改村变社区的进程中避免了行政上的"两张皮"现象，但是这种沿用也将以前的一些管理习惯沿用了下来，譬如在日常活动中更偏向被动地服从上级指示，忽略了社区在自治过程中表现出的自主决策力和创造力，对于"面子工程"的建设多于对居民需求的了解。在调研中，我们发现有的社区单是在居民房屋门前的绿化上就投入巨大，社区老年人活动室却长年关闭且无任何配套设施，老年活动中心、睦邻点等老年组织有不少是由社区（村）干部兼任管理人员，农村社区在调动村民积极性以及开发社区内部人力资源方面没有发挥积极正面的推动作用，社区居民共同参与的理念仍然没有深入人心。再加上传统家庭养老观念在农村依然存在，从老年人的认识上来说，养儿防老观念根深蒂固，年龄大了随子女居住、被子女照顾是第一选择。在老年人的生活经验以及印象中，只有无子女、缺少家庭成员照料的孤寡老年人才会入住敬

老院，这也就使得有儿有女的农村老年人不愿意去养老机构居住生活。从子女的认识上来说，传统的"孝"文化绵延流传，送父母到养老院不但背负一定的"道德包袱"，还有可能受到亲戚、朋友、邻里的指责，承担了一定的"舆论风险"，子女对机构养老也存在一定的抵触情绪。虽然随着家庭照料功能的弱化，子女对去养老机构养老的看法有了一定的改观，但不少农村老年人对养老机构还是抱有偏见，只要还有其他渠道养老，就不愿意入住养老机构，互助养老意愿也有待进一步提升。

（六）农村养老服务单一，质量不高

目前，我市农村养老服务最主要的是提供日常照料服务，即提供基本的衣食住方面的服务，条件好的机构还提供娱乐文化服务（最常见的是聚餐、打牌、看电视等低质文化活动，绘画、书法、艺术、文化教育等高品质的文化娱乐活动不多）和医疗服务，提供健康管理、心理抚慰、精神慰藉的不算很多。总体上来讲，服务项目不多，服务内容较窄，服务质量有待提升。前面讲过，我市农村还是相对比较富裕的，农村社会阶层呈现差异化、层次化，需求也相应地渐次多元化、层次化，基本的生活照料和简单的医疗护理、精神慰藉，已经不能满足老有所养、老有所医、老有所乐、老有所为，老人之间多元化的需求特别是情感需求无法得到充分满足。互助养老是主要依靠老年人自身进行的一种自我服务、自我管理，这种模式缺乏专业化的服务人员进行科学指导，缺少专业护理人员的医疗服务，服务质量、服务水平无法得到切实保障。

（七）享受长期护理保险的农村老人还不多

目前，长期护理保险制度仅保障参加上海市职工基本医疗保险和参加上海市城乡居民基本医疗保险的 60 周岁及以上的人员，且经老年照护统一需求评估之后，失能程度达到评估等级二至六级的参保人员，还没有将尚未缴纳医保的农民纳入长护险的覆盖人群，也就无法让他们享受经济社会发展的成果。即使是缴纳了城乡居民基本医疗保险的农民，由于农村长护险评估机构和专业评估人员不足，等待时间较长，真正享受长护险服务的农民少之又少，上海市区也不过才有 50 万名左右的老人享受长护险服务。

三　对策建议

（一）实施农村养老服务机构连锁化、品牌化运营

鼓励、支持引入具有一定规模、口碑良好的城区连锁型养老服务机构，包括养老机构、综合为老服务中心、长者照护之家、日间照料中心等，开设农村养老服务分支机构，或者托管农村的养老服务机构，引入专业化的服务队伍，利用其成熟的管理模式、先进的管理理念服务于农村老年群体，带动农村养老服务从业人员水平提升，提高农村养老机构的入住率和社区养老服务机构的效能。

（二）做实农村养老机构医养结合服务

如前所述，上海市农村已有 207 家养老机构内设了医疗机构，养老机构与医疗机构普遍签约，促进了医养结合，但总体来讲形式大于内容，真正能够提供令老人满意的一揽子医疗护理健康服务的还比较少，水平也不高。而农村老人由于常年劳作，加上经济条件不如城里人，很多人以前都没有医保，生病了能忍则忍，年纪大了各种毛病就来了，健康状况比城里老人要差，但随着经济条件的提升，农村老人对健康和养生有了更高的追求，对医疗护理的需求非常大，"医养康养"相结合成为养老行业的基本要求。因此，应根据农村老年人的需求和分布情况，一方面实行"医中有养"，在乡镇卫生院或社区卫生服务中心旁边统筹布局建设一批"医中有养"的医养融合型养老机构，将养老机构、养老院和医疗机构建在一起、连接在一起，让医疗机构直接为养老机构提供医疗服务，这样的养老机构在我市农村是非常少见的。另一方面实行"养中有医"，已有乡镇卫生院、社区卫生服务站点入驻的养老机构以及已与医疗机构签约的养老机构，要名副其实真正能够提供疾病预防、治疗、康复、护理和临终关怀等专业医疗保健服务，以及健康教育、健康咨询、行为干预等，提高服务水平，让入住老人有真正的获得感。与此同时，内设了医疗机构的养老院要配齐配强医护人员，尚未有内设医疗机构的养老院要么尽快建立医务室，

要么与乡镇卫生院或社区卫生服务中心、村卫生室合作，借助他们的力量为老人提供医疗健康服务，让老人住得放心、住得安心，也吸引更多的老年人入住。对于暂不具备条件的养老机构，可由医疗机构医护人员定期到养老机构提供服务，并简化养老机构入住的老年人到院就医程序。需要特别注意的是，失能、半失能老人，特别是认知障碍老人不断增加、子女照护缺失，是农村养老服务面临的重要问题，应大力发展护理型床位和认知障碍照护床位，不断满足日益增长的失能失智老年人照护需求。

（三）进一步提升农村社区养老服务效能

一是完善农村日间照料中心、长者照护之家、综合为老服务中心的各项规章制度，尤其是要完善应急预案制度建设，提高管理水平。

二是配齐、配足护理员、医生、护士、康复师、营养师等养老服务人员，特别是要不断强化养老护理员的教育、培训，进一步提高护理服务技能，进一步更新护理服务理念，提高人文关怀素养。

三是加强农村社区养老服务机构消防喷淋系统、自动火灾报警系统、智能检测系统、远程医疗系统、智慧化信息管理系统及相关智慧康养设备等建设与配置，提高智慧康养水平。

四是在丰富养老服务项目、优化养老服务内容的基础上，以农村社区养老综合体或社区嵌入式养老服务机构为节点，链接机构养老和居家养老，促进各类养老服务形态融合发展；鼓励社区托养机构将专业服务延伸到家庭，按照养老机构的服务标准设立家庭养老床位，开展农村家庭养老床位服务，为居家的失能失智老年人提供机构化养老服务，提高养老服务水平。

（四）大力支持和鼓励互助养老和嵌入式"原居养老"

农村互助养老是应对家庭养老功能弱化与社会养老有效供给不足困境的一种不离乡土的熟人间互助养老模式，具有高度适配性，既能与家庭养老相结合、与社区养老相契合、与养老机构相合作，也能探索医养结合新服务，是适应人口老龄化的严峻现实下的一种养老方式。

由社会力量发起举办的"原生态"养老服务模式，通过嵌入式养老优化重构整个农村地区的养老资源，在管理运营上依托专业社会组织，而不是政府的部门机构；在基础设施建设上由政府主导，而不是完全依靠社会组织来解决；在受益群体上主要是农村农民，而不单纯是社会组织盈利。这种养老模式立足上海农村和老人养老实际，把小微养老机构嵌入乡村，既兼顾了农民在农村生活的现实需求，又最大限度激活了农村地区已有的养老资源。同时，这一养老模式找到了政府、社会和家庭的平衡点，是当前我市农村地区各方都能接受的养老模式。

农村社区养老模式立足乡村振兴背景且与产业联动发展，适应农村老年人收入相对低、从观念上一般也不太愿意住养老院的现实，着眼于满足了农村老年人"原居养老"的需求，通过乡村振兴引入和打造的养生、旅游、生态等产业，不仅能够反哺项目日常运营，还能与养老形成产业链，共同促进发展。

因此，应大力提倡、鼓励和支持互助养老和嵌入式"原居养老"。

（五）完善农村闲置住房和宅基地价格评估体系办法

因地制宜地制定、完善农村闲置住房和宅基地价格评估体系办法。该办法应明晰农村闲置住房和宅基地使用权基准价格及最低保护价的确定方式；应规定价值评估的标准及需要考虑的具体因素，如农民住房所处地域的经济水平、资源条件、交通条件、基础设施完备程度等；应明确评估机构受理程序，比如评估需要的材料，价值评估人员采用的评估方式等；应规定评估机构及评估人员的法律责任等。评估程序要公示、公开，让农村居民家喻户晓。通过评估体系，建立符合市场规律的农村闲置住房和宅基地退出补偿激励和规范有序的流转机制。

（六）加强法治建设和政策支持，促进互助养老规范运行

一是给予互助养老合法身份和地位。睦邻互助养老是农村低成本积极应对人口老龄化的重要途径，也是乡村振兴的重要环节，应将睦邻互助养老纳入公共养老服务体系，明确其在养老服务体系中的地位和作用，在国家尚未出台相关政策的情况下，我市可先行探索实行互助养老法人登记注册制度，给予互助养老合法身份和地位。

二是明确互助养老权责。互助养老的责任与义务边界不清晰、志愿者和社会组织的参与积极性难以调动等问题，阻碍了互助养老的顺利推行。针对不同组织主体引领的不同互助类型，可由民政部门出台不同类型参与互助养老的具体办法，由市人大立法明确不同组织主体的责任及义务。在此过程中，强调政府政策引导作用，注重立法扶持养老自组织和公益性社会组织，出台保障志愿者权益的条例与规章，为不同类型的互助养老实践依法健康有序发展提供保障。

三是完善互助养老责任认定机制。完善矛盾纠纷解决机制和意外伤害责任认定机制，为解决矛盾纠纷和突发事故提供法律依据。对于矛盾纠纷，鼓励基层法院为老年人提供多元化纠纷解决机制，鼓励法律工作者为互助养老院提供法律援助服务。对于意外责任认定，要明晰发生意外的处理细则、责任界定、后果承担等问题，确保互助养老探索不会因为意外事故而遭到损害。

四是建立互助养老资金多元投入机制。区、镇政府应发挥公共财政资金的主渠道作用，以财政预算的形式设置农村互助养老专项资金，主要针对农村互助养老的场地建设、良性运营、科学管理进行有效配置、统筹使用。但财政支持并不是支撑互助养老发展的一劳永逸的策略，多元主体投资才能夯实农村互助养老的经济基础。为此，一方面，要大力探索农村互联网、物联网、社会资源网、养老网等多网融合，农村合作社、消费合作社、养老合作社等多社合一，用盈利作为保障，实现多种经济互助。另一方面，积极争取慈善组织的公益资金、福利彩票基金、各种社会捐赠等资金支持，从而搭建政府财政投入与社会、市场资金配合的资金投入机制。

五是探索农村互助养老商业化。当前，我市农村互助养老还停留在单纯依靠政府补贴、村集体推动，社会力量尤其是一些商业机构还没有进入农村互助养老行业，发展模式已经逐渐陷入瓶颈，很难获得良好持续的发展。在这种情况下，政府应该积极鼓励和引导社会商业机构进入农村互助养老行业，使农村互助养老行业合理商业化，从而推动该行业的健康有序发展。

六是充分调动社区精英和关键自治组织的积极性。在老龄社会，养老关系千家万户，是公共政策问题，互助养老实践激发了大量草根社区精英和社区组织，应充分调动这些基层力量的积极性，给予一定的物质资助或名誉嘉奖。

七是建立睦邻互助养老监管和评估机制。农村互助养老建设中存在重建设、轻管理，重设施、轻服务等问题。为了保障农村互助养老模式的健康长效发展，亟须建立健全相应的监督管理及评估机制，规范农村互助养老的建设发展。一方面，农村互助养老具有"福利公益"属性，需要进行资金、服务等方面的监管和评价，因此区、镇自身应加强农村互助养老资金转移支付方面的监管。对于一些投入较大的乡镇和村庄，对于资金的有效监管、避免资金浪费、重复建设、将资金真正补贴到老年人服务上，需要进行深入监管和评价。特别是互助服务具有无偿和低偿性质，酬劳支付可调节性较大，同时服务质量较难评价，这也是互助服务与市场服务相比的劣势所在，政府应当及时出台农村互助养老服务评价方案等，并将农村互助养老服务资金转移支付的流向进行定期公开，或者交给社会组织，进行统一管理和拨付。另一方面，可以聘请公益性第三方机构，监督和评估互助养老服务运行中的政策落实、资金使用、服务提供等情况，促进互助养老规范化运作。与此同时，政府应搭建参与互助的老年人及其亲属对互助养老的内在沟通渠道以及对外投诉渠道，加强村民评估，为老年人规避因服务不当和管理不妥而受到不公正待遇，提供有效的权益保障通道。

（七）丰富创新农村居家养老服务内容

一是主动扩大服务内容。应发挥老年人协会、老党员、社工、志愿者的作用，对服务范围内的老人进行摸底调查，掌握老年人的需求，将老年人的家中人口、经济条件、居住状况，尤其是独居老人、孤寡老人、空巢老人、贫困老人等特殊老年群体，进行归类建档，对他们的需求进行统计整理，主动对接他们的需求与潜在需求。

二是优化服务的提供方式。目前农村养老服务机构的服务还停留在做饭、洗衣、看电视、陪伴等基础服务。调研显示，城乡的养老需求还存在较大的差异，大多数农村老年人比较注重生活照料、医疗保健等方面的服务。应当积极拓宽服务的内容，进一步提供代购物、陪同就医、健康教育、家庭保洁等照料服务，也可以利用志愿者力量开展法律咨询、法律援助等服务。要根据农村实际，重点放在农村老年人最需要的服务上。

三是打造老年宜居颐养环境。引导帮助农村老年人融入信息化社会，完善日常生活中传统服务方式的兜底保障，进一步消除"数字鸿沟"；建设一批老年友善医院、老年友好学校、老年友好超市等农村老年友好公共服务机构；逐步将农村居家环境适老化改造纳入政策范围，探索"政府补贴一点、企业让利一点、家庭自负一点"的资金分担机制，引导困难、无子女、失能、高龄的农村老年人实施家庭适老化改造，全面提升农村老年人居住环境，建设"美丽家园"。

四是加强文化服务内容。随着经济发展的进步，我市农村老年人大多数在丰衣足食方面已经不成问题，但时常会感觉到孤独与无助。很多老年人的心理健康与精神状态都不能完全让子女放心，也就出现了居家养老的精神层面的服务需求。因此，一方面，要鼓励社区组织志愿者、社工等对农村老人尤其是空巢老人或独居、寡居以及丧偶的特殊老年人进行必要的心理疏通和开导，保证老年人的心理健康，使老年人以积极的心态面对生活。另一方面，农村老年人的精神文化生活质量受制于其偏低的文化素质，针对这一点要统筹推进农村老年文化教育设施建设，大力发展老年文化教育，这不仅可以提高农村老年群体的文化水平，还能帮助老年人找到自身的兴趣和价值所在，丰富精神生活。

（八）注重科技赋能，强化智慧养老技术支撑

农村不像城市，居住相对分散，居家养老又是最主要的养老方式，养老服务资源相对城市而言较少，养老服务机构工作人员上门服务时花在路上的时间较长，服务效率不高，再加上在农村养老的老年人群体中，有些老人身患残疾，有些老人行动不利索，有些老人生活无法自理，农村老年人的各种情况都会导致服务机构工作人员的工作积极性降低。因此，应大力发展智慧养老，充分利用区块链、云计算、大数据、物联网等新一代信息技术提供物联化、互联化、智能化的养老服务，布设互联感知的智慧养老设施，开发与智能设备、医疗设备对接的云边协同的智联网养老系统，特别是推广应用人工智能技术。一方面可以弥补养老服务资源的不足，提高养老服务效率和质量；另一方面，可以减轻服务人员的劳动强度。比

如，大力普及通过无线网络确认是否离床的智能床、携带方便和应急功能强且具备报警功能的智能手环等老年科技产品，可实现对高龄老人的全天候监护，缓解低龄老年人的照护负担。同时，运用承接摄像功能且搭载通信芯片的眼镜等老年科技产品，通过摄像和通信功能将低龄老年人的照护过程实时记录与上传，有利于探索专业护理人员远程指导和远程医疗的模式，纠正低龄老年人护理中存在的问题，提升农村养老的专业化照护服务质量。再比如，对一些行动不便或者生活不能自理的老人而言，声控或者人工智能装置，能够给予各方面的照料，甚至可以给予精神上的慰藉、饮食起居、生活照料、医疗服务等。人工智能化基础设施的推广普及，是未来农村养老的大趋势，将极大地提升农村老年人的生活便捷程度和生命尊严。

（九）发挥商业保险在农村养老服务体系中的作用

受制于农村相对落后的保险观念，商业保险在我市农村社会保障体系中发挥的作用不是很大，我市 2021 年推出的"沪惠保"主要由城市居民购买，农村居民购买的少之又少。商业保险作为社会保障体系不可分割的部分，本身所具有的规避风险能力和资金补偿能力是其他任何体系或部门所不具备的。因此，政府应该大力倡导商业保险的作用，促进农村社区居民保险观念的改变，引导更多的老年人购买商业保险，特别是商业保险中的健康险、医疗险，以提高老年人规避风险的能力和遭遇风险时购买相应社区居家养老服务的支付能力。

（十）提高长期护理险对农村老人的覆盖面

一是探索农村居民"家庭账户"模式，用家庭成员集合的资金来关爱、关心没有城乡医保的失能失智老人，以"自家年轻人的缴费，保障自家老年人的身体"，实施长期护理保险的家庭互济、家庭联保模式。

二是对于农村其他低龄困难群体、精神类或残疾类人群，实行政府兜底，将他们纳入长期护理险保障范围。

三是支持、鼓励社会力量建立长护险评估机构，大力培养、培训更多的长护险专业评估人员，加大对农村老人长护险需求的评估力度和进程，进一步缩短评估等待时间，让更多有需求的农村老人尽快尽早享受长护险的服务。

（十一）强化农村老人特殊群体兜底保障

加强对特殊老年群体的兜底保障是完善老年人收入保障体系的重要内容。对于因病、因灾导致生活困难、收入水平低于最低生活保障标准的农村老年人，要及时纳入低保救助范围。对于没有劳动能力、没有生活来源、没有具备赡养能力的赡养人的农村老年人，要及时纳入五保供养范围，并依据五保老人的意愿，对选择集中供养的五保老人进行应收尽收。要加大财政投入，依据社会发展情况，不断提高低保金和特困人员救助金水平。

（十二）加强农村养老服务市场运营监管

要鼓励农村养老服务市场发展，但不能使其无序、混乱发展，必须强化政府对农村养老服务市场的监督管理，切实维护农村老年人的合法权益，促进市场健康有序发展。着重强化各类养老服务机构运营监管，各类养老服务机构必须按照有关规定配齐配强软硬件设施，做好消防、餐饮、疫情防控等安全管理。鼓励养老服务机构不断提升服务标准、提高服务质量，对建设运营效果好、服务老年人数量多、群众满意度高的社会化、市场化养老服务机构给予适当的奖励扶持。

（十三）大力振兴农村经济

农村养老问题归根结底还是经济发展低下的问题，大力发展农村经济，增强农村广大人民群众的收入水平，在一定程度上有助于农村养老问题的解决。近几年来，全国正在大力推进乡村振兴战略建设，发展旅游文化乡村，各区、镇（乡）应该加强思想认识，抓住机会，大力发展农村经济。只有本地经济发展壮大，才能吸引更多的年轻人回村就业，主动承担赡养老人的责任，让家庭养老模式重新焕发生机活力，村集体也才有能力去发展社区养老事业。因此，各村应依据交通、资源、区位等比较优势，因地制宜、因村制宜，集中力量发展农村特色产业，推行"农业+电商、农业+旅游、农业+文化、农业+养生"等，不断拉长产业链，增加农民和村集体的收入，助力农村养老事业发展。

（十四）集聚多元力量促进农村养老稳健发展

第一，要加强村级组织能力建设。农村嵌入式养老尤其是互助养老能否有效开展，不仅依赖农村集体的经济实力，而且取决于"两委"班子的重视程度和动员能力，因为村"两委"是互助信息的传递者、互助服务的协调者以及互助资源的整合者。因此，一方面，村"两委"要转变"等、靠、要"思想，积极寻找与多方的合作。一是要依托乡村振兴契机，加强与企业的合作。借助企业对劳动力的需求，由村集体和企业签订劳务协议，雇用参与互助养老的健康老年人进行简单劳动，村集体将报酬纳入发展互助养老的资金库。二是要培育互助养老管理者与服务者。在村内培育老年协会、养老小组等互助养老自组织，也要动员家庭成员参与互助养老服务，为互助养老培育管理者和服务者；在村外要引入非政府组织和社工组织以及志愿者队伍，也要积极吸纳公益组织及爱心人士的帮助，为开展互助养老提供专业化服务，并要做好监督工作，当好农村互助养老的守护者。村"两委"要重视互助养老实践。应组织村干部开展多种形式的老龄互助学习讲座，到具有成熟经验的村庄参观考察。解决养老问题关乎乡村治理进程，老年人养老问题是乡村能否实现有效治理的难题，要积极适应老龄化社会，将养老纳入乡村治理的重要环节。

第二，要发挥非政府组织专业化的服务。专业社工组织等非政府组织凭借其专业的服务能力，在延伸养老服务范围、改善养老服务质量、促使养老管理专业化与运行高效化方面能够发挥重要补充作用。因此，要鼓励、支持专业社工组织等非政府组织介入农村养老领域。但是，非政府组织要发挥作用，一是必须依托村级自治组织和互助组织。非政府组织利用农村已有的老年人力资源优势，能够充分发挥整合优势资源的能力，加强对各类闲置人力资源以及人力资源闲置时间的优化与配置；二是要分享养护经验，培育养护人才。非政府组织要有针对性地培育参与互助养老的志愿者队伍。在开展护老者支援和义工培训工作中，让农村互助养老的服务提供者首先树立互助理念和人本思想，其次在实践操作中不断提升业务技能，增强交流沟通能力，进而提升养护服务，最后在发展一站式和综合性长者服务中保证养老服务的质量和水平；三是要完善内部管理制度。通过健全人事制度、财务制度、管理制度和运营制度，不断完善内部管理，提高参与公共事务的管理能力，从而打造非政府组织参与互助养老的公信力，为形成完善的农村养老体系贡献力量。

（十五）加强农村养老服务人才队伍建设

第一，要吸引更多的人才参与农村养老服务的组织、管理工作。较之于城市，农村在吸引人才方面有着天然的劣势。农村社区在吸引优秀养老人才的过程中，一方面可以借鉴"大学生村官"制度。政府可以为去农村地区支援养老服务发展的社会工作毕业生制定一套优惠政策，鼓励他们参与农村地区发展养老服务的工作，充实农村社区养老服务管理人才队伍。另一方面，还可以借鉴大学生"支教"的实践经验，鼓励大学生去农村地区"支老"，以推动农村地区养老服务工作的开展。

第二，要培训一支以农村留守中老年妇女为主体，专业护工为补充的社区养老服务队伍。许多农村的中老年女性都有很丰富的家庭看护经验，但随着生活水平的提高，她们的空闲时间不断增多，却没有有效利用。调查显示，她们大部分时间都在打麻将、聊天、看电视，事实上是一种人力资本的闲置甚至浪费，她们熟知当地的情况，在融入及沟通上都有较强的优势，如果能对她们加以组织和培训，给予一定的报酬，相当于是在农村为更多女性创造了劳动岗位，增加了她们的就业机会，这对于农村生产、农村发展、社会管理和农民生活质量的提高都大有裨益。培养以农村留守中老年妇女为主体的服务队伍有以下三大优势：一是农村留守妇女生于农村、长于农村，本身就与村里的老年人比较熟，她们更容易与老年人建立稳定的服务关系，老年人也更愿意接受熟人提供的服务；二是农村留守中老年妇女居住在本村，她们的稳定性较之外部引入的服务人员更高，一支服务人员稳定的队伍，更有利于居家养老服务的开展；三是让农村留守中老年妇女参与社区居家养老服务，可以在一定程度上解决农村留守妇女、失地农民的就业问题，帮助她们创收、增收，从而有利于农村经济的发展。对农村留守中老年妇女的护理培训，可以和社会保障体系的促进就业培训相结合，社保部门和民政部门共同出资，具体的培训工作则交由社会组织来承担。参加培训的留守妇女在完成规定的培训后，通过相应的考核方可正式上岗。为促进服务人员服务水平的提升，激发服务人员自我学习与提高的意识，还可以建立相应的服务考核激励制度，从而最大限度保障服务人员提供的养老服务的质量。

第三，要建立一支以农村低龄老年人为主体的志愿者队伍。与城市社区相比，农村社区有着更好的互助文化基础，低龄老年人总体上身体状况较好，有充足的服务提供潜力可供挖掘。建立一支以农村低龄老年人为主体的志愿者队伍，不仅可以满足老龄化视角下老年人继续参与社会活动的需要，还可以充分激发农村社区的活力，有助于形成良好的社区互助氛围。因此，在建立农村志愿者队伍时可以充分调动低龄老年人的积极性，形成一支以低龄老年人为主的志愿者队伍。当前一批低龄老年人老去后，新一批的低龄老人可以补上空缺，长此以往，最终形成低龄老年人为高龄老年人提供志愿服务的良性循环。目前，上海市在农村也实施了"老吾老计划"、"银龄行动"和"养老顾问"制度，但实际效果并不好，至今未能建立起一支以农村低龄老年人为主体的志愿者队伍。至于养老服务"时间银行"，城区还没有做到全覆盖，农村实际上也没有真正开展，这些都需要在"十四五"期间进一步加强。

第四，要鼓励和支持草根社区精英、本村在外优秀人才、乡贤、大学生等回村发展养老事业。

（十六）弘扬现代养老文化，重视家庭养老保障

农村老人绝大多数都是居家养老，要真正在农村实施居家养老，解决老年人的养老问题，不仅要发挥政府的主导作用，还必须突出和发挥家庭成员的保障作用，传承和发扬优秀养老文化。现今社会的养老文化既要汲取传统文化的精髓，还要融入新的时代特色，将建立在孝文化基础上的家庭成员保障作为全社会的养老共识，培养子代的责任意识和养老意识。在家庭养老面临挑战和困境的情况下，不仅家庭成员的养老照料必不可少，而且老年人要努力提升自我养老保障能力，并尽力从精神层面提升自身的

自养能力，只有这样才能在子女照顾缺失、社会照顾短期无法得到满足的时候克服种种困难。一方面，在老人自养能力不断减弱的情况下，子女们要尽量满足留守老人的经济需求。在外务工的子女或经济条件较好的子女可以给老人们多寄生活费，未外出务工或经济条件一般的子女也可以通过配备充足的粮食等实物供给的方式多给留守老人一些经济支持。另一方面，要弘扬两代间的双向互动模式，子女尽可能地从经济上供养、生活上照料、精神上安慰老人，同时父母也尽其所能减轻子女的负担，发挥力所能及的作用，如帮忙收拾家务、照看孩子等，以形成两代之间的双向互动。与此同时，要大力发扬中华优秀传统文化精神，利用新闻媒体大力弘扬孝道精神，大、中、小学也要对孝道文化进行讲解，区、镇（乡）要大力推动孝道文化进村、进社区、进养老机构、进千家万户，在全社会形成尊老、敬老、爱老的良好社会风气，让青年一代更加关注老人的养老问题，承担起自己肩负的赡养责任。用传统孝道文化精神将逐渐弱化的家庭养老重新拉入正轨，对于不尽赡养义务或虐待老人的子女，不仅要进行强烈的道德谴责，还应该进行法律制裁，让这些子女意识到不孝顺父母的后果。对于孝亲敬老模范，要着重宣传他们的暖心事迹，在人群中树立良好榜样，让他们得到社会和众人的尊重，从而在全社会形成良好的孝道风气，使得家庭养老模式发挥更大作用。

（钱芝网）

第二篇　上海市养老服务保障体系评价

第四章　上海市老年人养老照护支付能力发展现状、存在问题与对策建议

一　发展现状

为提升老年人养老照护支付能力，积极应对人口老龄化，上海制定了一系列有针对性的法律法规和政策措施，给老年人带来了越来越多的福利待遇。

（一）老年综合津贴发放情况

21世纪以来，上海市持续为高龄老人发放营养补贴，包括70周岁以上沪籍老年人免费乘坐公共交通，60周岁以上户籍老年人可免费接种新冠疫苗，百岁老人可每月领300元的高龄补贴，城乡最低生活保障家庭中的老年人可享受全额的养老服务补贴，每年冬季上海市向各个区县万名经济比较困难、家中不具备冬季沐浴条件的老人发放免费沐浴券，等等。

2016年1月29日，上海市第十四届人民代表大会第四次会议通过了《上海市老年人权益保障条例》，其中第二十五条明确规定："本市建立与经济社会发展水平相适应的统一的老年综合津贴制度，对符合条件的老年人，按照不同年龄段提供涵盖高龄营养、交通出行等方面需求的津贴，逐步提高老年人的社会福利水平。"

2016年4月7日，上海市人民政府发布了《关于建立老年综合津贴制度的通知》（沪府发〔2016〕24号），规定凡是具有本市户籍且年满65周岁的老年人，可以享受老年综合津贴。老年综合津贴标准按照年龄段共

分为五档，具体如下。

第一档：65~69 岁，每人每月 75 元。

第二档：70~79 岁，每人每月 150 元。

第三档：80~89 岁，每人每月 180 元。

第四档：90~99 岁，每人每月 350 元。

第五档：100 岁及以上，每人每月 600 元。

关于高龄津贴，国家规定的年龄为 80 周岁以上，而上海市放宽了对于年龄的要求，年满 65 周岁的上海户籍老年人即可享受高龄津贴。

上述文件到期后，2021 年 3 月 18 日，上海市人民政府发布了关于延长《上海市人民政府关于建立老年综合津贴制度的通知》有效期的通知（沪府〔2021〕20 号），提出"经评估，2016 年 4 月印发的《上海市人民政府关于建立老年综合津贴制度的通知》（沪府发〔2016〕24 号）需继续实施，有效期延长至 2026 年 6 月 30 日"。

老年综合津贴制度的实施，一方面增加了老年人的福利，让老年人共享经济社会发展的成果；另一方面体现了福利均等化，标准全市统一，不因所在区县经济发展水平而有差异，而且以现金形式发放，由老年人自主支配，体现了对老年人权益的最大尊重。截至 2021 年 8 月，上海市已累计成功发放老年综合津贴 304.28 亿元，惠及老年人 446.33 万人，切实提高了老年人福利，增加了老年人福祉，取得了较好的社会反响。

（二）养老服务补贴情况

养老服务补贴是上海市针对困难老年人的一项服务保障制度。

2004 年，上海市民政局下发《关于进一步推进深化居家养老服务工作的通知》（沪民福发〔2004〕6 号），按照市场化运作方法，通过发放非现金形式的服务券（卡）等向服务机构购买养老服务，为身体有照护需求且经济困难的低保、低收入家庭等老年人提供生活照料服务，自此开始实行养老服务补贴制度。

2006 年 10 月 20 日，上海市民政局、上海市发展和改革委员会等七个部门联合发布了《关于进一步促进上海市养老服务事业发展的意见》（沪民福发〔2006〕18 号），调整了养老服务补贴标准，进一步拓展了养老服务覆盖面和受益面，明确规定："经评估，对 60 周岁及以上低保、低收入且需要生活照料（照料等级分轻度、中度和重度）的本市户籍老人，给予人均 200 元/月的养老服务补贴。"还提出："设立养老服务专项护理补贴。对享受养老服务补贴的低保、低收入的本市户籍老人，经评估，照料等级为中度或重度者，设立养老服务专项护理补贴。标准为中度每人 100 元/月、重度每人 200 元/月。"

2009 年 6 月 9 日，上海市民政局发布了《关于进一步规范本市社区居家养老服务工作的通知》（沪民福发〔2009〕26 号），明确规定下列三类人员可获得补贴。

第一类人员：60 周岁及以上、低保或低收入家庭中经评估照料等级为轻度、中度、重度的本市户籍老年人，按属地化原则可申请获得服务补贴。

第二类人员：80 周岁及以上、独居或纯老家庭中本人月养老金低于全市城镇企业月平均养老金的，经评估照料等级为轻度、中度、重度的本市户籍城镇老年人，在本人承担 50%居家养老服务费的前提下，按属地化原则可申请获得服务补贴。

第三类人员：在沪民福发〔2008〕5 号文之前已经享有居家养老服务补贴的老年人（以下简称"老老人"），各区县可根据本区域社区居家养老服务开展情况和财力保障水平，界定若干条件后，适当扩大服务补贴范围。

服务补贴由养老服务补贴和专项护理补贴组成，以非现金的"服务券"形式兑换养老服务。养老服务补贴标准为人均 300 元/月；专项护理补贴标准为中度每人 100 元/月，重度每人 200 元/月。

具体补贴标准如下。第一类人员中经评估照料等级为轻度的每人 300 元/月、中度每人 400 元/月（养老服务补贴每人 300 元/月加专项护理补贴每人 100 元/月）、重度每人 500 元/月（养老服务补贴每人 300 元/月加专项护理补贴每人 200 元/月）。第二类人员中经评估照料等级为轻度的每人 150 元/月、中度每人 200 元/月（养老服务补贴每人 150 元/月加专项护理补贴每人 50 元/月）、重度每人 250 元/月（养老服务补贴每人 150 元/月加专项护理补贴每人 100 元/月）。第三类人员的补贴标准又细分为三种情况：一是已通过经济状况审核和养老服务需求评估的"老老人"，直接按第一类人员补贴标准调整至相应的补贴额度；二是未经养老服务需求评估的"老老人"，对其进行经济状况审核和服务需求评估后，对应第一类或第二类人员补贴标准分别调整至相应的补贴额度；三是其余的"老老人"维持原补贴额度不变。

2016年1月29日发布的《上海市老年人权益保障条例》第二十六条规定，对最低生活保障家庭中的老年人，由民政部门给予生活救助。对无劳动能力、无生活来源且无法定赡养、扶养义务人，或者其法定赡养、扶养义务人无赡养、扶养能力的老年人，由民政部门给予特困人员供养，对因灾、因病或者遭遇其他特殊困难的老年人家庭给予生活救助。

2018年1月29日，为了对长期护理保险试点未覆盖的困难人群和未涵盖的服务项目予以兜底保障，确保困难对象原有待遇不降低，上海市民政局、上海市财政局发布了《关于进一步调整本市养老服务补贴政策的通知》（沪民规〔2018〕1号），规定凡是具有本市户籍的老年人，其老年照护统一需求评估等级、经济困难程度符合下列条件之一的，可申请及享受相应的养老服务补贴。补贴标准如下。

照护一级的困难对象：（1）最低生活保障家庭的老年人，每人每月补贴750元；（2）低收入家庭的老年人，每人每月补贴600元；（3）年满80周岁且本人月收入低于上年度城镇企业月平均养老金的老年人，每人每月补贴375元；（4）上述第2、3类对象中，无子女的老年人或年满90周岁的老年人，再增加第1类对象标准的20%。

照护二级至四级的困难对象享受长期护理保险待遇的同时，享受养老服务补贴的标准为：（1）最低生活保障家庭的老年人，每人每月补贴700元；（2）低收入家庭的老年人，每人每月补贴500元。

照护五级至六级的困难对象享受长期护理保险待遇的同时，享受养老服务补贴的标准为：（1）最低生活保障家庭的老年人，每人每月补贴500元；（2）低收入家庭的老年人，每人每月补贴300元。

上海市老年人养老服务补贴标准，还根据本市经济社会发展水平、养老服务成本变化等因素适时调整。

2019年2月12日，上海市民政局、上海市财政局发布了《关于调整本市养老服务补贴标准的通知》（沪民规〔2019〕2号），对具有本市户籍，且老年照护统一需求评估等级、经济困难程度符合相关条件的老年人的养老服务补贴标准予以调整，调整标准如下。

照护一级的困难对象：（1）最低生活保障家庭的老年人，补贴标准调整为每人每月960元；（2）低收入家庭的老年人，补贴标准调整为每人每月768元；（3）年满80周岁且本人月收入低于上年度城镇企业月平均养老金的老年人，补贴标准调整为每人每月480元；（4）上述第2、3类对象中，无子女的老年人或年满90周岁的老年人，再增加第1类对象标准的20%。

照护二级至四级的困难对象享受长期护理保险待遇的同时，享受养老服务补贴的标准调整为：（1）最低生活保障家庭的老年人，每人每月补贴896元；（2）低收入家庭的老年人，每人每月补贴640元。

照护五级至六级的困难对象享受长期护理保险待遇的同时，享受养老服务补贴的标准调整为：（1）最低生活保障家庭的老年人，每人每月补贴640元；（2）低收入家庭的老年人，每人每月补贴384元。

2020年12月30日通过的《上海市养老服务条例》第五十九条再次强调"本市健全养老服务补贴制度"，对经老年照护需求评估后符合条件的最低生活保障家庭成员、低收入家庭成员、分散供养的特困人员以及市和区人民政府规定的其他经济困难或者特殊困难人员中的长期失能老年人，根据其照护等级、困难状况等因素给予相应的补贴，用于购买居家、社区、机构等养老服务。

为了规范养老服务补贴制度，加强与长期护理保险制度的衔接，满足特殊困难老年人的长期照护需求，完善基本养老服务，2021年5月19日，上海市民政局、上海市财政局制定了《上海市养老服务补贴管理办法（试行）》，明确规定养老服务补贴标准按照分类分档的原则，根据不同照护等级、经济困难程度、特殊困难情形，确定相应的补贴额度，其中，对无子女或者高龄的老年人等，可以视情提高补贴额度。养老服务补贴采用非现金的方式发放，由符合要求的养老服务机构等主体为补贴对象提供与补贴额度相当的养老服务。养老服务补贴可用于居家照护服务、社区照护服务和机构照护服务。养老服务补贴所需资金，列入年度财政预算，由市与区财政按照1：1比例承担。

（三）一次性节日补助费发放情况

对于按城乡居民养老保险退休的上海老人，每年还能领到一次性节日补助费，而且一次性补助费逐年增长。

2020 年 12 月 31 日，上海市人力资源和社会保障局、上海市财政局发布的《上海市关于对本市城乡居民养老保险领取养老金人员发放 2021 年度一次性节日补助费的通知》（沪人社规〔2020〕30 号），文件规定为按城乡居民养老保险退休的人员发放一次性节日补助费，补助标准为每人 300 元。

2022 年 1 月 12 日，上海市人力资源和社会保障局、上海市财政局发布的《上海市关于对本市城乡居民养老保险领取养老金人员发放 2022 年度一次性节日补助费的通知》（沪人社规〔2022〕2 号），文件规定为按城乡居民养老保险退休的人员发放一次性节日补助费，补助标准为每人 400 元。

上海市的老年人在世时，除了可以领取上述 3 种补贴外，去世后还能享受下列 3 种补贴。

一是丧葬费。企业退休人员丧葬费=退休人员死亡时本市上一年度城镇居民月人均可支配收入×2。

二是抚恤金。企业退休人员的抚恤金，以死亡时本市上一年度城镇居民月人均可支配收入为基数，每领取 1 年基本养老金减少 1 个月，缴费年限超过 30 年的，按 30 年计算，发放月数上限为 24 个月，发放月数下限为 9 个月。

三是安葬补贴。根据上海市发布的《关于全面推行惠民殡葬政策的指导意见的通知》（沪民规〔2017〕5 号）和《上海市节地生态安葬补贴实施办法》（沪民规〔2017〕9 号）的规定，上海市的老人去世后选择节地生态安葬的，可获得节地安葬补贴每穴 1000 元；根据《上海市民政局关于调整骨灰撒海补贴标准的通知》（沪民规〔2017〕13 号）的规定，上海市的老人去世后选择海葬的，可获得海葬补贴每具 4600 元。

此外，上海市还积极探索老年人住房反向抵押保险、企业年金、个人税收递延养老保险等各类保险工具，鼓励发展养老普惠金融、积极发展长期护理保险等，增强老年人的支付能力。

特别值得一提的是，上海市非常重视对农村老人的补贴。上海自

2004 年起就实行老年农民养老金补贴最低标准。这项制度通过市、区县、乡镇财政补贴，不仅使享受"农保"的老年农民养老金不断提高，而且将无保障的老年农民也纳入了社会保障体系。

2007 年 4 月 12 日，上海市发布了《关于调整本市老年农民养老金补贴标准的实施意见》，从 2007 年 1 月 1 日起，上海市农村常住户籍、年满 65 周岁的老年农民，养老金补贴最低标准从每人每月 75 元提高到 85 元，进一步提高了老年农民的养老保障水平。

2014 年 4 月 26 日，上海市人民政府发布的《上海市城乡居民基本养老保险办法》明确规定："本市新型农村社会养老保险制度或城镇居民社会养老保险制度实施时，已年满 60 周岁且未领取国家和本市规定的基本养老保障待遇的，不用缴费，自本办法实施之月起，可以按月领取城乡居民养老保险基础养老金"，基础养老金每月标准为 540 元。2019 年 4 月 10 日，上海市人民政府发布了新修订的《上海市城乡居民基本养老保险办法》，将基础养老金每月标准从 540 元调整为 1010 元。

总之，到"十三五"末，上海市养老保险制度实现了全覆盖，城镇职工养老保险参保人数 1616.67 万人，比"十二五"末提高 14.5%。基本养老金水平稳步提高，城镇职工养老保险企业退休人员月平均养老金 4321 元，比"十二五"末提高 1004 元。实现城镇居民基本医疗保险和新型农村合作医疗两项制度整合，建立统一的城乡居民基本医疗保险制度。创新推进个人税收递延型商业养老保险、长期护理保险、住房反向抵押养老保险、商业健康保险个人所得税等试点，老年人社会保障能力不断增强。

二　存在问题

（一）低收入家庭老年人的认定口径不明确

养老服务补贴是上海市针对困难老年人的一项服务保障制度，低收入家庭老年人的养老服务补贴标准比较高，但目前上海市各区对低收入家庭老年人的认定口径并不统一，有 5 个区是按照家庭财产口径来审核的，有 11 个区是按照养老金收入口径来审核，致使各区居家养老服务补贴审核宽严不一。

（二）部分老年人没有将养老服务补贴用于接受社会养老服务

如上所述，上海市曾以高龄津贴、老年综合津贴、养老服务补贴、节日补助等方式直接给老年人发放"人头费"，目的是提高老年人的养老服务支付能力，这种方式保障了老年人作为福利享受者的地位，但由于各种主客观原因，也存在老年人并没有将补贴用于最需要的生活照顾和医疗护理服务上，特别是身体比较好的老年人，生活完全能够自理，平时也很少生病，拿到的补贴基本用于生活开销或存银行，这也是居家和社区养老服务需求不充分的原因之一。

三 对策建议

（一）明确低收入家庭认定口径

建议按照家庭人均年收入（包括老年人养老金收入）、家庭人均货币财产、家庭不动产等情况，制定上海市低收入家庭认定标准，以实现全市各区居家养老服务补贴审核口径的统一。

（二）动态发放养老服务补贴，积极引导老年人消费养老服务

借鉴北欧和施行长期护理险国家的养老事务管理经验，整合社区老年人综合服务组织，在区、街镇成立养老事务中心，负责评估老年人身体健康状况，指导老年人选择居家或机构养老服务，对老年人养老实施个案管理，根据不同健康状况、生活自理能力、收入水平动态发放养老服务补贴，发放标准还应考虑老年人子女数量，子女少的老年人相对多一点，子女多的老年人相对少一点。与此同时，应引导老人选择居家养老，区别居家、机构给予差别化的养老服务补贴，以此拉动自理、介助、介护老人服务等多层次发展及社区、居家、机构养老相互衔接的社会养老服务体系建设。

（万广圣）

第五章 上海市医养康养发展现状、存在问题与对策建议

一 发展现状

（一）出台医养康养融合发展政策，推动养老机构内设医疗机构

2015 年 8 月，上海市民政局、上海市卫生和计划生育委员会、上海市人力资源和社会保障局、上海市医疗保险办公室、上海市发展和改革委员会、上海市财政局联合印发了《关于全面推进本市医养结合发展的若干意见》的通知，提出要鼓励有一定规模的养老机构设置医疗机构，依托社区卫生服务中心平台整合医疗服务资源，为养老机构提供医疗服务和医疗支持，完善养老机构与医疗机构业务协作机制，探索开展面向养老机构的远程医疗等，通过这些手段来大力推进养老机构医养结合发展；要加强社区卫生服务中心为社区托养机构提供医疗服务、推进高龄老人医疗护理计划试点工作、加快形成一批社会办的老年照护机构、深入推进家庭医生为居家老年人服务等来促进社区居家医养结合发展；同时还要大力发展专业的老年医疗护理、加强老年康复与中医药服务。随后，上海市卫生计生委印发了《本市养老机构设置医疗机构的工作指南》。

2020 年 9 月，上海市卫生健康委员会、上海市民政局等印发了《关于深入推进本市医养结合发展的实施意见》，提出了六大主要任务：加强医养结合服务体系建设、促进机构医养结合发展、强化社区居家健康服

务、推进智慧医养服务、加强队伍建设、加大保险支持和监管力度，全力推进上海市医养结合实现高质量发展。之后，又陆续出台了《关于本市养老机构内部医疗机构纳入医保联网结算范围的意见》（沪人社规〔2017〕24号）、《关于社区日间照护服务纳入本市长期护理保险试点有关事项的通知》（沪医保规〔2020〕2号）、《关于本市老年人入住长三角区域养老机构长期护理保险费用延伸结算试点有关事项的通知》（沪医保待发〔2021〕1号），等等。凡是被认定的内设医疗机构的养老院已全部纳入医保结算。

为了鼓励养老机构内设医疗机构，上海市民政局、财政局联合制定了针对非营利性养老机构的"以奖代补"扶持政策，对非营利性养老机构设置医疗机构给予一次性补贴（其中护理站、医务室补贴10万元，门诊部、护理院补贴50万元），招用专职医护人员的，按医护人员数乘以上海上年度最低工资40%的标准给予补贴奖励。

目前全市317家养老机构内部设有医疗机构的占43%，设有护理床位的达到60%；近六成的社区综合为老服务中心同址内建有社区卫生站或护理站；全市养老机构与医疗机构签约率达到100%。

（二）全面试点长期护理险，助力医养结合

2017年1月起，上海在徐汇、普陀、金山三区先行试点长期护理险。试点期间，个人和单位暂不缴费，所需资金由医保结余资金划转。当年年底出台的《上海市长期护理保险试点办法》规定，自2018年1月1日开始，在全市开展长期护理保险试点工作。长期护理险的资金来源主要是职工医保、居民医保基金的专项划转，这意味着，从资金层面，上海的医保基金为医养结合"兜了底"。

（三）实施家庭医生签约制度，强化老年健康管理

2011年4月，上海借鉴国际经验，在长宁、闵行等10个区率先启动了家庭医生制度试点，开了全国试点家庭医生制度先河。由社区卫生服务中心全科医生担任家庭医生，在自愿的原则下，通过服务过程引导与社区发动，逐步与居民建立签约服务关系，引导居民认识、接触与逐步接受家

庭医生服务，初步建立家庭医生与签约居民之间的联系，这是"上海家庭医生制度1.0版"。

2013年3月，上海发布了《关于本市全面推广家庭医生制度的指导意见》，在全市全面推广家庭医生制度。

2015年，上海市启动了新一轮社区卫生服务综合改革，出台了《关于完善本市家庭医生制度的实施意见》。

2015年11月，在家庭医生签约基础上，上海启动了"1+1+1"医疗机构组合签约试点（即居民可自愿选择一名社区卫生服务中心的家庭医生签约，并可在全市范围内再选择一家区级医院、一家市级医院进行签约），优先满足本市60周岁以上老年人、慢性病居民、妇女、儿童等重点人群签约需求，打造家庭医生制度2.0版，力求通过进一步签约紧密服务关系，提升家庭医生初级诊疗能力与健康管理能力，逐步建立起分级诊疗制度，全面实现家庭医生的守门人职能。

2020年6月，上海市卫生健康委、上海市中医药管理局制定了《上海市家庭医生签约服务规范（2020版）》。

上海家庭医生签约制度统一推行了七个方面的签约服务：一是由家庭医生对签约居民的健康状况进行评估，帮助签约居民明确主要健康需求，并制定实施有针对性的健康管理方案；二是提供基本诊疗、社区康复与护理等基本诊疗服务，为通过预约的签约居民在社区卫生服务中心内提供优先就诊服务；三是对签约居民优先转诊至上级医疗机构，试点期间市级医院门诊预约号源的50%在预约开放期的前50%时段，优先向家庭医生与签约居民开放，确保通过家庭医生转诊的签约居民可优先获得上级医疗机构专科资源；四是利用多种途径（健康咨询热线、网络咨询平台等）向签约居民提供健康咨询服务；五是为签约居民提供更便捷的配药政策，一方面对签约且纳入家庭医生慢病管理的患者，可单次满足所需品种治疗性药物1~2个月的用量，另一方面对经家庭医生转诊，在上级医疗机构就诊后回社区的签约居民，家庭医生可延续上级医疗机构长期用药医嘱，开具与上级医疗机构相同的药品；六是对确有需求并符合要求的签约居民，优先建立家庭病床；七是协助签约居民开展医疗费用的管理，帮助签约居民合理控制医疗费用。

　　为了全面推广家庭医生制度，上海建立了完整的家庭医生服务支持平台。一是全市签约信息平台，实现家庭医生工作站的电子签约，并在部分试点社区探索利用移动客户端更加多元场景的签约，签约信息在全市后台统一维护，确保签约身份的唯一识别，并通过签约信息平台实现签约期内解约、变更，以及签约期满后续约等服务。二是预约转诊平台，按照"两个50%"原则，即市级医院门诊预约号源的50%在预约开放期的前50%时段优先向家庭医生与签约居民开放，上海建设了全市预约号源管理平台，市级医疗机构专家门诊号源优先预留给家庭医生。三是延伸处方配送平台，为满足签约居民在家庭医生处合理的用药需求，上海实施了延伸处方政策，所延伸的药品如果社区本地药库里没有，可通过信息化手段由第三方物流及时配送至社区卫生服务中心、站点、居民就近药房与居民家中，大大方便了签约居民的用药便捷性。

　　为了调动家庭医生的积极性，上海市开展一系列评优激励，提高社会认同。2013年起，联合市医药卫生发展基金会、新闻媒体等连续评选"上海市十佳家庭医生"，并联合上海市慈善基金会唯爱天使基金设立了"全科医师基层服务卓越奖"，每年评选出一批"卓越奖"。

　　2015年10月，WHO总干事陈冯富珍女士考察了上海推进"1+1+1"签约与构建分级诊疗制度试点情况，予以充分肯定，认为上海的这套政策设计与工作模式可以在全中国予以推广。2017年4月14日，全国家庭医生签约服务现场推进会在上海召开，将上海家庭医生经验向全国推广。

　　截至2021年上半年，上海市全市累计签约家庭医生815万人，常住居民签约率超过30%，老年人、儿童、慢性病人、孕产妇等重点人群签约率超过77%，失能老人签约率超过九成。

（四）开展老年友善医疗机构建设，方便老人就医

　　2021年，上海市先后制定出台了《上海市老龄事业发展"十四五"规划》《上海市卫生健康发展"十四五"规划》《关于印发便利老年人就医实施方案》的通知（沪卫办医〔2021〕1号），明确将开展老年友善医疗机构建设作为今后五年的重点任务之一，将尊老敬老、爱老助老的中华民族传统美德具体落实到为老年人提供医疗服务的全过程，全面践行

"人民城市人民建，人民城市为人民"理念，为老年人就医提供方便，积极打造国际老年友好城市名片。为此，上海市卫生健康委于 2021 年年初启动了老年友善医疗机构建设工作，针对老年群体就医遇到的痛点、难点问题，梳理形成老年友善文化、老年友善管理、老年友善服务、老年友善环境四大类 70 余项具体指标。

在完善规章制度方面，将对老年人的态度、行为用语等要求写入职工手册或行为守则；建立社工、志愿者服务相关管理制度，为老年人提供导医、陪伴等服务；建立自我评价和持续改进机制。在业务培训方面，开展老年医学、老年护理、老年心理学、社会学、与老年人沟通交流技巧等方面的培训。在就医服务方面，门急诊配备老年用品用具、轮椅平车等辅助移乘设备，方便老年患者借用；标识标牌应当醒目，大小适宜，具有良好的导向性；常态化疫情防控期间，对无智能手机或无法出示健康码的老年患者，配备专用设备（刷身份证或医保卡即可展示健康码）或提供人工流行病学调查等其他健康核验方式；提供多渠道挂号服务，根据老年人患病特点和就医实际情况，提供一定比例的现场号源；设有人工挂号及现金收费窗口，智能设备配有人工值守；等等。在老年健康服务方面，推动老年医学发展，开展老年综合评估和风险防范、老年综合征管理，以及老年专科护理、康复、临床药事、营养、安宁疗护等服务。此外，对于社区卫生服务中心，加强家庭医生签约服务，提供老年人健康管理、慢性病患者健康管理、中医药健康管理、医养结合等各类公共卫生服务。

综上，通过以老年人需求为导向、整体集成的建设标准，全面推进老年友善理念在医疗机构落地生根。上海市卫生健康委要求，全市所有为老年人提供健康服务的医疗机构均属建设范围，2021 年实现应建尽建，2022 年全面完成。经各区卫生健康委和上海申康医院发展中心推荐，上海市卫生健康委组织专家对首批 55 家申报单位进行复核，其中 54 家达到本市老年友善医疗机构建设标准，成为本市首批老年友善医疗机构。首批54 家老年友善医疗机构按照建设标准，全面开展建设工作，同时积极打造各自为老服务品牌，从细节出发，为老年人就医提供更加便捷、省心、方便的就医体验。如华东医院社工部自 2012 年 12 月起便率先设立"互爱"助老志愿服务站，专门针对就诊的空巢、失独、残疾老人提供"一对一"陪诊服务（包括挂号、取药、交费、检查等），为孤老、残疾老人及其他就医困难老人提供陪诊预约服务；杨浦区中心医院加强对医院内无障碍服务设施、标识系统的维护和完善，从整体上进行了适老环境和无障碍设施的改造和建设，优化了病区的布局和装饰，院内灯光、地面、颜色、隔帘、标识、洗浴设施、环境布局和家具，均充分考虑老年人的感官、运动、智能的需求；同仁医院考虑到老年患者出院时可能行动困难，推出红帽子服务队"最后100米"服务，接送老年人直达交通工具，同时与"申城出行"出租车平台联动，安装长者智慧打车设备，有效地延伸了医院长者服务的半径；上海市第二康复医院为方便老年患者的担架和轮椅进出医用氧舱治疗舱，拆除门槛，采用氧舱新型加宽平移门专利设计，为老年患者提供了极大便利；金山区众仁老年护理医院为老年患者提供就医无障碍通行，实现"一路通"，各个病区、康复医学科、医技科和门诊部之间，无障碍通道全部连通，所有病床高度下降5cm。

开展老年友善医疗机构建设，使广大老年患者在接受专业化医疗服务的同时，也能感受到老年友善的"温度"，这是上海积极应对人口老龄化国家战略、实现健康老龄化的重要举措。

（五）启动示范性社区康复中心建设，提升社区康复服务能级

为满足居民便捷获得康复服务需求，2021年由市卫生健康委员会、市中医药管理局牵头，市财政局、各区政府配合，首批示范性社区康复中心建设列入为民办实事项目，目标是打造一批以康复为特色专业的示范性社区卫生服务中心，以点带面，提升全市社区康复服务能级。截至2021年9月，首批41家示范性社区康复中心率先建成，示范性社区康复中心全都具有以下几个特点。一是服务内容全面。提供社区常见病多发病康复服务项目，涵盖神经系统、骨关节系统、慢性疼痛、儿童、老年、肿瘤、中医康复治疗等，并拓展辖区的康复特色服务品牌，比如儿童脑瘫康复、盆底康复、心理康复等。二是服务场景多样。由门诊、康复治疗区、病房为起点，基于居民多样化康复需求，逐步将康复服务延伸到站点、居家、功能社区等场所。三是服务设备先进。在基本设备全部配置的基础上，配备以康复机器人为代表的智能化先进设备，融合先进科学的康复理念，运用现代康复技术，提升康复服务能级。四是服务人员齐全。配备了康复医师、康复治疗师、康复护士、中医医师组成的康复服务团队。与上级医院康复科、专业康复医疗机构建立协作机制，推进区域内康复医疗资源整合共享，促进康复水平同质化。

首批 41 家示范性社区康复中心已陆续面向居民开放，居民在家门口就可以获得便捷、优质、整合的康复服务，促进患者功能恢复或改善，协助患者恢复日常生活自理能力、回归家庭和社会。"十四五"期间，将基本实现全市社区卫生服务中心社区康复中心标准化建设全覆盖，让居民享受"家门口"的优质康复服务。

（六）设置家庭病床，方便社区患者获得连续性医疗服务

上海是全国较早开展家庭病床（家床）服务的城市，2010 年颁布了国内首个家庭病床地方标准《家庭病床服务规范》。对家庭病人定位、家床服务内容进行了界定，并对服务协议书进行了规范，为社区家床医生与患者沟通提供了业务规范。

2019 年 12 月，上海市卫生健康委员会印发了《上海市家庭病床服务办法》的通知（沪卫规〔2019〕9 号），明确了家庭病床服务应当符合的原则，界定了家庭病床服务对象和具备开展家庭病床服务资质的医疗机构的范围，梳理了家庭病床服务项目清单，提出了家庭病床服务的建床、查床、护理、撤床、医疗安全等管理要求及服务人员资质要求。与此同时，成立市家庭病床服务质量控制中心，质控中心负责建立质量控制架构，制定质量控制管理制度，编制家庭病床服务业务指南，组织区级专业质控组对开展家庭病床服务的医疗机构定期和不定期地进行质控和考核。

目前，上海市的家庭病床总数已超过 8 万张。

（七）鼓励医生护士多点执业，扩大医养康养人才供给

2011 年，上海市卫生局印发了《关于在本市开展医师多点执业试点工作的通知》（沪卫医政〔2011〕094 号），提出本市执业医师经卫生行政部门注册后，可在两个及以上医疗机构从事执业活动，鼓励医师到社区卫生服务机构等基层医疗机构和民营医疗机构多点执业。

2017 年，上海市卫计委发布了《关于加强医师执业注册管理工作的通知》（沪卫计医〔2017〕14 号）。

2019 年，上海市卫生健康委印发了《上海市护士区域注册管理办法》，明确规定本市注册的护士执业地点为上海市行政区划，护士可同时在本市多个医疗机构执业；鼓励二、三级医疗机构护士到基层医疗机构和社会医疗机构执业，提升基层医疗卫生机构在慢病照顾、疾病康复、居家护理等方面的护理服务能力。

与此同时，2019 年，上海市又作为全国首批城市试点"互联网+护理服务"，试水"共享护士""网约护理"，进一步扩大养老护理专业人才队伍。

（八）区街（镇）积极探索形成了一系列各具特色的医养康养服务模式

1. 杨浦区：探索"楼上养老，楼下看病"医养结合新模式

2021 年 10 月 8 日，杨浦区正式启用同址运营的五角场社区卫生服务中心、上海欣益养老院五角场分院。楼上为养老院，楼下是医院。楼下的医院面积 7930m²，除了原先开设的预防保健科、全科医疗科、内科等 18 个科室外，还新增一个楼层的住院病区，计划开放床位 57 张。楼上的养老院面积 4200m²，由杨浦投控集团运营，床位 124 张，设有六人间、四人间、三人间、二人间等多种房型，每间房都设有独立卫生间和洗浴设施。收费实行政府指导、公益收费，以惠及更多的"刚需"老年群体。床位费从 1880 元到 2420 元不等。护理费从 1880 元到 2980 元不等。医养结合的核心是"共享"。楼上楼下可以实现医疗资源、医疗服务和基础设施的共享，甚至食堂、会议室都可以共享。五角场社区卫生服务中心和上海欣益养老院五角场分院还将细化合作内容，围绕就医绿色通道、双向转诊机制和家庭医生服务，共同探索"医、养、康、护"一体化服务，建立起闭环整合型的医养结合全程守护模式。

2. 闵行区：力推"3+3+3"模式，做实医养结合服务

一是打造三类设施，增强养老机构医疗服务能级。闵行区鼓励一定规模的养老机构根据自身条件和实际需求，内设医疗机构，满足住养老人的多层次医疗卫生服务需求。截至 2021 年 10 月，30 多家养老机构设置了

医疗设施，形式为三类，即卫生所、医务室、保健站。这三类设施根据机构各自条件设置全科、内科、预防保健科等诊疗科室，配置药房、理疗室、换药室、医疗废物处置室等，30多家内设医疗机构均已开设医保专线，方便老年人不出院门即可解决基本医疗保健；为突发危重病的老年人提供院前急救；为高血压、糖尿病等慢性病老人开展慢性病管理。内设医疗机构提供的医疗服务，为养老机构内老年人解决基本就医、控制慢性病发展，做到小病不出门，大病不担忧，为老人解忧、为家属减负，大大提升了院内老年人的生活、生命质量。

二是实践三种模式，深化养老机构医养结合。2019年，闵行区民政局和区卫健委联合印发《关于进一步深化养老机构医养融合工作的实施意见》（闵民〔2019〕115号），并在全市率先试行医疗机构与养老机构托管、嵌入、签约三种类型的合作模式。托管服务，即由社区卫生服务中心接受委托管理运营养老机构。根据养老机构实际情况派驻院长、业务院长、医疗主管、业务主管等管理人员，全面管理养老机构运营或对养老机构内医疗服务进行托管。嵌入服务，即按照不同养老机构的规模与硬件设施条件和需求，由社区卫生服务中心在养老机构设置家庭医生工作室等执业点，帮助养老机构住养老人解决基本医疗服务需求，并辐射周边社区，提供基本公共卫生服务。签约服务，即养老机构根据实际需求与社区卫生服务中心签约医疗服务。为做实签约服务，闵行进一步明确具体要求。截至2021年10月，有50多家养老机构（含长者照护之家）根据《关于进一步深化养老机构医养融合工作的实施意见》重新与医疗机构签订合作协议，合作率达82.26%，医疗机构为养老机构开展巡诊4000多次，建立家庭病床330多张，组织免费体检1000多人，开展技能培训30多次，举行健康讲座20多次，完成养老机构住养老人长护险评估近2000人。

三是拓展三项服务，为社区老年医康养提质增能。结合社区嵌入式养老服务设施建设，联合设置社区卫生服务站，将医疗护理服务作为主要功能，为托养老年人就近提供寻医配药、慢病管理、家庭病床等医疗服务；为社区老年人开展有针对性的防治结合的健康服务，推进社区医疗护理服务与养老照料服务的有机结合。如新虹社区卫生服务中心与新虹敬老院建立"空中走廊"，锦颐综合为老服务中心整合设置锦颐社区卫生服务站与锦颐浦瑞长者照护之家，新增七莘社区卫生服务站嵌入区老年福利院建设等项目。家庭医生签约，不断延伸社区老年医疗健康服务。闵行区把为老年人提供优质有效的医疗健康服务作为推进医养结合的核心内容。闵行区将社区卫生服务中心打造成医养结合工作平台，依托家庭医生工作制，开展老年人签约、评估、转诊、延伸处方等服务。截至 2021 年 10 月，家庭医生 "1+1+1" 组合签约达 35 万多人，签约率为 95%，年内开具延伸处方 11 万张左右，处方金额合计近 3000 万元。为老年人免费体检，稳妥实施政府专项实事工程。闵行区按照相关规定为 60 周岁及以上老年人开展免费体检，并建立电子健康档案。全区 30 多万名 60 周岁及以上户籍老年人享受了免费健康检查，发现的肿瘤高危病人和确诊的肿瘤病人均已纳入社区慢性病管理，对老年人健康实行全程跟踪、全程管理、全程照护。

3. 周家渡街道：2021 年建立了浦东首家医养深度结合的医养护综合体

综合体内建立了周家渡社区卫生服务中心邹平分中心，该中心建筑面积 6900 多平方米，设有床位 203 张，基本能满足周边居民需求，其中还专门设置了安宁疗护病区，目前共 10 个床位。除了床位上偏向需要护理的老年群体，该中心还有下列医养结合的特色服务。

一是随叫随到。中心 24 小时有医护人员值守，综合体内的老人一旦有突发身体状况，可以第一时间得到专业的救护和反应；中心还 "配齐" 了心电、B 超等专职医生，综合体内老人可以通过预约的方式方便就诊。二是互联直通。中心大楼与综合体大楼之间有一条直达连廊，综合体内的老人只要有就医需求，便可以通过这条连廊直接转运，除非特别严重的疾病需要送往二三级医院，其他都不需要叫 120 急救车来回折腾。三是效率最大化。医院与养护院正在探索互留床位的机制。未来，养护院内的老人有医疗需求，即可在 "一墙之隔" 的邹平分中心治疗，待康复后再转回养护院，避免了社区医院床位长期被占的现象，提高床位使用效率。另外，因为物理距离缩短，医生也能更有效率地为养护院内的老人提供家庭病床等相关服务。四是深度医疗健康服务。医院与综合体内的日托、养护院老人签约了家庭医生服务，为不同的老人提供全方位的医疗健康服务，比如医院的全科医生会定期前往养护院、综合为老服务中心，为老人提供心理咨询、用药咨询、家庭急救知识以及换药、身体情况评估等医疗服务；此外，医院一楼特别开设了"健康小屋"区域，社区、综合体的老人均可定期检测，建立一份详尽的"健康档案"，实现老人健康状况的全周期追踪。

4. 南京东路街道：成立了长者运动健康之家

2021 年，上海市民政局推出了健康养老创新项目"长者运动健康之家"，通过融入体医、康养等元素，让社区老人享受专业的健身服务，切实提升老年人的生活品质。2021 年 4 月，南京东路街道成立了上海市首批同时也是上海市首家以"医养结合、体医融合"为特色的老年人健康日托所"长者运动健康之家"，通过资源整合、功能叠加，实现为老服务场所功能再升级。在保留原有平望日托所、助餐点功能的基础上，合理规划了体质监测区、有氧锻炼区、等速肌力锻炼区、微循环促进区、综合干预区和休闲交流区六个区域，为老年人提供健康检测、器械锻炼、健康讲座、运动方案制定、慢病干预等专业服务，让老人在同一空间内得到"一站式"健康养老服务。

5. 惠南镇：打造医养结合的综合为老服务中心

2021 年 9 月，惠南镇社区卫生服务中心在文源综合为老服务中心设立了卫生服务站，让文源综合为老服务中心的功能得到进一步完善，真正成为医养结合的综合为老服务中心，这也是惠南镇首个实现医养结合的综合为老服务中心。新开的卫生服务站设有全科诊室、中医诊室、中医治疗室、注射室、药房等，配备了全科医师、药剂师、公共卫生医师、社区护理员等，主要开展以健康教育、预防、保健、康复和一般常见病、多发病的诊疗服务为一体的基本医疗卫生保健服务。

二　存在问题

（一）医养结合存在的主要问题

1. 医养康养人才不充分

目前上海市无论是护理员还是能够为老年人提供医疗护理、康复等服务的专业人才都非常缺乏，虽然大力开展了养老护理员培训、实施了家庭医生签约制度、鼓励医生护士多点执业、试点"互联网+护理服务"等，人才缺乏有所缓解，但未能根本解决问题。以护士多点执业为例，护士在医疗机构的工作本身就比较繁重，绝大多数护士都是女性，下班后有小孩和家庭需要照顾，精力跟不上，所以利用业余时间提供上门服务的护士很少，再加上虽然政策允许多点执业，但事实上医院是不鼓励护士多点执业的，怕影响本职工作；试点中要求"派出的注册护士应当至少具备五年以上临床护理工作经验和护师以上技术职称，并且能够在全国护士电子注册系统中查询"，大量执业护士不符合要求。所以，包括社区养老服务在内的养老服务机构和部分承担老年护理服务的医疗机构，已申报的执业护士、养老护理员、健康照护等各类护理服务人员总数只有 3.2 万人左右；自 2019 年试点"网约护理"以来，全市只有几家三级医院、40 家左右社区卫生服务中心、几家社会办医疗机构开展了"互联网+护理服务"试点，共计实施了 2000 多人次的服务。而我市户籍人口中 60 周岁及以上老年人口高达 533.49 万人，仅失能失智老人就超过 10%，需要医疗护理服务的人群庞大。因此，医养康养人才需求量大，人才缺乏已经影响了我市医养康养融合发展。

2. 医养服务边界不清，服务模式雷同

医养结合的关键在于界定"医"与"养"的服务边界，厘清养老照护和医疗护理的服务项目，并以老人需求变化为核心。但目前的服务方式无法适应新形势下的需求。一是设有医务室的养老机构主要还是以简单的生活照护为主，以提供简单治疗为辅，无法为老年人提供疾病预防、治疗、康复、护理和临终关怀等专业医疗保健服务。二是与社区卫生服务中心合作的养老机构注重对慢性病老年人提供治疗性措施，但忽视了健康教育、健康咨询、行为干预等服务内容。三是二、三级医院能提供相对优质的医疗服务，但往往忽视精神卫生、社会活动和社会交往等服务内容。

3. 实行医养结合成本比较高，养老机构积极性有待提升

原国家卫生计生委印发的《养老机构医务室基本标准（试行）》和《养老机构护理站基本标准（试行）》中明确了养老机构医务室至少有 1 名执业医师和 1 名注册护士，建筑面积不少于 40 平方米，至少设有诊室、

治疗室、处置室，其中治疗室、处置室的使用面积均不少于 10 平方米；养老机构护理站至少有 2 名护师以上职称的注册护士和 1 名康复治疗人员，建筑面积不少于 30 平方米，至少设有治疗室、处置室。养老机构要保证医务室和护理站全天运营，仅一年支出的人员工资至少在 30 万元以上。虽然政府对非营利性养老机构设置医疗机构给予补贴，但只是一次性补贴，解决不了根本问题，仅仅从这一个侧面就可以看到养老机构实现盈利的难度不小。再加上大多数老人基本都患有慢性病，有的同时患有高血压、糖尿病及其他心脑血管疾病，在诊断和治疗过程中，常常出现并发症，稍有处置不当就易发生医疗纠纷，造成医患关系紧张，影响养老院内设医疗机构的积极性。

（二）家庭医生和家庭病床服务存在的问题

1. 家庭医生签而不约的现象比较多

我们在调查中多次听到居民反映："社区卫生服务中心的家庭医生和我们签了约，但一年到头我们几乎没有得到什么服务。"还有些兼职家庭医生社区门诊量比较大，忙不过来，对被签约者的"叫诊"，只能提供电话咨询，较少上门服务，好多居民感觉是"被签约了"。

2. 家庭病床医护人员的劳动价值未能得到充分体现，积极性不高

家庭病床医疗收费价格虽然与住院持平，但未将医务人员的人力成本考虑在内，上海市家庭病床巡诊费经多次协调，目前上调至 80 元/次，仍不能体现当前物价水平和医生动辄 1~2 小时以上上门时间的付出，体现不出医护人员的劳动价值。另外，政府相关政策中没有明确针对家庭病床的政策扶持，本市出台的家庭病床服务办法，也仅仅对服务内容、人员资质、收费标准进行界定，但对于家庭病床工作的经费投入、物资设备配置、医护人员待遇等均未有对应的政策，更没有针对家庭病床医护人员的经费补助措施，在绩效工资中也未能真正体现家庭病床医护人员的价值，导致医护人员的积极性不高。

3. 上门医疗服务（包括家庭医生）存在风险

医疗活动本身存在一定的医疗风险，如输液反应、药物过敏反应和感染的风险等，可能无法及时抢救，另外医疗废弃物回收也存在隐患。此外，上门服务还面临患者个人隐私保护的法律问题，上门医疗携带相关摄影录像记录设备是否侵犯患者权益，法律亦无相关规定。

4. 郊区家庭病床开展推进力度不大

从各区县总体情况看，中心城区在家庭病床开展时间、家庭病床建床率、家庭病床建床患者、家庭病床服务项目、家庭病床药品配备等方面均优于郊区，郊区家庭病床数量较少。

三 对策建议

（一） 加强医养康养人才队伍建设

一是根据我市老龄化发展的实际和趋势，制定医养结合医护人员队伍发展的中长期规划，尽早培养与建设符合老年人医疗护理需求的老年医护人员队伍。

二是提升医养结合型养老机构医护队伍的稳定性和发展空间。一方面，要研究制定养老医护人员的薪酬管理制度，制定合理的分级薪酬水平，提高医养结合养老服务从业人员的工资福利待遇，对与养老机构签订劳动合同并缴纳社会保险，连续从事老年医护与管理岗位工作满一定年限的从业人员给予不等的一次性入职奖励，对从事养老护理服务的来沪人员在居住证积分制上享受一定的加分等，优化养老服务从业人员的从业环境，以稳定养老服务人员队伍；另一方面，要将养老机构内设医疗机构及其医护人员纳入卫生计生行政部门统一指导，在资格认定、职称评定、技术准入和推荐评优等方面，与其他医疗机构同等对待，并将医养结合型养老机构纳入住院医师规范化培训的培训点。

三是要鼓励医师开展多点执业，特别要出台政策，支持医生到养老机构内设的医疗机构开展"多点执业"，支持医生和护士到养老机构中轮岗服务。对于热心养老服务的医生和护士要给予相应的特殊补贴，并在职称职级晋升时予以优先照顾；探索通过政府购买服务的方式鼓励各级医院的医护人员自愿转岗到医养结合型养老机构，给予他们相关诊治处方权，保证他们的待遇不低于社区卫生服务中心。

四是严格规定并执行医养结合医护人员持证上岗制度，完善老年医护人员的职业资格认证制度、岗位教育培训制度，以全面提高医养结合医护人员的专业化、规范化水平，逐步形成科学合理的医养结合医护人员职业资格认证和职业培训体系。

五是针对当前医养结合型养老机构医护人员严重缺乏的问题，可以通过设立由政府支付工资与补贴的公益岗位，以及鼓励成立护理公司，由护理公司招募和培训护理人员为医养结合型养老机构提供服务等途径予以引导和扶持。

（二）加大经费补贴扶持力度，切实减轻养老机构的财政负担

对符合设置内设医疗机构的养老机构，无论是公办还是民办，给予建设及设施设备添置费用补贴、医护人员的津贴补贴，符合税收优惠条件的养老服务机构可以享受相关政策优惠。此外，还可以在医疗机构与养老机构之间推动大型医疗设备的共建共享、医疗检查资源的共建共享和医学检查结果的互认等，来帮助养老机构减轻医养结合的负担。

（三）探索建立适合医养结合型养老机构的医疗风险分担机制

养老机构一般都是公益组织，没有什么盈利，虽然国家允许民营养老机构有一定的盈利，但利润水平不高，因此抵御医疗风险的能力比较差，虽然可以通过购买医疗责任保险转移部分风险，但"养老行业"这一性质决定了医疗责任保险不能完全分摊医养结合型养老机构的医疗风险。因此，应尽快探索、研究出台适合医养结合型养老机构的医疗风险分担机制，帮助医养结合型养老机构进一步降低医疗风险，提高他们的积极性。

（四）完善家庭医生签约服务考核评价机制

家庭签约医生要破除完成任务式的签约思想，提供积极主动、周到细致、贴心暖心的个性化全科医疗卫生服务，以人为本，做到签约一人、做实一人，因病施策、跟踪服务，及时做到"双向转诊"，不断提高居民对签约服务的获得感和满意度；定期组织对签约对象数量与构成、服务质量、健康管理效果、居民满意度、医药费用控制、签约居民基层就诊比例

等进行考核，增强家庭医生的责任感，将签约质量控制的管理考核与绩效考核进行关联。

（五）完善家庭病床支持政策和医护人员激励机制

建议政府出台扶持家庭病床发展的相关政策，如收费、补助、降低医疗风险等，逐步提高收费价格和家庭病床患者医保总额。在上海市社区收支两条线财政经费托底下，在绩效考核和职称评定上对参与家庭病床服务的医务人员予以政策倾斜。比如规定兼职家庭病床医生的绩效水平高于门诊医生，评聘职称时，参与家庭病床服务的医务人员有额外加分等，以此来激励家庭病床医护人员工作动力和活力，鼓励更多医护人员加入家庭病床服务团队。

（六）制定上门医疗服务风险防范制度

创建医疗纠纷和风险防范机制，拟定应急处置预案，为医护人员提供手机定位追踪系统软件，装备工作记录仪，使医疗护理行为全程留痕可追溯。为护士配备一键报警装置，购买责任险、医疗意外险和人身意外险等。对于风险较高的医疗项目，如输液，社区卫生机构可以根据自身的实际情况，参考政策中上门医疗服务项目清单，自行拟定能够抵御风险的上门医疗服务清单。

（七）加大郊区家庭病床工作推广力度

制定郊区家庭病床建设目标和相关配套保障与激励政策，并将家庭病床建设纳入郊区政府年度重点工作，通过加强郊区的社区卫生服务中心家庭病床人力资源建设、服务项目建设等，强化郊区社区家庭病床工作服务能力建设，提高郊区社区家庭病床服务项目和服务数量，从而进一步提高上海市基层社区总体家庭病床服务能力水平。

（吴　韬）

第六章　上海市长期护理保险发展现状、存在问题与对策建议

一　发展现状

（一）形成了长期护理保险制度政策体系和服务体系

2016年6月，国家人社部明确上海市作为全国首批开展长期护理保险试点的15个城市之一，2017年长护险在徐汇、普陀、金山三个区先行试点，2018年在全市全面铺开。为了规范、有序实施长期护理保险制度，上海市先后制定了一系列政策、文件。

上海市人民政府发布了《关于印发〈上海市长期护理保险试点办法〉的通知》（沪府发〔2016〕110号）。

上海市人力资源和社会保障局、上海市医疗保险办公室发布了《关于印发〈上海市长期护理保险试点办法实施细则（试行）〉的通知》（沪人社医监发〔2016〕60号）。

上海市人力资源和社会保障局、上海市医疗保险办公室发布了《关于印发〈上海市长期护理保险需求评估实施办法（试行）〉的通知》（沪人社医监发〔2016〕58）。

上海市民政局、上海市卫生和计划生育委员会、上海市人力资源和社会保障局、上海市医疗保险办公室发布了《关于印发〈长期护理保险服务项目清单和相关服务标准、规范（试行）〉的通知》（沪民福发〔2016〕46号）。

上海市人力资源和社会保障局、上海市医疗保险办公室发布了《关于印发〈上海市长期护理保险社区居家和养老机构护理服务规程（试行）〉的通知》（沪人社医监发〔2016〕59号）。

上海市人力资源和社会保障局发布了《关于印发〈上海市长期护理保险定点护理服务机构管理办法（试行）〉的通知》（沪人社医监发〔2016〕61号）。

上海市卫计委发布了《关于印发〈上海市护理站管理办法〉的通知》（沪卫计医政〔2016〕46号）。

上海市民政局发布了《关于明确养老服务机构开展长期护理保险服务有关事项的通知》（沪民老工发〔2016〕29号）。

上海市民政局、上海市财政局发布了《关于印发〈老年照护统一需求评估费用补贴有关问题〉的通知》（沪民规〔2017〕1号）。

上海市人力资源和社会保障局、上海市医疗保险办公室发布了《关于印发〈上海市长期护理保险结算办法（试行）〉的通知》（沪人社医监发〔2017〕1号）。

上海市民政局印发发布了《关于本市长期护理保险试点区养老服务补贴政策相关事项的通知》（沪民老工发〔2017〕6号）。

上海市物价局、上海市卫生和计划生育委员会、上海市医疗保险办公室印发了《关于公布本市长期护理保险评估费试行价格的通知》（沪价费〔2018〕1号）。

上海市医疗保障局发布了《关于印发〈上海市长期护理保险社区居家和养老机构护理服务规程（试行）〉的通知》（沪医保待〔2020〕130号）。

上海市医疗保障局、上海市民政局、上海市卫生健康委员会联合印发了《关于印发〈上海市长期护理保险定点护理服务机构管理办法（试行）〉的通知》（沪医保规〔2020〕12号）。

上述主要政策和文件共同构建起上海长期护理保险制度较为完备的政策体系和服务体系，为长护险的顺利实施，提供了政策依据和制度保障。

1. 长护险的保障对象

申请参加长护险的主要是两类人群：一是参加上海市职工基本医疗

保险的 60 周岁及以上人员；二是参加上海市城乡居民基本医疗保险的 60 周岁及以上人员。其中，参加职工医保的人员需按照规定办理申领长期护理保险待遇手续，并经老年照护统一需求评估之后，失能程度达到评估等级二至六级且在评估有效期内。这里的老年照护统一需求评估是指对具有照护需求且符合规定条件的老年人，按照全市统一的评估标准，依申请对其失能程度、疾病状况、照护情况等进行评估，确定照护等级。照护等级主要作为申请人享受长期护理保险待遇、养老服务补贴等政策的前提和依据。对长期护理保险试点未覆盖的困难人群和未涵盖的服务项目予以兜底保障，衔接养老服务补贴政策与本市长期护理保险试点政策。

2. 长护险的资金筹集渠道

对参加职工医保的人员而言，按照用人单位缴纳职工医保缴费基数 1%的比例，从职工医保统筹基金中按季调剂资金，作为长期护理保险资金。对于参加居民医保的人员，根据 60 周岁及以上居民医保的参保人员人数、按照略低于第一类人员的人均筹资水平，从居民医保统筹基金中按季调剂资金，作为长期护理保险资金。长期护理保险的资金来自医保统筹基金，暂不实行个人缴费。

3. 长护险的照护待遇

上海市长期护理保险为老人提供基本生活照料和医疗护理服务两类共 42 项护理服务项目，目前有社区居家照护服务、养老机构照护服务和住院医疗护理服务三种形式。只要 60 周岁及以上、经评估失能程度达到评估等级二至六级且在评估有效期内的参保人员，即可享受长期护理保险待遇。

（1）社区居家照护待遇：评估等级为二级或三级，每周上门服务 3 次；评估等级为四级，每周上门服务 5 次；评估等级为五级或六级，每周上门服务 7 次；每次上门服务时间为 1 小时。

（2）养老机构照护待遇：评估等级为二至六级的参保人员，可以享受养老机构照护。养老机构照护服务的长期护理保险支付标准为评估等级为二级或三级的 20 元/天，评估等级为四级的 25 元/天，评估等级为五或六级的 30 元/天。

（3）住院医疗护理服务待遇：住院医疗护理期间发生的符合规定的费用，其待遇按照本人所参加的本市职工医保或居民医保的相关规定执行。

4. 长护险的费用结算

老年照护统一需求评估的收费标准为每次 200 元。社区居家照护的收费标准为：执业护士提供照护服务的价格为 80 元/小时；医疗照护员为 65 元/小时；养老护理员、健康照护员等其他人员为 40 元/小时。服务对象在社区居家照护的服务费用由长期护理保险基金支付 90%。养老机构照护服务的收费标准为：评估等级为二级或三级的 20 元/天；评估等级为四级的 25 元/天；评估等级为五级或六级的 30 元/天。养老机构实际服务费用低于上述标准的，以实际费用为准。服务对象在养老机构发生的长期护理保险费用，按实际在养老机构入住的天数计算，由长期护理保险基金支付 85%。

5. 长护险的部门分工

上海市人力资源和社会保障局（市医保办）是本市长期护理保险的主管部门，负责本市长期护理保险的政策制定和统一管理，以及长期护理保险基金的监督管理工作。上海市民政局负责养老服务机构开展长期护理服务的行业管理，统筹配置养老服务资源。上海市民政局和市卫生计生委（现卫健委）共同制定长期护理保险服务规范。上海市卫生计生委（现卫健委）负责医疗机构开展长期护理服务的行业管理，加强对长期护理保险中各类护理服务的技术指导，推进落实本市医疗机构中的护理型床位与治疗型床位分类登记；会同市民政局负责评估机构的行业管理，实施评估人员的培训和评估质控管理。上海市财政局按照规定，做好长期护理保险相关资金保障和基金监督管理等工作。上海市医疗保险监督检查所（以下简称"市医保监督检查所"）受市人力资源和社会保障局委托，具体实施长期护理保险监督检查等行政执法工作。

（二）试点探索的一系列经验和做法

1. 统一协调，部门分工协作

在 2017 年试点阶段，长护险由市民政局会同市发展改革委、市卫生计生委（现卫健委）、市人力资源和社会保障局（市医保办）、市财政局协同推进老年照护统一需求评估工作。在 2018 年全市推行之后，老年照护统一需求评估工作主管部门改为市人力资源和社会保障局（市医保办）。市人力资源和社会保障局（市医保办）会同市发展改革委、市民政局、市卫生计生委（现卫健委）、市财政局协同推进老年照护统一需求评估工作。主管部门的变化使长护险更容易实施，长护险不再仅被看作养老服务和老龄产业中的重要部分。通过社会保险的制度改革和实施去推动养老服务的发展，首先从制度上进行构建来反向推动养老照护服务的发展，相比之前由民政部主推长护险，由人力资源和社会保障局统筹工作将会面临更小的挑战和难度。

2. 试点先行，分步稳健实施

早在 2013 年，上海市就开展了高龄老人医疗护理计划，而这项计划成为上海长期护理保险制度的基础和前身。2015 年 12 月，上海市开启长护险制度研究；2016 年，上海成为全国长护险制度试点城市之一，印发《上海市长期护理保险试点办法》及相关文件；2017 年 1 月 1 日，正式在徐汇区、普陀区、金山区三区展开试点；2018 年 1 月，全市推行长期护理保险试点。上海市按照试点先行、分步实施的策略稳扎稳打推进长护险试点工作，并且在过程中逐步建立起完备的政策体系。从基础的需求评估到照护实施，从服务标准到资金管理，再到其他相关政策的衔接和契合都体现了其实施过程中的阶段性和稳定性。

3. 严格规范，加强执法力度

《长期护理保险服务项目清单和相关服务标准、规范（试行）》对涉及的两大类 42 项服务内容都做出了详细的规定。护理频次、护理工时、每项服务的操作和流程、对各类人员（养老护理员、执业护士、职业护师、职业专科护士）的资质要求等都体现出长护险实施中的严格性和规范性。

为规范需求评估、服务实施、资金结算等行为，《上海市长期护理保险试点办法》特别规定由民政局和卫计委（现卫健委）负责行业监管、财政局负责基金监管、医疗保险监督检查所负责行政执法工作，特别是执法工作的开展为长护险照护服务的实施提供了有法可依、违法必究的法律保障和行政监管。

4. 政策衔接，各项协同推进

目前，长护险只针对 60 周岁及以上参加职工医保和居民医保的人员，为保障长护险试点未覆盖困难人群的权益和未涵盖服务项目的兜底，《关于进一步调整本市养老服务补贴政策的通知》特别规定，根据统一评估标准为困难群体提供不同限额的补助，确保了困难对象原有待遇不降低。同时，《上海市长期护理保险试点办法实施细则（试行）》将已参加高龄老人医疗护理计划试点的人员直接纳入长护险范围之内，以确保这部分群体在评估有效期内享受应有待遇。

二　存在问题

截至 2020 年年底，上海市长期护理保险共服务失能老人 55.58 万人，极大地提高了上海市老年人的晚年生活质量和幸福感，但在调研中，我们也发现了一些问题，主要有如下几点。

（一）受益人群面还较窄

目前，长护险的覆盖人群是 60 周岁及以上、参加职工医保和居民医保、评估等级达到二至六级的群体。对于其他低龄困难群体、患有精神类或残疾类疾病的人群，他们的失能问题该怎么照护，他们的照护经费来源又该如何保障，还没有相应的政策措施。虽然其他困难群体也有相应的配套政策和补贴制度，却没有纳入护理保险的范畴。当前的长护险只是根据年龄和身体健康状况来划分，没有将精神疾病、经济状况等指标纳入其中。尤其是没有将尚未缴纳居民医保的农民纳入长护险的覆盖人群，使他们无法享受经济社会发展的成果。

（二）现有服务项目与需求不匹配

一是在现行 42 项清单中，生活护理使用频率占 80%，医疗护理仅 20%。医疗护理类最受欢迎的项目是导尿、压疮、测血糖、肌肉注射、皮下注射、人工取便术、失禁护理。家属急需却没有列入的项目包括洗衣、做饭、保洁、洗澡等。

二是评估等级在二至三级老人的刚需服务是助洁和助医，但是长护险服务指定的 42 项服务内容中没有这两项。

三是评估等级为六级的老人大多卧床，刚需的服务是身体护理、排泄护理和床上擦浴，长护险每天一次、每次一小时的服务不能满足老人的全部需求。

（三）长护险信息系统设计和过程监管存在问题

一是各环节时间计量单位不统一，换算复杂，造成人工浪费。在目前的长护险信息系统中，每次服务是按每项服务需要的分钟记录；服务计划是按"周"为单位；月度报表各个项目服务又是按次数和小时来定，而系统无法自动进行各时间单位的换算，造成人工耗时长。

二是服务对象转介程序烦琐和服务人员更换造成的问题。在目前的长护险信息系统中，老人转入、转出功能尚不能在各个服务机构中自行完成，必须先申报到区民政局，由民政专人负责，后台完成转出及转入工作，时间长、管理成本高。同时，同一场所同月度服务人员更换存在问题。因为目前的系统默认自然月同一资质只能录入一位服务人员，造成了服务机构被迫通过"ID 套用"来实现这样的更换，而有时候这样的服务人员更换伴随着服务结算价格不同，月服务总结算价有可能偏离实际情况。

三是服务确认存在问题。护理人员每次服务完毕，必须有一份该老人的服务记录（一页 A4 纸），并要求护理人员和老人或家属签字。服务确认表共含 48 项内容，全挤在一张 A4 纸页面上，字体特别小，难以辨认和书写，造成老人"厌烦"，既浪费了沟通成本，又增加了纸张的使用和存档（每位老人的服务记录需要保管 2 年）要求。

（四）筹资渠道单一

长期护理保险被称为"第六保险"，重要特性是社会普适性，强调社会互助共济。目前，上海长期护理保险的资金来自医保统筹基金，暂不实行个人缴费，虽然目前医保可能有很大结余，但是随着老龄化程度的加深，将来享受护理服务的老人会越来越多，在不增加筹资负担的前提下，单从医保统筹基金划转，不采用多种筹资渠道，必然会面临资金压力大的问题。

三 对策建议

（一）扩大覆盖面

目前，长期护理保险制度仅保障参加上海市职工基本医疗保险和参加上海市城乡居民基本医疗保险的 60 周岁及以上的人员，且经老年照护统一需求评估，失能程度达到评估等级二级至六级。农民没有被纳入保障范围，保障范围较窄，农村医疗照护资源相对匮乏，大部分农村地区失能农民照护工作尚未开展。随着农村空心化日趋严重，留守老人遭遇越来越多困难，因而当前扩大试点面临的一项主要任务是要扩大覆盖面，让更多人从制度中受益。长期护理保险在未来制度建构上应该是全覆盖，只要有需求，任何人都能有机会、有渠道享受这一政策红利。特别是要将农村居民纳入长期护理保险保障范围，这关系到"十四五"期间进一步统筹城乡发展、乡村振兴，让农村居民分享改革开放经济发展的成果。我们在调研中发现，由于制度覆盖不到位、照护服务不可及等因素影响，农村居民对长期护理保险的需求更为迫切，农村家庭"一人失能、全家受累"的现象更加突出，不仅家庭经济收入受到影响，更因为缺乏专业的照料服务而导致失能失智状态加重，甚至导致失能人员早亡。

（二）进一步完善长护险服务项目

一是适当调整服务项目内容。要将最受老年人欢迎和老年人最急需的服务项目调整、补充进去。

二是完善长护险支付标准和范围。长护险的待遇享受层级间适当拉开差距，最好有比较明显的体征，尤其是失能等级五级和六级的待遇要明确拉开。

三是鉴于人财物力的限制，要更加突出向长期重度失能人员倾斜。明确长期照护服务的长期特性，即失能失智后需要多于 6 个月以上的照护；明确长期照护针对对象等级的严重性，即重度失能人员。

（三）持续改善优化长护险信息系统

一是增加信息系统投入。通过加大投入，增加长护险系统的带宽和计算能力；对养老机构进行内部的技术性操作统一培训，并加以指导。

二是优化系统服务，加强信息的共享。一方面，增加老人统一照护需求等级评估的结论报告，建议系统中可阅读的等级评定告知书增加一个"打印"功能，便于档案的完整管理；另一方面，信息系统自动生成每个老人应有的服务项目，可打印出更大的字体让老人确认。此外，还要统一服务时间计量单位或增设后台自动换算功能，减轻服务机构和人员不必要的付出。

（四）建立多元筹资机制

上海的老龄化程度持续加深，从长远来看，受人口老龄化、疾病谱变化、新医疗技术应用等因素影响，长期护理保险筹资仅仅依赖医保基金缺乏可持续性和稳定性。建议在不增加企业和个人负担的基础上，通过调整基本医疗保险统筹基金和个人账户结构，建立个人、单位、政府三方共担的筹资机制。比如可秉持权利义务对等原则，实行个人账户划转费率与失能风险挂钩，即个人缴费分年龄段按比例筹资，体现权责对等；单位缴费由基本医疗保险统筹基金按比例划拨，体现社会共济；财政对退休人员缴费进行补助，既体现政府责任，又合理控制财政压力。再比如可探索城乡居民"家庭账户"模式，用家庭成员集合的资金来关爱关心家庭失能老人，以"自家年轻人的缴费，保障自家老年人的身体"，探索长期护理保险的家庭互济、家庭联保模式，将中国传统的敬老爱老文化与现代保险保障制度有机地结合起来。除此之外，可在整合碎片化涉老资金方面广泛"开源"，例如民政部门的高龄津贴和福彩公益金，残联部门的残疾人护理补贴等，扩充护理保险筹资来源渠道。

特别重要的是，要充分发挥商业养老保险在养老保障体系中的作用。通过政府的政策和少量资金的撬动，发挥商业保险的专业优势，进一步激发商业保险机构参与长期护理保险发展的热情和工作力度。建议将商业长期护理保险纳入税优健康险范围，出台老年人意外伤害保险配套税收优惠政策，以政策红利激发市场潜力。同时，建议政府对长期护理保险社商合作的绩效评价、考核激励、风险防范机制等做出规范，以提高经办管理服务能力和效率；健全经办规程和服务标准，优化服务流程，加强对委托经办机构的协议管理和监督检查；明确社商合作经办服务费的提取标准。

（濮桂萍）

第七章　上海市老年认知障碍照护发展现状、存在问题与对策建议

一　发展现状

（一）构建了老年认知障碍照护制度保障体系

2019 年上海市政府出台了《上海市深化养老服务实施方案（2019—2022 年）》，明确提出，"加强老年认知障碍照护服务，在本市老年照护统一需求评估体系框架中，探索形成老年认知障碍评估标准，建立基本情况数据库。构建分层分类的老年认知障碍干预和照护体系，研究制定相应的照护设施建设、服务规范、人员培训等系列标准，培育各类从事老年认知障碍照护工作的专业组织和护理员队伍。"

2019 年，上海市对老年照护统一需求评估标准进行修订完善，将认知障碍指标纳入评估标准中。

2019 年 4 月，上海发布了《关于在养老服务中加强老年认知障碍照护服务工作的通知》，公布了认知症照护服务的五项主要任务，分别为：（1）加强老年认知障碍照护服务设施建设（到 2022 年全市认知障碍照护床位达到 8000 张）；（2）开展老年认知障碍友好社区建设试点（发挥家庭在认知障碍照护中的基础性作用，推动建立社区认知障碍家庭互助组织，建立"社区老年认知障碍支持中心"）；（3）培育专业服务组织，探索建立认知障碍照护行业督导机构；（4）研发培训教材和课程，培养专业护理员队伍，建立由社区工作者、社会工作者等组成的志愿者队伍，充

实认知障碍照护服务力量；（5）编制认知障碍知识宣传手册和预防手册，开展经常性社区宣传活动和主题活动，加强社会普及宣传。在全社会开展认知障碍知识普及宣传，提升公众认知。此外，该通知还指出，要对认知障碍友好社区建设试点给予资金支持，鼓励各区、各试点街镇采取相关扶持措施。动员社会资源，设立和壮大"关爱认知症"专项基金，用于认知障碍照护服务的专业组织培育、人才培养、项目开展等。引导社会资本开办认知障碍照护服务专业机构，并充分对接医疗服务资源，形成照护服务与医疗资源协作协同的长效机制。

2021年10月，上海市养老服务行业协会正式发布《上海市认知症防治照护支持手册》，以服务认知症长者需求为主旨，在认知症电子地图的信息基础上整合了三级医院记忆门诊、精神专科医院、社区卫生服务中心、养老机构、日间照料机构、长者照护中心、护理院等9大类服务资源，汇集各类服务机构的简介、地址、照护特色等实用信息，用来帮助认知障碍、记忆丧失或痴呆症的个人和家庭快速便捷地了解医疗救治、营养康复、生活照护以及社会援助等讯息。该手册能最大限度地为认知症患者及其家庭寻找相关资源提供索引，帮助他们解决各类实际照护问题。与此同时，还发布了《上海市认知症照护优秀案例汇编》，为认知障碍照护服务实践提供参考。

（二）在全国率先开展了老年认知障碍照护专区及照护床位建设

2018年，上海市民政局发布了全国首个《认知症照护床位设置工作方案（试行）》，在全国率先建设认知障碍照护专区和照护床位，提供针对认知症老人的日常生活照护、生活自理能力训练、精神支持、社会交往等专业性、全方位服务，并将老年认知障碍照护床位建设列入每年的市政府实事项目予以推进。明确提出：（1）由市级福利彩票公益金（以下简称"市级福彩金"）给予每个认知症照护单元一次性开办补贴10万元，用于照护单元内的设施设备采购、更换和维护；（2）在既有养老服务机构内设置的认知症照护床位，由市级福彩金按每张床位1万元的标准给予补贴，各区政府按照不低于1∶1的比例配补。新建养老服务机构中设置认知症照护床位的，可享受新增养老床位的一次性建设补贴（即市级建设财力补助或市级福彩金补贴）或认知症照护床位的一次性床位补贴；
（3）由各区政府给予认知症照护床位运营补贴，自正式执业之日起补贴
三年，按照每张床位第一年5000元、第二年3000元、第三年2000元的
标准进行扶持；（4）对养老服务机构招用在认知症照护单元专门从事认
知症照护服务的护理员，按考核合格人数乘以本市上年度最低工资50%
的标准给予养老服务机构奖补。

上海市民政局同步发布了《认知症照护床位设置指南》，提出了认知
症照护床位在养老服务机构内相对独立，采取"小单元"模式，明确每
个照护单元的空间布局、面积标准、床位数量等，并提出注重照护床位的
私密性，营造温馨的居家氛围等，为照护专区和床位建设提供了工作指
导。同时，制定了《认知障碍照护床位入住测评表说明（试行版）》，作
为入住认知症照护床位的测评标准，培训专业测评人员对入住老人开展评
估，更加精准地满足认知障碍老年人的入住需求，提高照护床位使用
效率。

截至2021年10月，全市已建成7000多张认知障碍照护床位。

（三）在全国率先开展了老年认知障碍友好社区建设试点

2019年，上海市出台了《上海市老年认知障碍友好社区建设试点
方案》，在全国率先开展老年认知障碍友好社区建设试点，目前这一
工作正在持续进行中。试点以社区为重心，着眼于广普及、早发现、
早干预，加强预防和非药物干预；注重发挥社区各类养老服务设施的
载体作用和认知障碍照护领域社会组织的专业优势，通过专业方法对
认知障碍老年人提供照护服务，对其家庭提供支持；广泛动员居村委
会、驻区单位等社会力量，营造友好的社区环境。具体有如下几点
做法。

一是加强宣传引导。各试点街镇通过知识讲座等多种形式，开展
老年认知障碍的知识普及，消除老年人及其家庭的病耻感、恐惧感和
无助感，让有认知障碍早期症状的老年人走出家门，寻求社区专业
干预。

二是开展风险测评。参考现行的各类筛查量表，结合民政侧重前

端早发现的需求，开发风险测评 App，对社区老年人开展风险测评。2019 年 9 月至 2020 年 8 月，首批试点街镇克服疫情的影响，完成了近 6 万名老年人的风险测评。有的街镇测评面覆盖了街镇 80% 以上的老年人，为掌握认知障碍老年人基础数据、测算风险比例提供了参考依据。

三加强干预和照护。试点街镇与专业组织合作，依托长者照护之家、老年人日间照护机构等社区养老服务设施，开展认知症托养服务、专业照护和康复训练。目前，上海出现了一批以认知障碍社区照护为特色的专业日间照护服务机构，受到社会各界的肯定和老年人及其家属的欢迎。

四是强化家庭支持。通过家属沙龙、家属俱乐部等形式，为认知障碍老年人的家属提供专业照料培训、心理慰藉和资源链接，提升家庭照护能力。

五是建立全方位网络。试点街镇全部建立了社区老年认知障碍支持中心，这些中心有的是依托社区综合为老服务中心设置，有的是单独设置，作为试点系列探索的重要载体，发挥平台作用，整合社区资源，构建社区老年认知障碍友好支持网络，形成社区长效支持机制。

根据统计，2019 年 9 月以来，上海先后启动三批老年认知障碍友好社区建设试点，121 个试点街镇与专业机构合作，在社区内广泛开展老年认知障碍的宣传教育、风险测评、早期干预、家庭支持、资源链接和平台建设，建立老年认知障碍在社区的专业照护服务体系。

（四）探索形成了很多可复制、可推广的经验做法

1. 长宁区：标准引领、多元参与，实现老年认知障碍友好社区全域覆盖

一是通过政策引导，助推认知障碍友好社区落地生根。2018 年以来，长宁区以开展第二批全国居家和社区养老服务改革试点为契机，在江苏路、华阳路、虹桥、新华路、北新泾 5 个街道率先开展老年认知障碍友好社区试点工作，出台《长宁区认知症友好型社区建设行动计划》和《关于进一步推进长宁区老年认知障碍友好社区建设工作的通知》等配套政

策。2018 年以来，市、区两级福利彩票金对"老年认知障碍友好社区建设试点"的项目经费给予保障，累计投入资金 550 万元，为长宁打造全市首个老年认知障碍友好城区厚植了优势。

二是通过专业评估，摸清认知障碍友好社区服务底数。邀请上海市精神卫生中心专家为长宁区五个试点街道制定了三个不同环节的筛查测试，包括第一阶段用于家庭自查的 AD8 量表和改进而成的脑健康自评问卷，第二环节使用的蒙特利尔认知评估量表，即"MoCA 量表"，以及经 MoCA 测评为高风险对象后的第三环节，即全科医生和专科医生的分步诊断，由此才能确定患者究竟属于哪一种认知障碍。2018 年以来，长宁区选取了 5 个试点街道约 3 万名老人进行了三种不同方式的认知症筛查摸底，建立认知障碍健康大数据，得出 7.2% 的发病率，为建立服务体系提供支撑。

三是通过阵地建设，完善认知障碍友好社区支持功能。为了更好地体现友好社区建设对家庭的支持功能，各试点街道依托社区综合为老服务中心等载体打造"记忆苑""记忆家"等社区认知症家庭支持中心，引进尽美、颐家、新途等认知症照护领域的专业社会组织，以认知障碍为主题开展筛查、咨询、活动体验、社区干预等服务，为认知障碍老年人及其家庭提供服务和支持。同时，根据老人身体状况和实际需求，提供相应的照护建议、专业服务的转介对接，有效整合长护险、认知障碍照护机构、适老化改造、康复辅具社区租赁、养老顾问等政策资源的联动。试点以来，长宁区对建档的 431 户认知症家庭开展了 1000 余次个案服务，开展各类科普宣传活动 101 次，发展 574 名认知障碍志愿者，覆盖范围达 1.15 万人次。

四是通过制标贯标，提升认知障碍友好社区建设效能。为了找准友好社区建设的"参照系"，2019 年 9 月 21 日，长宁区在全市首发《长宁区老年认知障碍友好社区建设标准》；2020 年 6 月，长宁区在全国率先出台《长宁区社区和居家认知障碍照护规范》，填补该领域标准空白，对社区和居家认知障碍照护贡献长宁"标准"。同时，结合友好社区全域覆盖，长宁区还发布《长宁区老年认知障碍友好社区建设实践指南》，将试点成效提炼总结，细化友好社区建设主要内容、建设工具和服务案例，梳理了各街镇友好社区建设的资源链接，为各街镇开展友好社区建设提供工作指引。

五是通过多元参与，激发认知障碍友好社区内生动力。为进一步巩固友好社区建设全域覆盖成果，推动全市首个老年认知障碍友好城区行动，2020 年 6 月，长宁区成立了老年认知障碍友好城区建设工作组，搭建跨界合作交流的平台，健全老年认知障碍友好支持网络。为了扩大社会参与面，形成社区长效支持机制，各试点街道还广泛宣传动员，引导区域内志愿者、各类企事业单位参与，建立一批"认知症好朋友""友好大使"等关爱队伍。2021 年，长宁区还将发布老年认知障碍友好城区行动计划，落实成立首个老年认知障碍专项基金、制定友好城区标准等"九项任务"，以福彩金投入撬动社会资本进入老年认知障碍照护领域，持续营造共同关爱认知障碍群体的友好化氛围。

2. 闵行区：分层式打造专业认知障碍照护体系

闵行区立足百姓实际需求，围绕机构、社区、居家不同照护分工，分层式打造专业认知障碍照护体系，使每一个照护需求环节都能得到有效服务供给，让认知障碍老年人都能享受专业服务。

一是在机构层面成立专业照护机构，实施全功能服务。闵行区北桥老年福利院作为全市首家认知障碍专业照护机构于 2019 年 6 月开业，共设 7 个认知障碍照护单元、92 张标准化认知障碍照护床位。该院建立认知障碍家庭援助中心和培训中心，配置有认知训练区、认知康复区、认知刺激区、咖啡吧、家庭互动区、影音室、康复室、小型书吧、疗愈花园等功能用房，基础设施配备完善，营造自由、放松的认知障碍友好环境，受到了社会的广泛关注和好评。开业仅半年即进入满员运行状态，预约登记的有数十人。2020 年 1 月 13 日，上海市政府新闻办在该院召开了 20 余家市级主流媒体参加的新闻发布会，聚焦实事项目、百姓感受，接受媒体记者采访。2019 年，闵行区政府印发《闵行区全面深化养老服务高质量发展实施方案（2019—2022 年）》，提出政府投资新建的养老机构，认知障碍照护床位不少于床位数的 20%；到 2022 年，实现充分供给，标准化认知障碍照护床位不少于 1000 张。目前，全区已有

10 家存量养老机构通过功能性改造,增加认知障碍照护专区 34 个,建成标准化认知障碍床位 557 张。

二是在社区层面推进友好社区建设,实现全流程服务。闵行区按照项目化推进方式,开展认知障碍友好社区建设试点,健全老年认知障碍友好支持网络,补齐养老服务中认知障碍照护能力不足的"短板"。新虹街道、江川路街道、莘庄镇于 2019 年下半年被列入上海市第一批认知障碍友好社区建设试点。目前,三个街镇已构建认知障碍"科普预防、筛查转诊、早期干预、照料支持"全流程服务模式,为全区大力推进认知障碍友好社区建设提供了试点经验。2020 年,浦江镇、浦锦街道等 6 个街镇被列入认知障碍友好社区建设区级试点,全区认知障碍友好社区建设覆盖率达 64.3%。全区建成 6 个认知障碍老年人日间照料中心,采用运动疗法、音乐疗法、怀旧疗法等早期干预课程,为认知障碍老年人及其家庭提供健康干预、认知训练和专业照护服务,并在社区卫生服务中心、二级专科医院建立分级诊疗模式,打通了社区养老和医疗服务的绿色通道。2020 年,华漕镇、古美路街道等 7 个街镇被列入市第二批认知障碍友好社区建设试点单位;2021 年,吴泾镇、马桥镇、颛桥镇、莘庄工业区 4 个街镇被列入市第三批认知障碍友好社区建设试点单位。同时,闵行区将"认知障碍老年人照护服务"纳入《闵行区社区居家养老服务规范》(DB31-12/Z003.13—2019)地方标准,明确了认知障碍老年人日间照护服务的基本要求,从设施设备、服务内容、服务要求、服务评价等方面规范认知障碍照护服务,提升认知障碍照护服务水平和综合监管能力。借助推进两项全国改革试点工作,聚焦和满足老年认知障碍照护服务的刚性需求,出台《关于加快推进闵行区老年认知障碍照护体系建设的实施意见》。

三是在居家层面提升家庭照护能力,实行全病程管理。全区结合"老吾老"家庭照护能力提升计划,为家庭照料者开展认知障碍照护培训及上门指导,提升家庭照护能力。目前,莘庄镇、新虹街道等 9 个街镇已实施的"老吾老计划",共开展认知障碍照护服务培训 2240 人次、脑健康教育 2.7 万人,对 9000 名社区老年人开展了专业筛查,为精准化服务提供依据。健康养护及心理疏导培训 420 人次、入户指导 5600 人次,为

3794 位失智失能老年人家庭照护提供支持性服务。同时，培育发展上海尽美长者服务中心、上海福寿康为老服务中心、上海希言为老服务中心等专业服务机构，为认知障碍家庭提供专业支持与服务，并建立认知障碍居家专业服务队伍，加大对全区养老机构护理员、居家养老护理员老年认知障碍照护专业培训，提高专业照护能级。在此基础上，闵行区积极推进"社区宣传—健康筛查—个案建档—持续跟踪"的认知障碍全病程管理模式。在新虹街道、江川街道、莘庄镇等试点街镇，通过专业第三方组织，下沉到社区，开展认知障碍的科普讲座及社区宣传活动，认知障碍健康教育覆盖 2.7 万人。此外，培育以社工师为主体的养老服务人员担任"个案管理师"，建立由社区工作者、社会工作者等组成的志愿者队伍，为每个干预对象老人建立一人一档的记忆档案，通过数据记录、评估和跟踪，为老人设计因人而异的干预内容，实施全病程管理，以期达到最佳的干预效果。

（五）上海市精神卫生中心、华东医院等医疗机构的"记忆门诊"

上海还形成了一系列认知障碍社区支持的品牌服务项目。上海市精神卫生中心、华东医院等医疗机构开设了"记忆门诊"，对认知症的精神行为进行医学诊断和药物治疗。

1. 浦东新区精神卫生中心以中西医结合防治体系为特色的"轻度认知障碍 MCI 中医预防保健"项目

该项目服务对象为辖区常住的年龄在 55~85 周岁经评估符合轻度认知障碍的老年人群。防治体系主要包括未病先防（一级预防），即通过提高社区居民疾病常识知晓度、提高中医健康素养及中医保健技能水平，让居民将体质辨识、饮食调养、导引运动、穴位按摩融于日常生活，积极主动预防；以及既病防变（二级、三级预防），即通过积极筛查，早发现、早诊断、早治疗，积极对症治疗。目前已开发出具有一定疗效的 MCI 中医干预技术，包括益智操、益智茶等，可操作性强，已纳入符合 MCI 管理标准的档案共计 1700 余份。据该项目随访数据统计分析发现，中医干预老人痴呆转化率显著低于未干预老人，其认知功能衰退速度减缓；老人抑郁情绪明显缓解，老年人的主观社会支持程度感受明显提升。

2. 塘桥街道的"记忆角"

塘桥街道在塘桥养护院内开辟了"记忆角",老年居民到了"记忆角",工作人员会先做 AD 量表,看是否存在认知方面的风险,如风险较高,会建议老人至医院记忆障碍门诊就诊,确诊后可至"记忆角"做非药物干预。如果老人仅仅是记忆下降,并无认知障碍确诊,也可参加这里的活动,做到早预防、早干预。塘桥街道还利用辖区内医疗资源优势,与仁济医院合作建立"仁济塘桥认知症关爱共建联盟绿色通道转介就诊模式",在社区基础筛查后,即可通过该模式及时获得专业医疗力量的介入。街道在科普预防、分级诊疗、早期干预、家庭支持、专业照护、友好化环境营造 6 大方面全面开展了建设支持,不断创新服务模式。目前已经完成早期干预个案建档 104 户,干预治疗1500 余次。

3. 九亭镇的"记忆小屋"

九亭镇在花园综合为老服务中心建成了一所"记忆小屋",通过各种生动形象的老物件、老场景,帮助认知障碍长者唤醒过往珍贵记忆,让长者在活动的过程中享受参与的乐趣与成就感,锻炼老人的协调能力、联想能力,为失智老人提供个性化、有尊严的贴心照护,从而预防认知症并延缓相关症状的进一步发展,为每一位认知症患者更加幸福地生活创造新的可能性。

4. 洋泾街道的"记忆咖啡馆"

洋泾街道作为上海第一批老年认知障碍友好社区建设试点街道之一,通过"记忆咖啡馆"打造各种"小辰光"的记忆场景、开展各类认知训练等,让老人们找回"旧时光"。"记忆咖啡馆"开展了咨询评估、音乐沙发、欢乐律动、创意巧手(记忆厨房)、活力派对、精神运动等一系列活动。在"记忆咖啡馆"里,志愿者还可以为社区老年人做认知障碍测试,通过专业的摩卡量表初步筛查老年人是否患有认知障碍。通过早预防、早筛查、早干预,减少认知障碍患者。目前,洋泾街道正在积极打造洋泾"记忆咖啡"知识产权(IP),持续招募"金牌宝贝",为认知障碍老人提供开放性干预空间;同时,引入有爱心的社区企业参与，提高员工对认知症的认识，不断扩大影响力，打造洋泾独有的"集成式创新，沉浸式体验"的"记忆咖啡"IP，助推认知服务不断精准化、多元化、双向化。

5. 新江湾城街道首创了阿尔茨海默病数字化早筛技术

2021年11月，新江湾城街道首创了该技术，为辖区老人提供数字化阿尔茨海默病筛查，并把筛查时长从120分钟缩短到了10分钟，减少了50%的人力成本。新江湾城街道辖区内20个居委、2个社区体验中心都铺设了筛查点，目前已经筛查干预近4000名老人。为此，新江湾城街道办事处也获得了IDC中国数字化转型大奖"未来智能领军者"的年度奖项。

剪爱公益在普陀、宝山、徐汇等区的部分街道开设"记忆学堂"，开展认知症社区宣教、早期筛查干预和个案服务。

二 存在问题

第一，目前上海市尚无科学、统一的老年认知障碍筛查评估工具和标准，也无规范、统一的照护标准，虽然长宁区在全国首发了《长宁区社区和居家认知障碍照护规范》，但至今未能在全市普及；一些省市也制定了本省的地方标准如广西壮族自治区的《养老机构认知障碍症老人照护服务规范》（DB45/T 2377-2021）、陕西省的《养老护理服务规范认知障碍老人照护》（DB61/T 1244-2019）等，但也没有得到普遍认可。缺乏科学、可操作的工具和标准，客观上影响了我市老年认知障碍全面普查与健康干预。

第二，上海市老年认知障碍筛查评估主要力量是社区卫生服务中心的医护人员和志愿者，照护人员主要是养老机构认知症照护专区的养老护理员和专业认知症照护机构的养老护理员，专业评估和照护人才队伍严重不足，这也是迄今为止上海市一直无法弄清楚全市究竟有多少认知障碍老人的原因之一。

第三，认知障碍症患者家庭成员缺乏认知障碍知识和照护技能。

三　对策建议

第一，组织上海市精神卫生中心、华东医院、复旦大学医学院、上海中医药大学、上海健康医学院及相关社区卫生服务的专家、学者共同研究制定适合上海市情的老年认知障碍筛查评估工具和标准，帮助长宁区修改、优化、完善《长宁区社区和居家认知障碍照护规范》，为我市老年认知障碍的科学评估提供科学统一的工具和标准。

第二，加快专业评估和照护人才队伍的建设和发展。在走访调研中我们发现，无论是护士还是护理员，接受认知障碍评估和照护专业培训的比例非常低。因此，加快专业评估和照护人才队伍的建设和发展迫在眉睫。首先应当在大中专院校加强老年医学和老年照护服务类专业的建设，尽快建立起一支专业水平高的照护队伍，使我市认知障碍老人的长期照护拥有充分的人力资源保障。目前上海的医学院校培养的护理人才总体生源太少，且多数是为了满足医疗卫生机构临床护理服务需求，选择养老机构就业的较少，因此要鼓励上海的其他大中专院校也要加强老年服务类专业的设置与发展。应当在更多的高等院校（尤其是应用型高校和高职高专院校）增加老年服务类专业的开设，包括老年服务与管理、健康管理、护理学等相关专业，或者鼓励高等院校开设老年社会工作、老年保健与营养、老年医学、老年护理、老年心理学、社区老年护理等课程，以推动建设多层次整合、结构框架合理的养老服务业高层次人才队伍。另外，要动员更多的志愿者、社会工作者、专业机构加入老年认知障碍筛查、干预队伍。

第三，进一步加大对认知障碍症患者家庭的支持力度。由于为认知障碍老人提供专业化服务的养老机构严重不足，而一般的养老照护机构常常拒收有认知障碍的老人，这些老人最终还是要依靠家庭提供相应的照顾和支持。同时，家庭也是发现老年认知障碍、延缓老人认知障碍快速恶化的第一地点，良好的家庭环境是老年人保持身体健康和精神愉悦的最有利的场所。因此，有效提升认知障碍症患者家庭照护能力势在必行。一方面，结合"老吾老计划"，为家庭照料者开展认知障碍照护培训及上门指导。

另一方面，引导、鼓励认知障碍患者家庭善用现代智能技术，维持和提高家庭照护能力。以物联网和人工智能为代表的新一轮科技革命正在影响新时代的家庭模式和家庭代际关系，为家庭照护功能的减弱提供了替代和补救的方法和工具。一些能够促进老年人交流和参与的创新性健康辅助技术，如视频通话、远程监测和人工智能机器人等，能够保证老年人在家中的生活安全，帮助老年人进行认知障碍预防的学习和锻炼，增加老年人社会参与和人际交流的机会，减少家庭的经济支出，提高认知障碍老年人及其家庭照护者的生活质量，使老年人能够更好地在自己熟悉、感觉安全、依然能够维持原有联系的家庭环境中生活。

（吴 韬）

第八章　上海市智慧养老发展现状、
存在问题与对策建议

一　发展现状

早在 2010 年，上海就富有远见地提出了发展"智慧城市"的宏伟战略，从政务、经济、民生、城建等方面给出了具体的指导意见和实施细则。经过 10 多年的发展，上海市智慧城市建设已经取得丰硕成果，主要包括四大体系：便民惠民的智慧生活服务体系、纵深立体的城市管理信息化体系、与经济转型升级相匹配的智慧经济体系、透明高效的智慧政务服务体系。其中，在智慧生活服务体系中，上海明确了重点发展智慧养老服务的战略定位，大力发展智慧养老产业及其配套设施，提高本市养老服务整体智慧化水平，培育扶持养老高科技企业，助力人工智能、机器人、大数据、云计算等前沿科技在养老服务领域的落地。

（一）构建了智慧养老政策制度和标准体系

为了促进智慧养老的快速发展，上海市出台了一系列政策、制度，不断强化智慧养老建设。

2011 年，上海市民政局在 2011 年工作要点中明确提出积极利用科技手段推动老龄科研和老龄产业发展。

2012 年，上海市人民政府印发了《国民经济和社会信息化"十二五"规划》，要求积极探索建设公共信息服务平台和养老数据库，运用信息技术提升为老服务能力。

2014 年，上海市经信委发布了《上海市健康物联网推进工作方案》，强调加速推进物联网在智慧健康、智能养老方面的应用，重点聚焦民生领域，积极培育以物联网为基础的智慧健康产业链，创新服务模式、商业模式，有效契合广大人民群众的民生需求。

2017 年，上海市民政局、上海市经信委印发了《上海市"一键通"为老服务项目指南》，把智慧养老作为促进养老服务业升级的战略举措，作为为老年人提供优质养老服务的重要手段。

2019 年，上海市民政局出台了《上海市社区嵌入式养老服务工作指引》，明确要求依托智慧养老平台及呼叫中心、终端设备，为居家老年人提供 24 小时紧急呼叫救援服务；依托智慧养老平台及物联网等技术设备，为养老服务机构和居家老年人提供电子围栏、烟雾报警、跌倒报警等安全技防服务；依托智慧养老平台和相关智能设备，为居家照护、医疗诊断、健康管理等提供远距离看护及技术辅助服务。

2020 年 6 月，鉴于各行政区开展的老年人应急呼叫项目（"一键通"）在覆盖对象、服务内容、服务模式等方面还存在着不平衡、不充分等问题，上海市民政局专门发布了《关于在本市实施经济困难的高龄独居老年人应急呼叫项目全覆盖的通知》（沪民养老发〔2020〕13 号），要求应急呼叫项目应覆盖本市户籍的高龄（80 周岁及以上）独居老年人，同时应覆盖低保、低收入家庭及本人月收入低于上年度城镇企业月平均养老金的老年人；鼓励各区将服务对象范围扩大到所有高龄独居老年人和其他有需要的老年人；应急呼叫项目应为本市高龄独居等老年人提供紧急呼叫服务、信息查询服务、养老顾问服务、生活便民服务等综合性为老服务；各区应搭建统一的服务平台，依托第三方运营组织提供专业服务；应针对不同需求的老年人，提供不同类型的服务组合套餐；纳入此次全覆盖范围的高龄独居困难老人，由政府购买服务予以提供，服务内容应包括紧急呼叫、主动关爱；鼓励各区应用《智慧健康养老居家安全监测规范——报警服务要求》、《智慧健康养老居家安全监测规范——智能硬件基本要求》和《智慧健康养老居家安全监测规范——数据采集与处理》等团体标准，该通知还附了服务套餐示例。

2020 年 12 月，上海市人大审议通过了《上海市养老服务条例》，用地方立法的形式规定"本市推动人工智能、物联网、云计算、大数据等新一代信息技术在养老服务领域的应用，定期发布智慧养老服务需求应用场景，制定完善智慧养老相关产品和服务标准，重点扶持安全防护、照料护理、健康促进、情感关爱等领域的智能产品、服务及支持平台，提升老年人生活品质。"

2021年，上海市人民政府办公厅发布了《上海市老龄事业发展"十四五"规划》，提出要推广智慧养老应用，充分利用区块链、云计算、大数据、物联网等新一代信息技术提供物联化、互联化、智能化的养老服务，布设互联感知的智慧养老设施，开发与智能设备、医疗设备对接的云边协同的智联网养老系统。制定完善智慧养老相关产品和服务标准，开展多种应用场景的试点，支持发展社区居家"虚拟养老院"，培育一批智慧养老应用示范基地、示范社区和示范品牌。推进上海市银发族大数据、老年健康服务信息管理等数据平台建设。支持智能交互、智能操作、多机协作等关键技术研发，提升适老产品的智能水平。上述制度、政策、条例和规划为上海市推进智慧养老提供了依据。

不仅如此，上海市还制定了一系列规范、标准来促进智慧养老的高质量发展。上海市在全国率先制定了《养老机构设施和服务规范》《养老机构服务应用标识规范》《社区居家养老服务规范》等地方标准和规范；出台了《老年友好城市建设导则》《老年宜居社区建设细则》；研究制定了《家庭照护床位建设标准》，并适时上升为地方标准；开展了《上海市养老机构等级评定标准》以及《上海市社区养老服务机构等级评定标准（试点）》（含长者照护之家等级评定标准、社区日托所等级评定标准）团体标准项目研究；印发了《上海市长期护理保险社区居家和养老机构护理服务规程（试行）》；发布了《上海市社区嵌入式养老服务工作指引》；制定了《上海市"一键通"为老服务项目指南》。这一系列措施有效推进了上海市智慧养老服务发展的标准化、规范化进程。

（二）成立了上海市老龄科学研究中心智慧养老研究所

2014年3月19日，上海市老龄科学研究中心与海阳老年事业发展服务中心共同发起成立了上海市老龄科学研究中心智慧养老研究所，研究所专门从事智慧养老前沿研究，着重理论创新、科研成果转化及智慧养老行业标准探索，为智慧养老服务事业和产业提供政策建议和科学方案，研究制定智慧养老系统的标准和技术导则，探索应用科技智慧，提升老年人的生活品质。

（三）搭建了上海市养老服务信息化平台

2016 年 10 月 26 日，上海市综合为老服务平台（www.shweilao.cn）正式上线。综合为老服务平台上线运行后，同时承担上海的"为老信息服务统一门户网站""养老服务行业管理统一入口""为老服务资源大数据库"三项功能。依托该平台，不仅能整合和链接各类为老服务信息，方便公众浏览查询行业内容及服务信息，而且能实现各类为老服务机构和人员队伍的动态管理，加强行业服务和监管，还能够涵盖为老服务的需求、项目、队伍、设施和政策的综合数据，从而有效地服务社会公众、各类养老服务机构，以及相关政府与行业管理部门。该平台的投入运行，标志着上海智慧养老建设工作取得了重要进展，全市老年人由此将更加方便地获取养老服务资源。

为了方便市民查找合适的养老资源，2019 年 5 月，上海市民政局上线了"上海市养老服务平台"，进一步推动养老领域公共数据开放共享，从基本养老服务申请受理、过程管理，到资金结算、信息推送，更开放的数据平台在打破信息藩篱的同时，也让老人们可以像网购一样及时、便捷地享受各类养老服务。随后又推出"姊妹版"——"上海养老顾问"微信公众号，方便市民查询养老机构的收费、距离以及是否长护险定点机构等。平台还链接了上海"随申办"公共服务平台，提供为老服务项目信息、全市各社区养老顾问点及个人、机构相关办事指南。各区也上线了区级智慧养老大数据平台，除了对接市级养老服务平台外，区级平台更关注"精准服务"，比如去年疫情期间，长宁区智慧养老大数据平台上线智能化疫情排查系统，通过二维码迅速采集、掌控、追溯、统计各养老机构返院老人情况，高效地支持了长宁区养老服务机构疫情防控。

（四）开辟了"空中养老顾问"专栏节目

上海市民政局携手上海人民广播电台"直通990"节目联合打造了"空中养老顾问"专栏节目，邀请养老顾问在节目现场答疑解惑，打造"大城养老"广播版，讲好上海养老故事，让更多市民找到适合自己的个性化养老方式。节目于2018年10月13日首播，每周六下午一点到两点，在FM93.4/AM990上海人民广播电台新闻广播"直通990"节目播出，主要从上海养老设施形态类型、服务方式选择、养老政策待遇等多方面向市民介绍上海养老服务的整体情况。从2018年10月20日起，"空中养老顾问"陆续走进上海16个区，从老年人的实际需求出发，结合多年来各区在为老服务上的布局、探索和发展，为市民全方位呈现上海的养老现状，从政策咨询到产品服务为上海老人提供更符合生活需求的养老产品，通过社区"养老顾问"答疑解惑、现场问询等方式解决养老服务供需对接的"最后一公里"问题，提升养老服务精准化水平，让生活在上海的老人能"老有所养、老有所乐"，感受上海这座城市的温度。

（五）持续发布智慧养老应用场景需求，引导企业贴近研发产品

2020年4月27日，市民政局联合市经信委发布首批12个智慧养老应用场景需求，引导科技企业在研发服务和产品时贴近智慧养老需求。首期发布的12个场景，既有安全防护类，包括老年人防跌倒场景、老年人紧急救援场景、认知障碍老人防走失场景、机构出入管控场景、机构智能查房场景、机构智能视频监控场景等；也有照护服务类，包括老年人卧床护理场景、家庭照护床位远程支持场景等；还有健康服务类，包括老年慢性病用药场景、机构无接触式智能消毒场景；以及情感关爱类，包括老年人智能语音交流互动场景、老年人智能相伴场景。希望通过需求发布，能够以场景应用为导向、以老人需求为中心，引导社会各界和企业提供新的创意、积极开发解决方案，为老年人提供实时、快捷、高效、低成本同时又具备物联化、互联化、智能化特征的养老服务。

应用场景至少符合5个基本要求：一是紧贴用户需求，着眼最直接、最现实、最迫切的需求，实现个人、家庭、社区、机构与养老资源的有效

对接和优化配置；二是形成服务闭环，按"小切口、标准化、可组合"原则，全面考虑相关的服务对象、服务流程、服务环境、服务保障等环节，提供完整的解决方案；三是强化服务配套，在提供技术与产品时，同步提供相应的服务支持，确保服务响应及时、服务资源可及、服务保障可持续；四是力求价廉物美，提供成本可控、质量可靠、持续有效、高性价比的产品和服务；五是注重人文关怀，产品和服务体现人性化、有温度，不宜简单替代老年人尚有的生活能力。

首批应用场景发布后受到科技企业的广泛关注，各区民政部门和街镇积极开展场景落地应用。在 2020 年由市民政局等主办的第八届中国老年福祉产品创意创新创业大赛上，涌现了智能药盒、非接触式人体行为异常检测设备、智能康复机器人等"适老"产品。上海多个社区推行智能水表、门磁系统、烟感报警、AI 外呼、红外检测等智慧养老服务和产品，安装在独居老人家中，让高科技"守护"居家养老的老人。

2021 年 6 月 29 日，上海市民政局发布第二批 8 个智慧养老应用场景，分别是智慧助餐场景、健康码智能核验场景、认知障碍老年人认知训练场景、行动不便老人出行"一键叫车"场景、养老机构老人常见病配药场景、居家失能老人助浴场景、老年人上下楼梯辅助场景、老年人用水用电智能监测场景。希望通过场景描述的方式，直观呈现信息技术与养老服务的融合发展，推动智慧养老产品和服务落地应用，为老年人提供实时、快捷、高效、低成本同时又具备物联化、互联化、智能化特征的养老服务。

与此同时，为了促进新一代信息技术和智能产品在养老服务领域应用，持续推动智慧养老产业发展，从 2019 年开始，上海市养老服务行业协会、上海市物联网行业协会等单位每年都在全市范围内联合组织开展"智慧养老应用场景案例征集"活动，并从中评选出智慧养老优秀案例，加以宣传、推广及给予资金支持等。2019 年共评选出"上海市智慧养老十大优秀案例"和"上海市智慧养老十大提名案例"，2020 年评选出 18 项上海市智慧养老应用场景优秀案例和 16 项上海市智慧养老应用场景入围案例。通过智慧养老应用场景案例征集，为养老服务数字化转型、智慧养老应用推广、产业发展和形成标准规范提供支持，全方位提升养老服务能级。

（六）各行政区和街镇主动探索形成了各具特色的智慧养老模式或服务项目

上海各行政区和街镇结合各自实际和特色，因地制宜开展智慧养老服务探索。在中心城区，静安、长宁、普陀、虹口等区积极发展社区大脑，为居家老人提供更加精准、实时的保障。

普陀区为社区独居老年人家庭安装"智联普陀居家安全智慧套装"，2020 年报警 2399 例，人工上门处置 553 例，处置完成率 100%。

虹口区打造智慧养老"云网端"，集成指挥调度中心、数据中心、健康云等 12 大版块，为老年人提供智能化服务，并且为辖区内的老年人安装了"一键呼叫电话机"，每台电话机都有一个红色的"一键呼救"按钮，若老人意外摔倒，可立即按下电话机或遥控器上的红色按钮，第一时间向平台求助，平台会立即联络社区干部上门查看，或呼叫 120 急救车辆，实现老人、平台、老人的紧急联系人三方联动，对老人安全进行全方位保护。

在郊区农村，针对留守老人多、地广人稀和看护力量薄弱的情况，奉贤、金山、松江、嘉定等区积极开展智慧居家养老服务项目，通过信息化手段让老年人得到全天候看护和帮助。

奉贤区推进智慧居家养老项目，借助"智能腕表"提供居家生活监测、应急救助、定位、健康管理等服务，目前已覆盖 60 周岁以上特困老人和 80 周岁以上老人 4200 人，处理电子围栏 3783 次告警，找回走失老人 2 次，成功救援脑梗复发老人 2 例。

金山区整合了现有的"福鑫宝"科技助老、养老机构床位登记轮候、居家养老智慧管理、老年照护统一需求评估等系统，建设"金山区智慧养老服务平台"及区级平台展示点，平台以金山区现有的 500 家睦邻点为依托，凭借已形成的覆盖全区村居的服务网络，通过综合为老服务中心、日托、助餐点等养老设施和平台有效对接，在信息化平台支撑下将服务延伸至老人家中，打造集宣传告知、受理办理、运营管理为一体的养老服务相关综合信息管理系统。

闵行区正在构建"智能移动养老安全网"，一是为社区高龄、独居、失能失智老人佩戴智能腕表，这一项目已在古美路街道率先启动，已为全区4600名60周岁及以上的孤寡老年人、认知障碍老年人和80周岁及以上独居困难老年人提供智能居家看护服务；二是实施"智能移动养老管家服务"，项目由GPS智能手环、客服人员、信息平台监测组成，运营方通过智能设备和信息化系统，24小时掌握居家老年人的健康、安全状况，遇有突发事件紧急报警，构筑起针对特殊困难老年群体的智能移动安全网。

各街道也各显神通，通过资源集聚和人工智能技术，形成各自富有特色的智慧养老服务模式。

宝山区高境镇启动了"1+33+X"的智慧养老行动。"1"是指高境镇智慧养老服务平台，作为数据中心和指挥中心，实现个人、家庭、社区、机构与健康养老资源的有效对接和优化配置；"33"是指33个社区的适老化改造，在扩大"银龄e生活"、"老伙伴"计划和"一线通"服务覆盖面的基础上，通过"适老房"综合改造、老旧社区多层楼道安全座椅设置、特需老人智能安防系统安装等一系列举措，优化老年人居住环境；"X"是指镇域内各为老服务中心、长照/日照中心、助餐点等各类机构的服务升级，将与市场化的专业机构一起，构建贯通机构养老、社区养老、居家养老之间的智慧养老服务体系，将老年人的"朋友圈""养老圈""生活圈"融为一体。

长宁区江苏路街道为辖区内1200余名独居老人安装智能水表，如果超过12小时用水不足0.01立方米会自动报警，居委会干部会第一时间上门探视老人。

虹口区欧阳路街道为辖区内首批试点的10位高龄独居老人的电表安装了智能断路器，芯片能自动分析老人的用电习惯，从而生成个性化的用户画像，一旦发现老人长时间无用电或者用电异于往常，系统立刻通过算法分析异常原因，并推送给提前设定的紧急联系人。同时，平台对于老人用电安全也会有告警提示。一旦发现用电量过载过荷，系统会自动断电，减少独居老人由于用电不当引发火灾等事故的发生。

长宁区仙霞新村街道成功入选全国第四批智慧健康养老示范街道（乡镇），积极打造"两平台"，提升综合为老服务科学指数，街道以打造智慧空间管理平台为延伸，以社区综合为老服务中心为街道推进智慧健康养老的枢纽，为街道老年人群体提供医疗护理、助餐康养、日间照护、长者照护、认知障碍支持等服务，同时建立了一套基于"AI+物联网+大数据分析"技术的智慧空间管理平台及老年人数据资产管理系统。这套系统依托不同的场景，通过智能硬件为终端采集相应数据，让老人在中心的行为、动作均可量化；借助基于"IOT+AI大数据"的数字化养老服务系统，形成养老数字化可量化指标，将实时动态的智慧健康养老数据融入"一网统管"和"一网通办"平台；引入社会力量集聚社区为老服务企业机构，组建"智慧健康产业与为老服务机构联合体"，打造医养护、文教娱、住食行街区式智慧健康养老生态链，形成"居家、社区、机构"相互契合的长宁街区式智慧健康养老服务模式。

浦东新区陆家嘴街道在市级"社区云"平台和区级"智治通"平台的数据底板基础上，开发了"独居老人风险分级管理平台"作为社区独居老人风险管理的应用场景，该平台立足于对独居老人身体状况、安全习惯等管理要素构建分析模型，经过行为比对后由系统算法自动对独居老人进行安全风险评估，分类为高、中、低三个风险等级后自动生成任务清单，并由系统推送给居委社工、结对"老伙伴"志愿者和居委书记，对不同等级的老人采取"一周""一月""一季度"的实地探访，根据个性化的安全问题进行知识宣传、隐患排查以及风险点整治等，形成"动态评估、及时感知、高效处置"的闭环机制，实现了对陆家嘴辖区1446名独居老人的全覆盖管理。

（七）养老服务机构和相关科技及平台企业纷纷打造或开发特色智慧养老服务项目或产品

养老服务机构根据自己的实际，纷纷打造特色智慧养老服务项目。

徐汇区第二社会福利院研发应用养老机构数字化运行服务平台，将养老机构健康照护和安全管理数字化转型、实战化应用，以智慧赋能，用科技增效，形成智慧护理、智能查房、照护监管、健康管理、智能药房、跌倒预警、防走失、紧急救援、智能相伴、无接触消毒10个养老机构服务场景，实现照护更精准、服务更精细、管理更高效，更好地满足住养老人多元化、多层次、高品质的养老服务需求。

　　徐家汇街道龙吴路养老院配置了智能化离床感应系统和智能呼叫系统，可通过手机和显示屏让护理员实时掌握老人在床和离床情况，并通过夜间离床报警功能，提醒护理员查看情况，减少老人夜间起床摔跤的风险。智能呼叫系统除基础呼叫功能外，通过数据采集和后台处理能准确呈现每名老人的需求和护理人员的工作量。

　　徐汇区第三老年福利院建设了老年照护管理信息系统，可实时反映每一名老人的照护等级、护理计划、护理开展情况，同时可实现服务实时监管，管理人员、老人和家属可以随时对院内服务进行监督与评价，实现机构管理公开化、透明化。

　　周家渡街道社区综合为老服务中心为老人打造了家门口的人工智能服务站，设置了人工智能应用场景，配备了智慧自助体检机器人、悠扶机器人（UFU）等设备，还建立了智慧养老数据中心。服务站可以实现远程医疗服务，老人可以通过在线视频坐诊的方式完成看病，最终实现不出远门，在家门口寻医问诊。

　　浦东新区陆家嘴长者综合照护家园也建设了智慧养老系统，引入了智能康复设备，如康复机器人、呼叫牌、智能床垫、响应手环等。机器人可以根据长者的不同情况制定服务计划，并实现健康数据档案自动记录备案，实现从"人工训练"到"人机训练"的康复治疗。通过呼叫牌、智能床垫、响应手环等智能管理系统，照护家园的工作人员不仅可以及时响应老人需求，降低养老服务照护风险，还可以提高照护效率。

　　宝山区高境镇长者照护之家配备了爱护健康集中养护系统、远程监护系统、全智能助行车、舒缓漂浮仓、微循环检测仪、智能巡诊体检车等10多项智慧养老设施设备。比如，智能睡眠监控仪通过睡眠腰带以5G方式传导到终端系统，能对睡眠中老人的各项生理状况进行监控，对老人身体突发状况实时报警；滞留智慧报警运用在厕所中，老人在如厕时如果发生滞留，会通过该系统连接到互联网护理站工作人员，在第一时间提供相应的服务与帮助；智能漂浮仓通过沉浸式治疗，舒缓老人的心情，漂浮仓使用的水由地下15000米深开采出来，水的密度比为1∶1.2，类似死海水，矿物质浓度高，可以使人完全漂浮起来，达到沉浸式体验，一次疗程大约在40分钟左右；老人房间装有6处微波感应系统，老人摔跤时将实时报警；为每位老人配备自己的专属智能药箱，药箱电子屏上显示着老人应该吃的药品以及下一次服药时间；为每一位入住的老人都配有专属手环，能精准掌握老人的实时动态，全方位监测老人心率、呼吸频率、上/离床时间、入睡清醒时间等，防范老人卧床期间的潜在危险，实现集成管理、实时监测、异常报警、无延时语音连线等功能。

闵行区马桥镇敬老院引入了智能配送机器人、人形服务机器人、消毒机器人、清洁机器人以及人脸识别测温门禁等科技创新产品，分担药品配送、人员出入管理、室内消毒、夜间安全巡逻等方面的工作，提高敬老院的智能化养老服务水平。

北新泾街道综合为老服务中心为入住老人配备了智能床垫，能自动检测躺在上面的老人的呼吸、血压、心率等基本生命体征，并同步传输到护士台和老人家属手机等设备，形成每日健康报告。

虹口区天宝养老院通过人脸识别、物联网等科技手段和终端产品，实现无感化的安全管控。当患有认知障碍症的老人不小心误出院时，通道和电梯口的多个摄像头会捕捉图像，和数据库信息进行比对并实时报警，让护理员、保安能够发现老人的异常行动，及时进行干预。

相关通信及科技企业和养老服务平台针对老年人的需求痛点，开发了一系列智慧养老产品。

中国电信上海公司（以下简称上海电信）积极响应，打造了一套"硬件+平台+App"的智慧养老整体解决方案。通过可视化的设备监控界面，快速、直观展示安防设备在线情况、预警数据等；同时，为用户提供监控预警，实时了解人和物的位置情况、开关门状态、烟雾与可燃气体浓度、服药情况等；将异常告警信息通过短信或语音实时推送到手机；同时支持用户与好友设备共享及告警信息分享。2021年9月24日，举办了"智伴您左右，爱在屋里厢"公益活动，"智+屋里厢"在长宁区程家桥街道和静安区江宁路街道的智慧养老示范点正式揭牌，向两个示范街道赠送了200套养老产品，包括智能烟感报警器、智能燃气报警器、守护宝（位置定位与一键告警）、智能红外传感报警器、智能门窗报警器、智能药盒，并派专业人员免费上门安装。

"申程出行"是一家网约车共享出行平台，由上海市政府主导，上汽集团打造，是汇聚了全市出租车企业运能的上海市出租车统一平台。2020年10月针对上海"银发族"的需求痛点以及使用习惯，"申程出行"平台在全国第一个创新推出了"一键叫车"功能，帮助老人跨越"数字鸿沟"。老年人打开"申程出行"App，即可选择使用"一键叫车"模式。该模式下，软件通过手机实时定位确定上车地点，无须输入目的地即可进行呼叫。这样既简化了体验，方便中老年人操作，也杜绝了驾驶员"挑单"的可能性。平台成立一年来，已汇聚5.2万名注册出租车司机，注册用户达200余万人。2021年6月，平台推出了"一键叫车"服务进社区项目，打造"一键叫车智慧屏"，帮助更多老人体验"无感叫车"的新出行模式。申程出行公司还在部分医院试点安装了"一键通"自助终端，老人去医院看病，结束后可以在医院的自助终端叫车，可以刷脸，而且车子可以直接开进医院接老人，而老人自己用移动终端呼叫的出租车只能停在医院外面，刮风下雨就很不方便。截至2021年7月，全市首批100台具备刷脸叫车功能的"一键叫车智慧屏"已投入使用，覆盖全市11个区的22个街镇及单位组织。平台和上海电信达成战略合作协议，计划从2021年10月中旬起，将号码百事通114作为助老服务热线，上海老年人打车将再增便捷通道，拨打"114"可代叫全市出租车，可以预约全市所有出租车平台的车辆，包括大众、强生、锦江、海博等，且不额外收取电调费用。老年人对申程出行平台的评价非常高，最为集中的评价是"不用打字特别方便""用法简单车子来得也快"。

上海仪电（集团）有限公司正在开发试运行一键通和家用电视一体化的呼叫系统，将一键通的移动终端和电视的遥控器合二为一，遥控器上有个滑盖，拉下来就是一键通界面，共有6大板块：助医、出行、生活、家政、社区、政策。比如说预约挂号，老人可以在线进行挂号，也可以留言挂号。它的政策板块对老人都打了标签，即将老人的所有信息都输入进去了，包括老人是不是一个人居住、多大年龄、是否属于优抚对象、是不是特殊照料人群、长期护理的等级等，目前在松江区试点。

安康通、友康科技、华懋、燕归来、天与等企业针对老年人的需求开发了一键呼叫设备"一键通"，并在已有的应急呼叫"一键通"基础上，升级拓展为"为老服务一键通"场景，提供"一键挂号、一键打车、一键救援"等操作简易、直达需求的服务模式，老人无须拨号，只要按下按钮，就可以呼救、咨询、预约挂号、叫车，"一键通"就像手机一样可移动，老人可以挂在脖子上，也可以放在口袋里，使用比较方便，目前"一键通"已经实现全市 16 个区全覆盖。

（八）强化智能技术培训指导，消除老年人的数字鸿沟

针对老年人面临数字鸿沟的问题，上海市委、市政府把"开展 100 万人次长者智能技术运用提升行动"列入了今年的政府实事项目，市委老干部局也发起开展了"乐龄 G 申城"活动，市区民政部门纷纷将"万名长者智能手机运用能力提升行动"纳入"我为群众办实事"系列活动，持续开展了针对老年人的数字化技能培训。

上海市城市数字化转型工作领导小组办公室、上海市老年教育工作小组办公室指导上海智慧城市发展研究院、上海老年大学、蓝马甲主编了《数字伙伴计划·如何使用智能手机》（1.0 版）学习手册，帮助使用智能手机有困难但想学能学的老年人跨越数字鸿沟，该学习手册已于 2021 年 7 月 23 日在上海市政府官方微信号"上海发布"上发布并提供电子版下载。

上海市民政局通过调研，梳理归纳出老年人常用的和亟须的智能手机应用的 10 个场景，包括就医、出行、亮码、扫码、聊天、缴费、购物、文娱、用机、安全，聚焦这些高频事项，持续开展了"长者数字生活'随申学'"活动，活动依托全市数千家养老服务机构、上万家公益基地，设立大量的"随申学"服务点，同时积极引导相关企事业单位、社会组织、社区工作者、社会工作者、志愿者等力量，为老年人提供智能手机学习培训和帮办服务。

2021 年 8 月 9 日，上海大数据中心针对老年用户不会用智能手机、无法展示"随申码"的问题，推出了"随申码"离线服务（"离线码"），老年人在需要核验的场所，只要出示有效期内的"离线码"，工作人员可通过"随申办"App、"随申办"微信小程序、"随申办"支付宝小程序的"扫一扫"功能识别并进行健康核验。"离线码"的推出，进一步消除了亮码的数字鸿沟。

徐汇区民政局深化推进生活数字化，全方位启动数字养老服务，开展

"万名长者智能技术运用提升行动"，组织全区养老服务场所提供智能运用培训和帮办服务，培训帮助老年人跨越"数字鸿沟"，让老年人共享社会发展成果。徐汇区共设置公益网点 188 个，纳入 779 名志愿者，已为全区老人提供 37006 人次培训和帮办。

黄浦区民政局精心组织、周密部署，指导街道在各类养老服务场所设立"随申学"项目服务点 43 个，发展"随申学"志愿者 381 名，组织开展"长者智能生活随申学"专项培训活动，手把手指导帮助老年人提高智能手机应用能力，并通过长者数字生活"随申学"工作模块对活动开展情况进行记录。截至 2021 年 7 月 12 日，全区已累计培训 7960 人次，距离 2021 年 10000 人次长者培训指标任务只差 2040 人次。通过"面对面、手把手"方式，帮助长者提高运用智能技术的能力和水平。

虹口区民政局依托"长者数字生活随身学"小程序、公众号、养老顾问、社区老年活动室、日间照料中心、市民驿站等线上线下渠道和服务设施，为社区老年人提供手机软件使用方法的培训服务，区内各个社区事务受理服务中心设立了志愿者岗位，帮助解决老年人在办理业务时遇到的各种技术困难。到目前为止，已提前完成 1 万人次的长者智能技术运用的培训、帮办工作，确保全区老年人切实提升智能水平，享受智能化技术发展带来的生活便利。

静安区民政局紧贴老年人实际生活需求，围绕老年人出行、就医、消费等使用事项开设"长者智能技术应用能力提升行动"系列培训课程，帮助老年人更好地享受数字化生活带来的便利。仅彭浦一个镇在 2021 年 4 月至 6 月的 3 个月里，共开设了 288 场智能手机培训班，辖区 36 个居民区全覆盖，每个居委会先后开设 8 场，约有 5500 人次参加。特别值得一提的是石门二路街道社区综合为老服务中心公众号还开设了"手机课堂"系列，发布了一些关于手机运用的主题教学文章，以线上"云"教学模式引导老年人提升自主学习能力，如缴纳公共事业费、分享图片视频、使用"申程出行"、新增联系人、设置闹钟等，在公众号里，图文并茂地讲解各项非常实用的手机功能操作，使老年人更清晰直观地掌握、理解，也便于老人反复学习和操作。

长宁区民政局针对老年人面临数字鸿沟的问题，建立了"5+2+X"

的工作机制，其中"X"就是指导、鼓励各个街道开展富有街道个性的特色课程。截至 2021 年 10 月上旬，长宁区有公益基地 280 个，累计志愿者数 630 人，累计服务 6.1 万多人次，已快速超额完成了今年的老年人智能手机学习培训和帮办服务。

目前，上海市已先后获批 4 个区级的智慧健康养老示范基地、25 个示范街道、8 家示范企业，6 个智慧健康的养老产品和 7 项智慧健康养老服务被列入国家示范推广目录，上海的智慧健康养老工作走在了全国最前列。如今，"积极推进养老服务数字化转型"已写入上海市"十四五"规划。未来，在政府、社会、企业等各方通力合作下，上海老年人将乘坐"智慧养老"这趟列车，享有更优质更便利的养老生活。

二　存在问题

智慧养老模式主要依托前沿科技成果，通过对个体的数据进行智能化收集、网络云数据的后台处理分析，实现服务供给的精准化和人性化。大数据、人工智能的应用与普及，虽然给传统的养老服务产业带来了巨大的机遇，但也带来了许多安全隐患，增加了智慧养老体系的风险。

（一）缺乏智慧养老标准

无论是国家层面还是上海市市级层面，目前均没有出台智慧养老的相应标准，如技术规范、风险评估、产品与系统的互联互通等，导致产品与服务的安全与质量难以保证，不同企业生产的智慧养老产品的质量和技术高低不一，兼容性差。

（二）老年人的隐私数据存在泄漏风险

由于人工智能与大数据技术的特质，需要以用户自身的个人信息为基础，使得平台商和服务供给商需要大量的用户私人信息。当前，由于缺乏规范的制度约束与系统监管，越来越多的用户群体的私人隐私数据被过度采集、滥用。同时，老年群体自身的安全意识相对较低，个人信息安全防范意识差，私人隐私数据存在泄漏的可能，这不仅侵犯了老年人的隐私权，使得老年人不断受到侵扰，也让不法分子有机可乘，谋取不当得利，加剧"骗老"行为。另外，很多养老机构安装摄像头 24 小时监控老年人，虽然是为了看护方便，但也使老人丧失了自己的私密空间。

（三）智慧养老产品质量和功能有待进一步改善

有不少老年人反映，有些智慧养老产品没有考虑老年人的生活习惯和使用能力，使用复杂，很不方便。典型的例子是可穿戴设备，一些厂家在技术上下了很大功夫，但多是站在年轻人的角度设计。比如，有主打老人摔倒报警的产品，安装了最新的安卓系统，但屏幕很小，对老年人十分不友好。再比如，几乎每个区都建设了智慧养老信息平台，但是普遍存在"重线上、轻线下，重显示终端、轻客户终端"等问题，显示终端主要用于展示，充其量只是一个呼叫平台，并不能提供老年人所需要的实实在在的养老服务。

有不少老年人反映，当前的智慧养老产品在出行、助医、购物、安全等方面做得比较好，但在健康促进，特别是老年人的精神关爱方面提供的服务不多。

还有不少老年人反映，"一键通"没有显示电量的显示灯，老年人不晓得什么时间需要充电，经常在需要时就没有电了；还有，"一键通"的音量不大，老年人多少都有点耳背，希望声音能够再大一点就好了。

（四）智慧养老服务水平有待进一步提高

智慧养老的关键不在于设备，而在于背后有没有"平台服务"。调研中有老人反映，街道和居委会给老年人发放了智能手表和手环，基本上都是只管发放、不管老人使用，一发了之，至于老年人是否会使用以及使用智能手表和手环后是否产生实际作用和效果，没有人关心，有些老年人拿到手表或手环后从未佩戴过，有些老年人戴了一段时间后也不知道有没有效果嫌烦就不戴了；还有老人反映，通过"一键通"咨询相关补贴政策和长护险评估问题，接听人员解释的吞吞吐吐、似是而非，让他们云里雾里；有老人想知道通过智能设备发出报警后，平台方能不能做到 24 小时不间断服务，如果子女不在身边（在外省市或国外），由谁立即上门查看、迅速反应，平台有没有与110、120对接跟踪，这些信息也没有人告诉他们；有老人反映，通过"一键通"咨询身体不舒服，并描述了一些症状，问可能是什么毛病、应当怎么治疗，接听人员回答不出来；等等。

三 对策建议

第一，政府应尽快出台保护老年人隐私等方面的法律法规，切实保护网络安全和个人隐私，消除老年人及子女对网络数据安全问题的担忧，使智慧养老有法可依、有法可循，为智慧养老的推广和普及从法律和制度上"保驾护航"。《上海市养老服务条例》第六十六条虽然明确规定"依法保护老年人的个人信息"，但还不够完善，建议上海市人大将"保护老年人的隐私权"修改、补充进该条例中。另外，对其中的一些倡导性条款，在智慧养老模式下，做进一步的规定，比如第十一条"全社会应当弘扬中华民族养老、孝老、敬老的传统美德，积极践行社会主义核心价值观，树立尊重、关心、帮助老年人的社会风尚"这句话的后面引入智能方式问候等，补充"倡导多种方式看望、关心、慰藉老人"；再比如第八十二条"本市推动人工智能、物联网、云计算、大数据等新一代信息技术在养老服务领域的应用，定期发布智慧养老服务需求应用场景，制定完善智慧养老相关产品和服务标准，重点扶持安全防护、照料护理、健康促进、情感关爱等领域的智能产品、服务及支持平台，提升老年人生活品质"，后面补充"社区智慧养老机构和平台具有监督、提醒子女通过智能设备随时关注老人的职能"。

第二，制定明确的智慧养老规范与标准。要制定相应的企业准入标准与行业标准，该标准中应当包括数据使用与分析方的资质证明、数据分类原则、智慧养老产品缺陷认定标准，以及违反规定的惩罚措施等，确保老年人隐私与个人信息的安全性，避免隐私泄露。

第三，加强对智慧养老平台的综合监管。要强化检查、监督，教育、敦促相关的智慧养老企业与平台运营商从法律、制度与伦理等层面加强对先进人工智能技术与产品的监管，建立技术监管与风险防治机制，密切关注科研前沿，及时更新具体有效的数据隐私泄露防范标准与规范。与此同时，要确保智慧养老产业内部竞争的公平性，平衡行业内部的多方利益，逐步提高业内企业的社会责任意识，端正企业价值观，保证智慧养老产业的良性发展。

第四，在智慧养老产品设计与开发的过程中，企业要树立"以老为本，为老服务"的理念。对于企业来说，首先应鼓励更多老年人参与智慧养老产品研发，根据老年人的反馈，及时更新并调整产品的服务内容，杜绝"养老不智慧，智慧不养老"的现象；其次，企业要拓宽服务领域和产品功能，增加精神抚慰类型的服务，为老年人群提供更多选择的空间；最后，企业要不断优化传统服务方式，加强技术创新，简化操作流程，降低操作难度，使智慧产品在技术进步的同时，越发亲民，并要不断提高产品质量，老年人反映的"一键通"存在的两个小问题，本不应当发生。同时，政府相关部门应负责对智慧养老需求的统一市场调研，并由专业机构对这些需求信息做集中分析，打破企业间的信息壁垒，为制定具体且全面的智慧养老发展政策提供依据。各区的智慧养老信息平台，也要尽快消除"重线上、轻线下，重显示终端、轻客户终端"的不足，进一步加强线下的指导、培训、服务，进一步加强客户端建设，为老年人提供实实在在的智慧养老服务，提升老年人的满意度。

第五，加强智慧养老服务团队建设，提高智慧养老服务水平。智慧养老产业集合了信息、硬件、医疗、服务、金融、教育等多个领域，因此，与传统养老行业相比，智慧养老服务领域目前对服务人员的科技素养以及专业型、复合型人才的需求较高。智慧养老服务提供企业，应根据提供的服务项目配备相应的专业服务人员，如医疗、护理、心理学、食品与营养学、康复、计算机、社工、法律、教育、金融等方面的专门人才，并应定期进行培训，使其既有技术精度，更有人文温度，读懂老年人真实的需求，提供精准服务，提高服务能级和服务水平。

（周　亮）

第九章　上海市养老护理员队伍发展现状、存在问题与对策建议

一　发展现状

（一）出台制度、文件，构建政策保障体系

2016 年，上海市推出了《上海市养老护理人员技能提升专项行动计划》，提出了探索完善养老护理职业发展体系、加强养老护理队伍建设、推进养老护理实训实习点和鉴定所建设、加强行业高技能人才培养、完善补贴培训政策、加大补贴培训力度等规定和要求，凡是通过养老护理员相关职业专项能力或国家职业资格培训，参加鉴定考核合格取得专项能力或国家职业资格证书的，给予 80% 的培训补贴。

2017 年，上海市发布了《加快推进本市养老护理人员队伍建设的实施意见》，提出加强院校养老服务专业师资建设，提升教学水平；实施养老护理专业招生优惠政策，促进定向培养；继续开展养老服务相关护理类专业中职生免费培养；开展"双证融通"人才培养试点；加大投入与保障力度，促进队伍稳定和职业化发展，申办《上海市居住证》积分予以加分；开展全市养老护理人员技能竞赛，对获得国家中、高级职业资格的给予相关奖励；开展养老护理人员评选，对表现优秀、爱岗敬业的进行表彰奖励；积极推荐养老护理员优秀代表参加"敬老爱老模范人物"、劳动模范、三八红旗手、优秀农民工等评选活动；等等。

2019 年，上海市发布了《关于规范本市养老护理人员职业技能补贴

培训实施工作的通知》（沪人社职〔2019〕280号），进一步规定"培训对象参加养老护理、养老护理（医疗照护）培训且评价合格，在岗从业人员在报名注册时或意向招录人员在评价合格后四个月内，通过医保部门长护险护理服务人员信息系统或民政部门养老护理员信息系统等核实为养老护理从业人员的（系统未能核实的由市行业主管部门确定），可按补贴标准享受80%培训费补贴，补贴资金从中央就业补助资金中列支，核拨至培训机构。各区可结合实际情况，在市级培训补贴的基础上，制定鼓励劳动者参加养老护理职业技能培训的相关补贴政策"。该通知还特别提出："对新录用或转岗从事养老护理的在职人员，养老护理服务机构和医疗机构可参照本市企业新型学徒制相关政策，开展3或6个月学徒制带教培训，并按学徒制补贴标准享受1000元或2000元培训补贴。"

2020年，上海市出台了《关于加强养老护理员队伍建设提高养老护理水平的实施意见》，提出要形成职业化薪酬等级体系，综合考虑养老护理员的工作年限、技能水平等因素，合理制定薪酬等级体系，逐步形成养老护理员职业化和专业化的发展路径。

（二）实施养老护理专业人才培养

近几年来，上海市民政局与上海开放大学合作，举办"老年服务与管理"大专班，利用开放大学便捷的教育网络，对在岗的养老护理员进行职业水平提升，迄今已开办四届（共1209人），毕业两届，第五届也已入校。通过对在岗的养老护理员进行职业水平提升，为其提供专业化学习机会和学历教育的提升通道。

（三）加强养老护理职业技能培训

2021年6月，上海开放大学与上海市养老服务行业协会联合举办了"上海市金牌养老护理人员（护理骨干队伍）增能培训班"，320名来自全市养老机构、社区养老服务机构的骨干护理人员参加了培训，本次培训既注重护理技能提升，也聚焦行业前沿视角，课程内容涵盖了养老服务法规政策与行业发展趋势、护理服务质量控制、小单元家庭式照护模式的实践、认知症照护模式与方法、智慧养老场景应用等。上海开放大学还联合市养老服务行业协会加快开展养老照护服务评估师培训，全年培训计划覆盖全市 16 个区共 2000 名从业人员。

2021 年 10 月 20 日，由上海市民政局、上海市人力资源和社会保障局、上海市卫生健康委员会联合举办了上海市养老护理职业技能竞赛，广泛深入开展岗位练兵活动，在全市掀起了全员学技术、练本领、比技能的热潮，激发养老护理员立足本职、刻苦钻研的工作热情，调动养老护理员为养老服务建功立业的积极性和创造性，培养造就一支更高层次、更高素质、更高技能的人才队伍。

据统计，仅 2019 年，上海就累计培训了 10534 名养老护理员，其中养老护理员技能水平评价 2650 人，养老护理（医疗照护）技能水平评价 6850 人。2020 年和 2021 年，因受疫情影响，培训人数不多。

除了市级层面在持续开展养老护理员职业技能培训外，各行政区也纷纷举办各类养老护理技能培训班。

徐汇区与复旦大学护理学院、上海健康医学院、徐汇区业余大学长期合作，开展养老护理员培训、"养老机构院长培育工程"，开展养老护理继续教育，共计培养 1000 名专业养老服务人才。

闵行区为了打造一支"留得住、用得上"的养老护理员队伍，率先建立了养老服务人才储备和激励机制。2017 年 6 月制定了《加快推进本市养老服务人员队伍建设的实施意见》，明确了养老护理员的教育培训和就业扶持政策，进一步稳定养老机构护理员队伍；2018 年，发布了《关于建立闵行区保基本养老机构养老护理员薪酬合理增长机制的指导意见》，健全了薪酬激励机制。数据显示，全区 4260 名养老护理员中，持有国家职业资格证书的人员有 2762 人，占 64.83%。2017 年、2018 年连续两年成为上海市开放大学"老年服务与管理"专业大专班招生最多的区，为养老服务专业化、职业化储备了人才。针对养老护理员队伍技能水平偏低、整体素质偏弱等制约养老服务高质量发展的瓶颈问题，2020 年 10 月，闵行区在江川路街道建设了国内首个集"养老服务体验、专业人才培训、智能科技应用、康复辅具租赁"功能于一体的实景式养老服务能力建设基地——上海（闵行）养老服务能力建设基地，通过全方位场景体验、全实景教学模拟、全过程数据管理，构建教学模拟实训、智慧养老场景应用、养老服务设施研发、养老云端体验等五大功能模块。同步推进养老顾问直播间、康复辅具展示间、场景设备体验间、适老化改造样板间以及嵌入式养老概念教学设计等相关工作。为此，基地专门建有教学模拟实训中心，通过模拟各类养老服务的真实场景，按照理论讲授、情景模拟、实操训练、竞赛比武等多种形式结合的方式，实现全实景教学模拟。

崇明区为进一步加强养老护理员队伍能力素质建设，提升养老护理服务水平，于 2021 年 10 月 16 日~17 日，组织全区各养老机构护理员进行专题培训，共有 640 余名养老机构护理员参加培训。培训通过理论与实践相结合的实训方式，针对养老机构内风险管控、突发事件应急处置流程、护理记录书写规范等重点对护理员进行指导。实操示教不仅包括轮椅转运、压疮护理等常规护理操作，还有烫伤、噎食、走失等突发事件的紧急处置。

杨浦区针对当前业内普遍存在的养老服务护理员队伍总量少、流动率高、强度高、工资低、社会地位低、服务水平低的"一少两高三低"现状，于 2021 年 7 月出台了《杨浦区养老服务护理行业拔尖技能人才扶持激励办法（试行）》和《关于提升本区养老服务护理人才队伍整体水平的实施意见（试行）》两份重要文件，从养老护理员的人才引进、户口落户、住房保障、技能奖补、荣誉激励等方面进行政策突破，形成杨浦区养老护理人才发展整个框架体系，杨浦区也成为全市首个成体系推进养老护理队伍建设的城区。2021 年 10 月 12 日，成立了上海市杨浦区养老护理人才培育基地。特别值得一提的是杨浦区从源头入手，通过购买服务的形式，委托具有专业资质的企业，围绕"招、培、派"三个维度"组团出战"，探索搭建从护理员引进、劳务派遣、培训考证、跟踪管理为一体的养老护理人才发展机制。在招录引进方面，采取委托培养专业院校相关专业学生、招录专业院校相关专业应届毕业生、地区适龄务工人员直接招录三种形式，吸纳本市及外省市人才资源进入杨浦养老护理员队伍。在劳务派遣方面，将引进的本市及外省市人力资源，通过劳务派遣形式，输送到杨浦区内养老机构。在培训考证方面，安排引进的养老护理员在合适的场地集中实施培训，并组织参加养老护理员职业技能等级证书考试。在跟踪管理方面，对引进的养老护理员搭建长效的跟踪管理平台，建立护理员基本档案，持续关注职业技能、福利待遇及工作适应等情况。据悉，下一步，杨浦还将全面启动实施拔尖技能人才绩效激励、户口落户、公租房拆套申报、持证人员季度奖补等扶持政策，持续推动杨浦养老护理人才队伍向前发展。

松江区出台了《松江区关于加快推进养老服务人员队伍建设的实施意见》，不断完善养老服务人员的培养和扶持政策，建立健全养老服务从业人员的激励机制，鼓励各类养老服务机构招募专业服务人员，助力松江区养老服务人员队伍的专业化、职业化发展。在学历教育方面，鼓励养老护理员参加上海市民政局、上海开放大学合作开办的"老年服务与管理"大专班学习，帮助护理员提升自我和护理专业水平，提升队伍整体素质，为养老服务事业发展提供人才支撑。由民政推荐的学员除了能享受市级奖补政策之外，区民政局积极寻求社会资金资助，对获得毕业证书的学员给予一次性毕业奖金 3000 元/人。到目前为止，已有 29 位学员获得学历证书。在职业培训方面，开展养老护理员职业技能培训，为养老服务人员提供了持续性、针对性和示范性的职业培训。通过给予培训补贴、交通、误工津贴等方式，鼓励养老护理员积极参加职业培训，使等级证持证率不断提高。目前，全区共有养老护理员 4189 人，其中持等级证的有 3553 人，持证率达到 84.8%，正在就读初级班的有 43 人、中级班的有 80 人。在继续教育方面，为不断提升养老服务管理水平，区民政局每年开展分层分类培训。针对养老机构内的管理者，区级层面邀请专家团队成员开展相关领域的继续教育培训，内容涉及日常运行、运行安全、疾病控制及认知症照护等知识，机构负责人每年参加继续教育培训不少于 40 学时。机构内开展全岗位全覆盖的继续教育培训。在实训基地建设方面，会同上海市养老服务行业协会，在区社会福利院建立上海市认知症照护基地，依托该基地开展培训，为养老服务机构认知症照护的管理人员、护理人员、从业人员开展认知症的评估与早期干预、照护环境、生活照护和相关案例等专业知识培训。通过集中授课和送教上门的方式，在全区范围内已经为养老服务机构管理者和护理人员开展培训 11 场，培训人数 609 人。

黄浦区于 2021 年 7 月 28~29 日，开办了区养老机构服务骨干团队实训营第一期班，由全区各养老机构、长者照护之家相关负责人及团队骨干参加。实训营针对养老机构日常服务质量管理中的重点、难点问题，采用了新颖的小组擂台赛模式进行各组比拼，充分调动学员积极性，并邀请4位市级90项质量监测专家进行现场点评和综合评判。实训营特邀康复障碍硕士、老年康复及认知障碍照护专家李岚老师，对"认知障碍老年人康复与日常训练"做了专题辅导，并进行了现场互动答疑；邀请了2020年度上海市质量金奖获得单位上海市杨浦区社会福利院的乔毅皓院长以"养老服务机构文化建设的重要作用"为题，分享了服务理念、管理经验以及90项服务质量日常监测迎检工作方面的实际经验。实训营通过寓教于乐的形式增强了培训效果，有效提升了区养老服务机构负责人及团队骨干的管理意识和管理能力。

（四）开发应用了上海市养老护理员信息管理系统

2021年5月，上海市民政局上线了全市统一的养老护理员信息管理系统，该系统集中对全市养老护理员进行"信息收集和管理"、"查询和统计"以及"公众检索"。信息查询与统计范围覆盖全市所有养老服务机构和护理站的护理员，数据涵盖所有养老护理员的个人基本信息、从业情况、持证情况和荣誉情况四个方面。目前，系统已汇集了全市近7万名养老护理员的信息。

（五）设立了养老护理员专项基金

上海市民政局利用社会捐赠，设立了养老护理员专项基金。自2017年成立以来，重点聚焦在本市养老护理员队伍建设工作，从养老护理员职业教育、专业技能、激励保障等多方面开展了一系列卓有成效的项目，有效激励了广大一线养老护理员的积极性，引起了社会的广泛关注，取得了较好的社会成效。

（六）建立了养老护理员激励褒扬机制

2017年和2019年，上海市民政局、上海市人社局联合开展了两届"寻找最美养老护理员"的活动，通过演讲、技能比拼等形式，选拔出100位最美养老护理员，授予上海市"最美养老护理员"荣誉称号，并深入挖掘人物典型，以人物为原型拍摄专题短片，结合敬老月系列活动，举办"最美养老护理员"风采展示专场活动。2018 年，上海市第三社会福利院养老护理培训员黄琴被评为"上海工匠"，这是全市乃至全国养老护理行业首位"工匠"。2021 年开展了首届上海市"百佳养老护理员"评选活动，100 位来自基层一线的养老护理员获此殊荣，并联合市总工会、市民政局工会等部门开展丰富多样的学习交流及关心慰问活动，通过多种渠道对典型人物进行系列宣传报道，不断扩大社会影响力。在 2021 年 10 月举办的上海市养老护理职业技能竞赛中获得第一名的选手将授予"上海市技术能手"称号，并可按有关规定优先申报"上海市五一劳动奖章""上海市青年岗位能手"等。此外，在市级选拔赛中成绩排名前 50%的选手，均可获得高级工职业技能等级；排名前 10%且已具有高级工职业资格或职业技能等级的选手，还可按相关规定晋升技师职业技能等级。上述活动的开展，进一步提升了养老护理服务质量，增强了养老护理员的社会认知度和职业荣誉感，提升了养老护理员的社会尊崇度。

目前，上海全市养老护理员总数大约为 6.8 万人，持证上岗率已达 96%，持有国家职业技能等级证书的占比 70%以上。

二　存在问题

（一）养老护理员整体年龄偏大，年轻化、专业化程度偏低

以日间照料中心为例，调查统计显示，58.18%的日间照料中心护理员年龄在 51 周岁及以上，从事养老护理服务的人员大多是外来务工者，年龄较大，对接受服务的老人需求反应相对迟缓，手脚相对不太利索，经常遭到老人的抱怨。由此可见，上海市养老护理员整体呈现年龄偏大的特点，缺少年轻化、专业化的养老护理团队。

（二）养老护理员临时工占比高，学历结构较低

仍然以日间照料中心为例，调查显示，日间照料中心 65.24%的护理员学历在初中及以下，且本市养老护理员临时工占比较高，技能等级偏低，因此受护理人员专业性限制，只能为老人提供简单的生活照料，服务

老人时，仅凭个人工作、生活经验，缺乏专业性知识，无法敏锐地察觉老年人养老需求变化。

（三）养老护理员专业性要求越来越高，培训化率偏低

当前上海市有不少养老服务机构引入了智能养老产品，需要护理员掌握相关操作。以生命体征测量为例，如果护理员不懂心率、心跳、血压等常识，面对设备收集的数据就无法做出及时准确的判断，但现实情况是，大部分护理员是 50 周岁以上的务工人员，学历在初中及以下，缺乏专业的护理知识和设备操作能力，一定程度上影响了服务质量。而目前上海市尚缺乏大型且专业的养老护理员培训机构，影响了专业人员的输出，阻碍了更多的专业人士投身养老护理服务。由于养老服务业还不成熟，市场上还没形成从需求、培养、考核到投入使用的完整培训产业链，仅仅依靠养老机构自行培训或者民政部门委托行业协会进行集训化培训，这些培训资源及承办能力有限，必然存在专业教师不足、培训不专业、考核机制不完备等问题。另外，养老服务类相关专业教育仍然集中分布在一些高职高专院校，普通本科和研究生及以上的学历教育层次非常稀少。上海各学校开设的护理专业，面向养老服务的只占少数。除上海城建职业学院外，仅有上海中桥职业技术学院开设了护理专业（养老方向）、老年服务与管理专业；中职学校里，上海建筑工程学校开设了护理专业（老年方向），上海市医药学校开设了养老服务与管理专业。总体来说，上海养老护理人才的招生规模较小，近两年平均不到 500 人，其中能留在养老机构工作的毕业生更是少之又少。调查显示，在养老机构工作的毕业生第一年的流失率为 50%~60%，第二年的流失率为 70%~80%，第三年的流失率在 90% 以上，这从根本上限制了专业养老服务从业人员数量、质量的提高。

（四）养老护理员离职率较高，社会地位偏低

在大多数人眼中，养老护理行业社会地位低、工作累、薪资少，尚未真正建立起有效的激励机制和人才培养机制，因此养老护理人员离职率高、稳定性差。目前，上海市虽然为养老护理员定期开展岗前培训和专业

知识测试，但职业发展目标不清晰，福利待遇少，这也是很多护理员离职的主要原因，在一定程度上影响了养老护理员整体的稳定性。暗淡的职业前景、低微的工资、高强度的工作只能加快养老服务行业专业人才的流失，留不住人才，更不用说吸引专业人才。

（五）养老护理员劳动强度较高，职业化率偏低

调查结果显示，在养老机构中，护理员的工作内容较为繁杂、工作任务繁重、工作时间长。就工作内容来看，护理员的日常工作可能不仅包括日常老人护理，还包括卫生清洁、膳食服务等；就工作任务而言，每个护理员通常要照顾和护理 3~8 名中度或重度失能老人，若是照护正常或轻度失能老人，比例则更高，高达 1：40 或 1：80，有些养老机构中护理员的工资是按照提成制计算，即照护的老人数量越多，提成越高，照护老人的等级越高，提成越高，为了能够获得较高的工资，有些护理员也愿意接受机构给自己安排更多的老人。在工作时间方面，养老护理员每天不到 5 点就开始为一天的工作做准备，一直忙碌到夜晚老人入睡，且每月一般仅有 4 天休息时间，有些护理员为获得较高工资甚至愿意全年无休。但从上海养老护理员的整体收入水平来看，平均月收入仅为 5000 元左右，明显低于全市平均工资水平。高强度的工作量与劳动收入的失衡，既不利于提升养老护理服务的专业水平和服务质量，也不利于提升职业声望和行业吸引力，是人员招聘困难、人员流动性强、制约从业人员队伍发展的首要因素。

三　对策建议

（一）加大政府扶持力度，完善养老护理人才培养模式

加强政府顶层设计，科学设计人才培养模式。一是要结合上海各区的实际情况，加强与中职校和高校的沟通与联系，制定政策鼓励院校开设养老护理专业，并向定点机构输送养老服务人才。二是要建立健全养老人才培养培训体制，通过分类培养分层推进的路径，鼓励专业人才提升学历、

晋升职称。三是教育主管部门要统筹把控护理学、健康管理、养老服务与管理等专业人才的培养方案，指导学校的专业建设与改革。

加大政府财政投入，强化资金政策引导。首先，加大对开设养老紧缺型专业院校资金投入力度。当院校开设紧缺型专业时，政府应给予一定的财政支持，帮助院校做好紧缺型专业的建设工作。其次，创新招生机制，稳定生源数量，例如实行学费减免、专项补贴、公费养老服务生等措施，吸引更多的学生就读养老护理专业，同时为学生搭建好的实习渠道、就业渠道。

（二）发挥院校主导作用，实现养老护理人才分层分类

应实现多元化人才培养，满足多层次人才需求。中职院校基于最基础的养老护理专业，培养护理人才，为养老院、社区养老机构、福利院等输送护理人才，从事基础护理工作；高职院校开办老年服务与管理之类的专业，培养方向应侧重于老年社会工作、老年心理咨询、老年社会组织、老年文化活动策划等管理人才。本科院校加强对养老服务产业研究生的培养力度，培养更高层次的研究型人才，同时开展对国际养老服务业发展态势的追踪研究，为上海储备养老服务产业高端人才，这既是各高校人才培养和专业发展新的增长点，又保证我市养老服务事业有序发展。

与社会养老产业紧密对接，积极进行专业教育教学改革。充分发挥职业院校人才培养优势，积极开展市场调研，做到产学研用的统一。专业人才培养方案、课程标准、内容模块设置应紧密对接养老机构的岗位及其技能需求，重点加强人际沟通能力、基础护理操作能力、人文关怀素养的培养，建立专业性、针对性强的老年护理实训基地，积极进行教育教学改革，倡导以能力、素养培养为核心，构建校企合作的育人机制，使学校和行业共同发挥人才培养的示范效应。

（三）加强岗位再培训，提高服务技能层级

完善养老服务职业资格认证制度，针对养老护理员、健康照护员和医疗护理员、养老管理员等，进一步制定相关的等级标准，采用分类别、分

档次的方法，细化相关从业标准。依据从业标准对拟上岗或者有意愿提升等级的护理员进行培训，考核合格后方可颁发上岗从业等级证书。对于参加考核的人员，可适当放宽年龄和从业年限的限制，以便吸引更多有能力、有意愿的从业人员参与养老服务工作。

开展养老护理员的岗位再培训。从业人员"持证上岗"后，定期组织他们参加继续教育，当养老相关政策更新，应及时向养老护理员做好新政策的传达工作；也可以定期组织到兄弟单位和服务机构进行参观学习，召开经验交流会，取长补短，提高服务技能层级，从而为高龄、独居、失能老人等特殊群体提供较高层级的照护服务。充分发挥上海（闵行）养老服务能力建设基地的作用，免费向各类养老培训机构开放，每年对养老护理员特别是从事老年认知障碍照护工作的专业护理人员开展培训和职业技能认定。

（四）提升养老护理员待遇，增强职业认同感

在当前养老护理员供给明显不足的现实情况下，养老护理员工资水平并未明显随市场价格机制调整，由此导致养老护理员供给与需求的严重失衡。因此，应探索养老护理员职业发展体系，建立养老护理服务专业人才薪酬标准，健全养老护理员工资正常增长机制，尽快形成职业化薪酬等级体系，强化养老护理员的职业归属感，吸引更多劳动力进入养老服务行业领域。

（五）完善养老护理员激励褒扬机制

对进入上海市养老行业专职从事养老护理工作的各类毕业生，各区可给予不同的入职奖励；对取得国家养老护理员初级工、中级工、高级工、技师职业资格证书，并在养老护理及管理岗位上连续从事一线养老护理与管理工作一定年限的人员，每年每月给予相应的奖励津贴。制定养老护理人才积分入户特别机制，凡是获得区级及以上劳动模范、五一劳动奖章的养老护理员，以及在市级及以上养老护理技能大赛中获得特等奖和一、二、三等奖的养老护理员，分别给予不同的积分入户奖励。

（六）鼓励社会力量加入养老护理员队伍

发挥社会组织协同作用，支持社会组织参与开展养老教育培训、咨询评估、标准制定、质量监督及第三方认证等服务。

注重发挥家庭成员、社区志愿者等非专业照料资源的潜力，加强免费专业指导培训，将家庭成员、社区志愿者的服务换算成积分，纳入养老服务"时间银行"。

（施毓凤）

第三篇　上海市养老服务政策支撑体系评价

第十章 上海市养老服务法制化、规范化、标准化发展现状、存在问题与对策建议

一 发展现状

（一）上海市养老服务法制化发展现状

上海在积极应对人口老龄化的挑战、加快建立社会养老服务体系和发展养老服务产业的过程中，不断强化法制建设，更好地保障老年人的合法权益，助推养老事业高质量发展。

2014年2月25日，为了促进上海市养老机构的发展，规范对养老机构的管理，保障入住养老机构的老年人的合法权益，上海市人大常委会结合上海市实际，制定了《上海市养老机构条例》，该条例由上海市第十四届人民代表大会常务委员会第十一次会议通过，并自2014年6月1日起正式施行，这是我国第一部养老机构方面的地方性法规，该条例对在上海市行政区域内养老机构的设立、规划建设、扶持优惠、服务规范及其监督管理进行了详细的规定。

2016年1月29日，上海市第十四届人民代表大会第四次会议审议通过了《上海市老年人权益保障条例》，自2016年5月1日起正式实施。该条例全面贯彻实施《中华人民共和国老年人权益保障法》，全面修订1998年颁布的《上海市老年人权益保障条例》，共9章64条，涵盖了老年人权益的各个方面。该条例立足上海老龄化发展实际，围绕社会保障、社会服务、社会优待、家庭赡养等内容，在多个方面体现了制度创新。一是着

力完善养老社会保障体系，增强老年人的经济保障能力。该条例中有多项关于依法保障老年人的基本生活和基本医疗需求的规定，特别是针对老年人支付能力不足、养老服务筹资水平较低的现状，提出"探索建立老年人长期护理保险制度"，这将是上海市社会保障方面一项重大的制度创新，必将有力推进上海社会保障体系的完善。二是实施老年综合津贴制度，增进老年人的社会福利。第二十五条提出，"建立与经济社会发展水平相适应的统一的老年综合津贴制度，对符合条件的老年人，按照不同年龄段提供涵盖高龄营养、交通出行等方面需求的津贴，逐步提高老年人的社会福利水平"。这是上海市增进老年福祉、让广大老年人共享改革开放和经济社会发展成果的重大民生政策。三是全面构建社会养老服务体系，满足老年人多层次多样化的养老服务需求。"社会服务"是该条例的重点内容，主要包括三个方面。第一，在"社会服务"章节中提出要建立老年照料护理需求评估制度，这是整个社会养老服务体系的关键，旨在通过统一受理、统一标准、统一评估、统一派单、统一监管，促进基本养老服务资源和需求的公平有效对接，实现基本养老服务应保尽保。第二，对重点发展社区养老服务进行了多方面的规定。第三，在多个章节提出了支持社会力量参与养老服务的要求。四是切实落实社会优待措施，营造尊老敬老的社会氛围。该条例专设"社会优待"章节，对老年优待做了详细规定。五是督促落实家庭赡养义务，维护老年人的合法权益。该条例对赡养人在经济供养、生活照料和精神慰藉等方面的义务都有明确的规定。比如，在精神赡养方面重申家庭成员"常回家看看"的规定，还进一步明确，对入住养老机构的老年人，家庭成员要"常去院看看"。该条例为实现上海市民老有所养、老有所医、老有所为、老有所学、老有所乐提供了法制保障，为推动上海市老龄事业持续健康发展明确了法律依据。

2020年12月30日，上海市第十五届人大常务委员会第二十八次会议通过了《上海市养老服务条例》，共15章110条，自2021年3月20日起施行。该条例对养老服务发展原则与体系，养老服务设施规划与建设，居家、社区、机构养老服务的内容和形式，服务协调发展和医养康养结合，长期照护保障，养老服务机构与从业人员规范，扶持与保障措施，养老产业促进，监督管理等方面都做了规定，不仅是上海养老服务工作的"基本法"，规定了上海养老服务工作最重要的基本原则、要求和制度；而且是上海养老服务供给的"保障法"，规定了上海市养老服务的主要方式及内容、服务机构和人员以及长期照护的制度保障，特别值得一提的是纳入了"长期照护保障"，这是上海首创。该条例还是上海养老服务发展的"促进法"和"规范法"，分章对设施规划与建设、养老产业促进以及相应扶持与保障做出了规定，全面构建了"养老服务综合监管体系"的制度框架。该条例为上海养老服务高质量发展指明了道路、照亮了征途，为规范养老服务工作，健全养老服务体系，满足老年人养老服务需求，促进养老服务发展，探索符合超大城市特点的"老有所养"提供重要法治保障。

除了上述法律法规外，上海市还出台了一系列关于支持和促进养老服务发展的政策文件，比如上海市人民政府 2019 年发布的《上海市深化养老服务实施方案（2019—2022 年）》（沪府规〔2019〕26 号）、2020 年发布的《关于促进本市养老产业加快发展的若干意见》；上海市民政局 2020 年发布的《2020 年上海养老服务工作要点》、《上海市养老机构等级评定标准细则》和《上海市养老机构服务收费管理办法》，2021 年发布的《关于印发〈上海市养老服务机构"以奖代补"实施办法〉的通知》（沪民规〔2021〕5 号）；上海市发展和改革委员会、上海市民政局、上海市市场监督管理局 2019 年发布的《上海市养老机构服务收费管理办法》；等等。

（二）上海市养老服务规范化、标准化发展现状

标准体系是推动养老服务高质量发展的参照和依据。上海市民政局主动对标先进标准，积极推动标准在养老服务高质量发展中的基础性、战略性作用，加快对养老服务规范、服务提供规范、服务质量控制规范、运行管理规范及服务评价与改进标准的研究制定，努力打造内容完整、结构合理、科学有效的养老服务标准体系。

2000 年 3 月 15 日，上海市正式实施由上海市工程建设标准化办公室、上海市民政局共同制定的《养老设施建筑设计标准》（DGJ08—82—

2000)，该标准为强制性标准，适用于上海市专为老年人新建的福利院、敬老院、老年护理院、老年公寓等养老设施，其他建筑改造为养老设施、原有养老设施的改造、扩建及新建的托老所也可参照执行。该标准明确提出养老设施建筑设计应与城市经济发展水平相适应，贯彻以人为本的原则，注重人文环境和谐，按照老年人生理、心理特点进行设计，为老年人住养、生活护理提供方便的设施和服务。

2009 年 10 月 29 日，针对上海人口老龄化、高龄化进程的加快和家庭小型化的发展趋势，以及老年人在生活照料、康复护理和精神慰藉等方面的服务需求快速增长的实际，上海市民政局制定发布了上海市地方标准《社区居家养老服务规范》，以满足专业化、多样化的养老服务需求，规范社区居家养老服务与管理。标准不仅对生活护理、助餐、助浴、助洁、洗涤、助行、代办、康复辅助、相谈、助医 10 大养老服务项目的具体内容和要求进行了详细的规定，而且还从服务机构和服务人员、服务过程控制这两个方面，对如何加强服务管理提出了具体要求。不仅如此，标准还从评价主体、评价指标、评价方法和服务质量改进 4 个方面对如何开展服务评价做了规定。该标准为全国首创，2010 年 2 月 1 日正式实施。

2013 年 2 月 8 日，上海市民政局发布了《老年照护等级评估要求》（DB31/T 684—2013）地方标准，该标准从评估机构和评估人员、主要参数项目评判（生活自理能力、认知能力、情绪行为、视觉）、背景参数项目调查（居住状况、家庭支持、社会参与、居住环境）、评估报告撰写（分值设定和照护等级划分、评估参数项目总结、养老服务建议、评估报告的确认）、评估质量的监督与改进等方面，对如何开展老年照护等级评估提出了详细的操作要求。

2013 年 3 月 1 日，上海市民政局发布了《养老机构设施与服务要求》（DB31/T 685—2013），该标准从场地、建筑物、房屋及设备配置、标识、设施设备安全 5 个方面对养老机构的基本设施提出了具体规定和要求；从确定服务内容、日常照护、清洁卫生、预防保健、社交娱乐 5 个方面对养老机构开展的养老服务提出了具体规定和要求；从人员管理、入出院管理、信息管理、安全管理、服务质量监督、服务质量评价与改进 6 个方面对养老机构如何加强管理提出了具体规定和要求。

2014 年 10 月，上海市民政局出台了地方标准《养老机构服务应用标识规范》（DB31/T 813—2014）。

2015 年 3 月 9 日，为了推进上海"老年友好城市"建设工作制度化、规范化、长效化，在成功试点老年友好城市工作的基础上，结合上海经济、社会发展及地域文化特征，上海市民政局、上海市委宣传部、上海市发展和改革委员会、上海市经济信息化委员会、上海市教育委员会、上海市科学技术委员会、上海市公安局、上海市财政局共同编制了上海市地方标准《老年友好城市建设导则》（DB31/T 883—2015），从户外环境和设施、公共交通和出行、住房建设和安全、社会保障和援助、社会服务和健康、文化教育和体育、社会参与、社会尊重 8 个方面对上海如何建设老年友好城市提出了详细的要求与规定。通过建设老年友好城市，为老年人提供适宜的公共社会资源和人文环境，营造全社会尊重包容老年人的氛围，促进老年人全面融入社会，让老年人有更好的自主生活和社会参与机会，享有健康和有尊严的老年生活。

2016 年 12 月 28 日，上海市民政局结合上海市社会和经济发展的实际状况，从老年社区生活关涉的居住要求、公共设施、服务供给、生态环境以及社会文明等方面的要求和需求出发，对老年人在社区日常生活中的居住环境、出行安全、公共设施和服务便利等硬件设备、管理要求、人文内容和环境营造，全方位进行了设计、制定和规范，出台了上海市地方标准《老年宜居社区建设细则》（DB31/T 1023—2016），自 2017 年 3 月 1 日起正式实施。该细则的发布对进一步加强上海老年宜居社会大环境建设，巩固家庭养老的基础地位，不断完善城市和社区公共服务功能，为老年人创造无障碍居住环境，提高老年人生活满意度，具有积极意义。

2017 年 12 月 6 日，上海市经济和信息化委员会、上海市民政局共同发布了《上海市"一键通"为老服务项目指南》，规定了"一键通"为老服务提供方在服务内容、服务规范及考评等方面的基本要求和操作方法，包括话务座席管理、流程控制、供应商管理、系统建设、硬件标准、技术和安全等方面。

2017 年 12 月 14 日，为落实《上海市养老设施布局专项规划》和《国务院办公厅关于全面放开养老服务市场提升养老服务质量的若干意见》（国办发〔2016〕91号）等精神，推进养老机构护理型床位设置工作，上海市民政局制定了《养老机构护理型床位设置指引（试行）》，从养老机构要求、设施设备要求（规模与区域要求、各类用房及配置要求、配套设备、标识）、人员配备要求（医护人员、社工人员、康复人员、营养师、护理人员）、服务要求（生活照料、膳食服务、医疗护理、安全照护、康复训练、健康管理）、管理要求5个方面对养老机构设置护理型床位做了明确的规定。

2018年10月18日，上海市卫生和计划生育委员会、上海市民政局等四部门制定了《上海市老年照护统一需求评估标准（试行）1.0版》。2019年12月6日，为进一步做好本市老年照护统一需求评估相关工作，根据市政府办公厅《上海市老年照护统一需求评估及服务管理办法》（沪府办规〔2018〕2号）精神，结合本市长期护理保险试点推进情况，上海市卫生健康委员会、上海市民政局、上海市医疗保障局制定了《上海市老年照护统一需求评估标准（试行）2.0版》。

2019年11月19日，上海市民政局发布了《上海市社区嵌入式养老服务工作指引》，从功能上将社区嵌入式养老服务分为两类，分别是通用服务功能和个性服务功能。通用服务功能设置了8大类服务项目：一是由机构照护服务、短期托养服务、日间照护服务、居家照护服务构成的专业照护类；二是由堂吃服务、送餐服务构成的助餐服务类；三是由社区卫生服务、医养签约服务、护理站服务构成的医养结合类；四是由健康管理服务、体养结合服务构成的健康促进类；五是由急救援助服务、安全防护服务、远程照护服务构成的智能服务类；六是由志愿关爱服务、家庭成员增能服务、"喘息服务"、适老化改造服务、辅具推广服务、"时间银行"构成的家庭支持类；七是由基础服务和拓展服务构成的养老顾问类；八是由精神慰藉服务、养教结合服务构成的精神文化类。个性服务功能设置包括但不限于老年认知障碍社区干预服务、家庭生活服务、老年优待服务、法律咨询与维权服务、老年社会参与服务等。该指引还提出推广综合照护模式、发展多层次养老服务等服务创新，加强"互联网养老"应用、缩小老年人"数字鸿沟"等的智慧养老方案。

2019年11月26日，为进一步丰富和扩大上海市养老服务供给，深化完善上海社区嵌入式养老服务，促进机构、社区与居家养老服务融合发展,更好地满足老年人多样化养老服务需求,上海市民政局、上海市医疗保障局、上海市财政局共同印发了《上海市开展家庭照护床位试点方案》,从试点范围和服务对象、服务内容、服务机构、环境与设施设备、服务流程、风险防范与质量管理、扶持政策 7 个方面,对如何建设家庭照护床位,提出了具体规定和要求。

2020 年 6 月 16 日,上海市民政局牵头上海质量教育培训中心、上海市疾病预防控制中心等专业机构和 7 家具有代表性的社会福利机构共同起草发布了《呼吸道传染病流行期间社会福利机构安全操作指南》地方标准(DB31/T 1230—2020)。该标准是上海市社会福利机构有效应对新冠肺炎疫情的经验提炼,重点从组织保障、防控宣传、出入管理、从业人员管理、服务对象防护、心理慰藉、就诊管理、隔离场所设置、防控物品管理、供餐用餐及清洁消毒等方面为社会福利机构应对呼吸道传染病提供安全规范和指导。该标准还总结了上海社会福利机构应用信息化手段精准防控的"上海经验",实现了服务对象和从业人员的健康信息追溯和有效的内外部沟通;积极回应服务对象、监护人、从业人员等缓解心理压力的需求,体现了上海疫情防控中的"人文关怀"。

2020 年 7 月 16 日,为贯彻落实《民政部关于加快建立全国统一养老机构等级评定体系的指导意见》(民发〔2019〕137 号)要求,进一步完善养老机构安全保障长效机制,促进养老机构服务质量提升。上海市民政局根据《〈养老机构等级划分与评定〉国家标准实施指南(试行)》和《上海市养老机构等级评定管理办法》,印发了《上海市养老机构等级评定标准细则》。该细则由基本要求和评分标准两部分组成,其中基本要求的评定项目有 3 大项,分别是由养老机构运行时间、规模(床位)、入住率等 8 个小项组成的基本要求,由医疗用房、康复活动区域等 6 个小项组成的场地硬件设备要求和由专业社会工作岗位、未纳入信用失信名单等组成的其他要求。评分标准由 4 项,分别是安全标准(20 个评定项目共 200 分)、服务标准(29 个评定项目共 400 分)、管理标准(27 个评定项目共 200 分)、设施标准(28 个评定项目共 200 分)。

2020 年 11 月 30 日,上海市浦东新区质量技术协会、上海市老龄发展促进中心、上海市浦东新区养老机构服务中心等单位共同起草发布了行业标准《老年助餐点服务规范》（T/PDZL 002—2020），自 2020 年 12 月 1 日正式实施，对老年助餐点服务的基本要求、人员、服务提供与餐后整理等内容进行了规范，推动为老助餐标准化、规范化。

截至 2020 年 11 月，上海市养老机构共验收通过 34 个标准化试点建设项目，并积极开展"上海品牌"认证，徐汇区社会福利院等 3 家机构获得"上海品牌"，起到引领和标杆作用。截至 2021 年年底，上海市共有 60 个养老服务标准化试点项目通过国家、上海市验收。

2022 年 2 月 17 日，上海市人民政府正式发布《上海市标准化发展行动计划》（以下简称《行动计划》），《行动计划》提出开展养老服务标准化行动，继续优化完善养老服务标准体系，提升养老服务标准供给质量；重点推进智慧养老、机构养老、嵌入式养老、老年认知障碍照护服务等标准化建设；进一步拓展老年助餐、养老顾问、农村养老领域标准化试点；持续做好标准复审工作，提升地方标准的先进性和时效性；树立一批行业领先的行业标杆，复制推广一批先进经验。目前上海市正在研究制定《智慧健康养老居家安全监测要求》《认知障碍照护单元设置与服务要求》《老年认知障碍友好社区建设导则》等地方标准。

特别值得一提的是，为推动各类标准的贯彻实行，上海建立了长效机制，完成了对已发布标准的培训、解读；在贯标的同时，加强工作中的亮点和难点总结与评估，支持鼓励各类养老服务机构开展标准化试点示范工作，不断提升养老服务质量。完善标准复审制度，对标准实行动态跟踪管理，开展定期评估审查、更新发布，及时将有符合条件的团体标准转化为地方标准，将部分地方标准转化为规范性文件、政府规章制度。

二 存在问题

（一）法律法规不够完善，有些条款过于原则化，可操作性不强

目前上海市颁布的有关养老服务发展的法律法规还不够完善，促进养老服务产业、智慧养老、民营养老企业发展以及调动、规范社会组织、社

区互助、志愿者服务的法律法规及条例至今未研制出台，老年产品用品标准至今未制定，等等。从现有的法律法规的具体内容来看，支持养老服务发展的一些政策尚未完全融入法律法规中，虽然政府专门出台了相应的政策文件，但政策文件相比于法律法规来说地位较低，并且由于政策的地位低，在制定政策的过程中，程序的运作、公众参与程度相对于法律法规的制定存在较大的差异，容易出现操作瑕疵。比如，国家及上海市都规定民办养老机构享受水电的优惠政策，但实际很多民办养老机构仍然按照商业用电和用水标准支付费用，如果运营主体租用的是商业用房，这一政策就更难执行了，这就导致了促进养老机构发展的政策并没有很好地落到实处。另外，有些法律法规条款过于原则化，没有出台具体的实施细则；还有一些条款对责任主体的职责规定也并不明确。

（二）区级层面标准化研制的积极性不高，标准化成果不多

长宁区在全市首发了《长宁区老年认知障碍友好社区建设标准》，在全国率先出台了《长宁区社区和居家认知障碍照护规范》，还发布了《长宁区老年认知障碍友好社区建设实践指南》，闵行区发布了《闵行区养老机构执行作业指导书》《闵行区社区居家养老服务规范》《闵行区关于在各居村推进"银龄之家"建设的工作指引》等区域性行业标准，浦东新区牵头制定了地方标准《老年助餐点服务规范》，其他 13 个区在养老服务标准化研制方面积极性不高，成果不多。

三　对策建议

（一）加强顶层设计，进一步完善养老法律法规

上海养老立法必须从整体上预见并适应老龄化社会到来的深刻变化，紧跟时代发展步伐，强化顶层设计，进一步完善养老法律法规体系。一是尽快研制出台《上海市养老服务产业促进法》，完善财政、信贷、税收、养老金融产品创新等支持政策。二是加快制定智慧养老法律法规，重点研究互联网和人工智能时代的老年产业和老龄化事业的新变化，包括新技术

应用和新的商业模式带来的社会、伦理、监管和技术规范等问题。三是加大鼓励社会资本投资养老产业的支持力度，尽快制定、颁布《上海市民营养老企业发展促进条例》，特别要尽快帮助民营养老企业解决好土地、融资、人力等方面的难题，有效落实民营养老企业应当享受的各项优惠政策。四是加快完善鼓励调动社会组织、社区互助、志愿者服务等相关法律法规，保障其合法权利和应享受的待遇。五是在《上海市政府采购实施办法》中设立政府购买养老服务专章，规范采购行为，并与《上海市老年人权益保障条例》的有关规定相衔接。六是结合社会经济和老龄化的发展变化，及时修改、充实现行的养老法律法规，将已经出台的促进养老事业发展的政策转化为法律规章条款，相关条款和责任主体的职责尽量明确和具体化，提高其可操作性和责任的可落实性。

（二）出台政策，鼓励、支持各区研究、探索养老服务标准。

标准化是提升养老服务质量的关键，要把标准化作为提升服务质量的主要抓手。市级层面要出台政策，支持、鼓励、调动各区研制、探索养老服务标准的主动性和积极性，并将标准研制和贯标工作纳入评价体系。要引导各区，紧扣现实需求，加强重要标准研制。比如设施设备配置标准的研制，形成符合各区实际的《养老机构设施设备配置目录》；再如服务质量标准的研制，要引导中心城区、涉农区根据本区情况，立足"管用、适用"，"量体裁衣"制定满足本区实际需求的养老服务质量和评价标准。还要引导养老服务企业，结合自身情况，制定符合自身实际的管理服务标准和规范，要把每一个岗位、每一道工序、每一个流程都制度化、规范化、标准化，通过不断充实完善、固化提高，形成符合自身实际的质量标准体系，真正实现"让标准成为习惯，让习惯符合标准"的目标。此外，市标准化行政主管部门和市民政局要继续组织开展养老服务标准化试点示范工作，强化养老机构服务品牌意识，发掘、培育一批示范性强、满意度高的养老机构服务品牌，推动开展"上海品牌"认证，发挥标杆引领作用，带动提升本市养老服务领域整体质量和水平。

（张俭琛）

第十一章　上海市基本养老服务收费与扶持政策发展现状、存在问题与对策建议

一　发展现状

（一）规范基本养老服务收费政策

为了维护入住老年人和养老机构的合法权益，规范养老服务收费行为，促进养老事业健康有序发展，2014 年 6 月，上海市物价局和市民政局联合出台《上海市养老机构服务收费管理暂行办法》，主要做了如下三个方面的规定。

1. 明确规定养老机构服务收费实行分类管理

保基本养老机构的基本养老服务收费实行政府定价或政府指导价，其余收费实行市场调节价。其他养老机构的服务收费实行市场调节价。

2. 详细界定了养老服务收费的边界

保基本养老机构收费包括基本养老服务收费、膳食费、代办服务性收费。基本养老服务收费是指床位费和护理费。床位费和护理费基于不同等级服务内容和服务质量，实行分级定价，成本实行分别核算、合理补偿。床位费成本分摊方式按机构核定床位数测算，包括以下内容：（1）管理人员、后勤人员工资性支出，包括工资、社会保障和对个人与家庭费用支出；（2）公用费用支出，包括固定资产折旧费、租赁费、物业管理费、能源费、办公费、维修费、保险费等日常运行费用，以及收住老年人生活、保健和文化娱乐活动等必需品费用；（3）其他正常运行费用支出。

护理费成本包括以下内容：（1）护理员及医护类等专技人员的工资性支出，包括工资、社会保障和对个人与家庭费用支出；（2）护理员及医护类等专技人员业务培训费用。

其他养老机构收费主要包括床位费、护理费、膳食费和代办服务性收费。

3. 提出了养老服务收费管理和监督检查的具体内容

养老机构应与入住老年人及其家属（代理人）签订书面服务合同，明确服务内容、服务项目、收费标准、争端解决方式、合同期限等条款。严格控制调价幅度和频次，保持服务收费水平相对稳定。

养老机构申请制定或调整实行政府定价或政府指导价管理的床位费、护理费标准，应向民政部门提出书面申请。建立养老机构收费信息监测制度，实行养老机构收费公示制度，加强对养老机构收费的监督检查。

2016 年 6 月 8 日，上海市发展和改革委员会、上海市民政局修订出台了新的《上海市养老机构服务收费管理办法》，除了重申和细化了上述内容外，还特别强调应加强对养老机构的事中事后监管，创新监管方式，规范养老机构收费行为。

2021 年 4 月 21 日，上海市发展和改革委员会、上海市民政局、上海市市场监督管理局对《上海市养老机构服务收费管理办法》进行了修订，修订后除了继续重申 2016 版主要内容外，特别强调养老机构服务收费要实行明码标价，民政部门、价格主管部门应当通过政府网站、政务新媒体、办事大厅公示栏、服务窗口等途径向社会公开养老机构服务收费标准制定和调整办理指南。

（二）完善养老服务扶持政策

1. 养老设施建设补助政策

2006 年 10 月 20 日，上海市民政局、上海市发展和改革委员会等 7 部门联合发布了《关于进一步促进上海市养老服务事业发展的意见》（沪民福发〔2006〕18 号），对于符合条件的新增公益性养老床位，由市建设财力和福利彩票公益金在现有基础上继续给予一定的补贴，区县财力与市配比一般不少于 1：1，有条件的区县应增加配比；市建设财力对列入 2006 年政府实事项目的 20 个示范型老年人日间照料中心，每个给予 30 万元的一次性建设补贴，区县财力与市配比一般不少于 1∶1，有条件的区县应增加配比；对本市符合一定条件、内设医疗机构、管理较好的养老机构，在纳入医保联网账户段、自付段结算的基础上，扩大附加基金段结算范围。

2008 年 12 月 2 日，上海市民政局发布了《关于进一步做好新增养老床位建设经费补贴工作的通知》（沪民福发〔2008〕36 号），明确对新增养老床位给予每张床位 5000 元建设经费的市级补贴，各区县应按不少于 1∶1 的比例予以配比，有条件的区县应根据新增养老床位新建、改扩建等不同形式增加配比。

2015 年 11 月 12 日，上海市民政局、上海市财政局发布了《关于加快推进本市长者照护之家建设的通知》（沪民福发〔2015〕27 号），提出由市级福利彩票公益金按照每张床位 1 万元的标准对长者照护之家的床位进行一次性补贴，各区按照不低于 1∶1 的比例进行配补。

2016 年 8 月 18 日，上海市人民政府办公厅印发了《关于推进本市"十三五"期间养老服务设施建设的实施意见》的通知（沪府办〔2016〕70 号），明确在"十三五"期间，对政府投资新建或改造并形成产权的保基本养老机构，以及社会投资举办并形成产权的保基本养老机构，由市级建设财力给予相应补助，具体补贴标准如下。

（1）新增养老机构

政府投资新建并形成产权的养老机构补助标准：大型居住社区内的养老机构，市级建设财力按每床建设资金的 75% 给予支持（不含土地费用），按照核定的每平方米 4600 元床均建设成本折算，市级建设财力给予每平方米 3450 元补助，每张床位补助上限为 12 万元；大型居住社区外的养老机构，根据区财力情况，实行分类补助，对郊区和普陀、虹口、杨浦在本区域内建设的养老床位，按照核定的每平方米 4600 元床均建设成本折算，市级建设财力给予每平方米 2300 元补助，每张床位补助上限为 8 万元；对黄浦、静安、长宁、徐汇在本区域内建设的养老床位，每床由市级建设财力按照 2 万元的标准予以补助。

对社会投资改造并形成产权的保基本养老机构，由市级福利彩票公益金按照每床 2 万元的标准予以补贴，各区按照不低于 1∶1 的比例进行配比，已由市级建设财力补助的项目不再享受市级福利彩票公益金补贴。

对其他非营利性养老机构，由市级福利彩票公益金按照每床 1 万元的标准予以补贴，各区按照不低于 1∶1 的比例进行配比。

对区级政府利用存量资源实施改扩建新增的养老机构，市级建设财力对于改造投入（不含存量购置费用）给予投资补助，投资补助按实计算，不超过改造投资的 50%，补助上限按照各区相应的新建养老机构补助标准控制。

（2）社区养老服务设施

社区综合为老服务中心：对符合条件的社区综合为老服务中心，由市级福利彩票公益金给予每家 60 万元的一次性补贴。

长者照护之家：按照市民政局、市财政局出台的《关于加快推进本市长者照护之家建设的通知》执行。

老年人日间照料中心：对不同规模的老年人日间照料中心，由市级福利彩票公益金给予每家 15~60 万元的一次性补贴，各区按照不低于 1∶1 的比例配比。

社区老年人助餐点：对不同类型的社区老年人助餐点，由市级福利彩票公益金给予每家 20 万元以内的差别化一次性补贴，各区按照不低于 1∶1 的比例配比。对由社会餐饮单位、机关企事业单位食堂等稳定持续提供社区老年人助餐服务的网点，由市级福利彩票公益金按照网点服务规模，给予一次性补贴。

社区睦邻点：对符合条件的社区睦邻点，由市级福利彩票公益金按照每个睦邻点 1 万元的标准给予一次性补贴。

（3）医养结合设施

对符合条件的社区养老服务机构和社会组织设置的护理站，参照市民政局、市财政局出台的《关于对本市非营利性养老机构实施"以奖代补"扶持政策的通知》，由市级福利彩票公益金给予每个护理站 10 万元的一次性补贴。

2018 年，上海市民政局发布了《认知症照护床位设置工作方案（试行）》，明确提出由市级福利彩票公益金给予每个认知症照护单元一次性开办补贴 10 万元，在既有养老服务机构内设置的认知症照护床位，由市级福彩金按每张床位 1 万元的标准给予补贴，各区政府按照不低于 1∶1

的比例配补，新建养老服务机构中设置认知症照护床位的，可享受新增养老床位的一次性建设补贴或认知症照护床位的一次性床位补贴。

2021 年 12 月 13 日，上海市人民政府办公厅发布了《上海市人民政府关于推进本市"十四五"期间养老服务设施建设的实施意见》（沪府办规〔2021〕13 号），明确提出"十四五"期间，由市、区两级财政统筹建设财力和福利彩票公益金等资金，对纳入规划的养老服务设施给予扶持，具体补贴扶持如下。

（1）新增养老机构

对于政府投资兴建或改造并形成产权的保基本养老机构：大型居住社区外的由市级建设财力给予每张床位不超过 12 万元的补助；大型居住社区内的由市级建设财力给予每张床位不超过 18 万元的补助。

对于社会投资举办并形成产权的保基本养老机构：由市级福利彩票公益金按照每张床位 2 万元的标准补贴；区财政均按照不低于 1∶1 的比例配比；中心城区、户籍老龄化程度较高（超过全市平均水平）的郊区可按照不低于 1∶1.5 的比例配比。

对于其他非营利性养老机构：由市级福利彩票公益金按照每张床位 1 万元的标准补贴；区财政均按照不低于 1∶1 的比例配比；中心城区、户籍老龄化程度较高（超过全市平均水平）的郊区可按照不低于 1∶1.5 的比例配比。

对养老机构（含长者照护之家）中设置的认知障碍照护床位，由市级福利彩票公益金按照每张床位 1 万元的标准给予一次性补贴，区财政均按照不低于 1∶1 的比例配比，由市级福利彩票公益金对认知障碍照护一次性给予 10 万元的补贴。

（2）护理型床位

按照每张床位 2000 元的标准给予一次性补贴，由市级福利彩票公益金和区财政各承担 50%。

（3）存量养老机构升级改造

由市级福利彩票公益金按照总投资额的 30% 给予补贴，各区按照不低于 1∶1 的比例配比，市、区两级总补贴金额每张床位 1 万元封顶。

（4）社区嵌入式养老服务设施建设

社区综合为老服务中心：对建筑面积在 800 平方米（含）以上的，

由市级福利彩票公益金一次性补贴 100 万元；800 平方米以下 500 平方米以上的，由市级福利彩票公益金一次性补贴 50 万元；各区按照不低于 1∶1 的比例配比。

长者照护之家：由市级福利彩票公益金按照每张床位 1 万元的标准给予一次性补贴，各区按照不低于 1∶1 的比例配比。公用事业收费、购买综合责任保险等优惠及自主标准参照养老机构相关政策执行。

老年人日间照料中心：单独设置的老年人日间照料中心，由市级福利彩票公益金按照项目投资额分档给予一次性补贴。项目建设投资额在 30 万元（含）至 59 万元的，补贴 15 万元；项目建设投资额在 60 万元（含）至 99 万元的，补贴 30 万元；项目建设投资额在 100 万元（含）至 149 万元的，补贴 40 万元；项目建设投资额在 150 万元（含）以上的，补贴 60 万元；各区按照不低于 1∶1 的比例配比。

社区老年助餐服务场所：由市级福利彩票公益金按照供餐能力分档给予一次性补贴。社区长者食堂每天供应 800 客及以上的，补贴 50 万元，每天供应 500 客（含）至 799 客的，补贴 30 万元；每天供应 150 客（含）至 499 客的，补贴 10 万元；老年助餐点补贴 1 万元；各区按照不低于 1∶1 的比例配比。

示范睦邻点和家门口养老服务站（点）：由市级福利彩票公益金按照每个点 1 万元给予一次性补贴，各区按照不低于 1∶1 的比例配比。

长者运动健康之家：建筑面积在 50 平方米（含）至 99 平方米的，一次性补贴 15 万元；100 平方米（含）至 149 平方米的，一次性补贴 20 万元；150 平方米以上的，一次性补贴 25 万元；由市级福利彩票公益金和区财政各承担 50%。

上述社区嵌入式养老服务设施相关的市级补贴资金，不超过相应设施实际投资金额的 50%。

2. 养老服务机构运营补贴政策

早在 2006 年 10 月 20 日，上海市民政局、上海市发展和改革委员会等 7 部门就联合发布了《关于进一步促进上海市养老服务事业发展的意见》（沪民福发〔2006〕18 号），要求各区县对符合有关规定运营的社会办（包括公办民营）养老机构，应建立和完善日常运作补贴机制。对社区助老"万人就业项目"的本市户籍从业人员，从 2006 年 9 月 1 日起，在原有收入标准的基础上，每人每月提高 150 元；具有本市户籍的养老服务从业人员，继续享受劳动部门"万人就业项目"政策中的培训经费补贴；对其他养老服务从业人员的培训，可由区县政府以购买服务的形式予以落实；居家养老服务日常运作经费、人员经费、低收入老人的评估经费等，由各级财政予以安排；对民办非企业单位性质的居家养老服务组织、老年人日间服务中心等，由区县或街道（乡镇）以政府购买服务的形式予以相应保障。

2015 年 1 月 27 日，上海市民政局、上海市财政局发布了《关于对本市非营利性养老机构实施"以奖代补"扶持政策的通知》（沪民福发〔2015〕2 号），重点针对当前困扰养老机构发展的医疗服务资源少、服务人员技能弱、运营管理水平低等突出问题，进行补贴支持。对于养老机构已在内部设立医疗机构，经卫生计生部门批准投入正常使用的，给予一次性奖励5 万元（由财政资金投入开设的医疗机构不予奖励，下同）。根据养老机构内设医疗机构的不同类型，分别给予一次性补贴，其中对于设置护理站、医务室/保健站、卫生所的，给予 10 万元的一次性补贴；对于设置护理院或者门诊部的，给予 50 万元的一次性补贴。招用持有养老护理员初级、中级、高级证书的护理员，分别按持证人数乘以本市上年度最低工资10%、15%、20%的标准给予养老机构奖励补贴；招用医护、康复、社会工作等专技人员，按专技人员数乘以本市上年度最低工资 40%的标准给予养老机构奖励补贴。凡连锁经营机构数达两家以上，且单个机构床位规模在 50 张以上，经过综合评估，服务对象满意、服务质量良好以上的品牌连锁经营养老机构，给予一次性奖励 15 万元。同时，每新增加一家机构，奖励 15 万元。

2015 年 11 月 12 日，上海市民政局、上海市财政局发布了《关于加快推进本市长者照护之家建设的通知》（沪民福发〔2015〕27 号），要求各区政府给予长者照护之家运营补贴，自正式执业之日起补贴 3 年，按照每张床位第一年 5000 元、第二年 3000 元、第三年 2000 元的标准扶持。

2017 年 9 月 1 日，上海市民政局、上海市财政局发布了修订后的《关于对本市非营利性养老机构实施"以奖代补"扶持政策的通知》（沪民规〔2017〕6号），基本保留了2015版通知的精神，只是将招用持有养老护理员初级、中级、高级证书的护理员的奖补从原先的10%、15%、20%，调整为20%、30%、50%；将招用医护、康复、社会工作等专技人员的奖补从原先的40%调整为50%。

2018年，上海市民政局发布了《认知症照护床位设置工作方案（试行）》，规定由各区政府给予认知症照护床位运营补贴，自正式执业之日起补贴三年，按照每张床位第一年5000元、第二年3000元、第三年2000元的标准进行扶持；对养老服务机构员工制招用在认知症照护单元专门从事认知症照护服务的护理员，按考核合格人数乘以本市上年度最低工资50%的标准给予养老服务机构奖补。

2019年，上海市发布了《关于规范本市养老护理人员职业技能补贴培训实施工作的通知》（沪人社职〔2019〕280号），规定培训对象参加养老护理、养老护理（医疗照护）培训且评价合格，在岗从业人员在报名注册时或意向招录人员在评价合格后四个月内，可按补贴标准享受80%培训费补贴；对新录用或转岗从事养老护理的在职人员，养老护理服务机构和医疗机构可参照本市企业新型学徒制相关政策，开展3或6个月学徒制带教培训，并按学徒制补贴标准享受1000元或2000元培训补贴。

2021年4月25日，上海市民政局、上海市财政局发布了《上海市养老服务机构"以奖代补"实施办法》，在本市行政区域内对养老服务机构上一年度的运营情况予以"以奖代补"，奖补项目包括招用持证人员奖、品牌连锁运营奖、内设医疗机构奖、服务质量提升奖、家庭照护床位运营奖。

（1）招用持证人员奖的奖补标准

每位持证人员的奖补额度＝持证人员缴纳社会保险的月数×当年月最低工资标准×比例。具体比例为：养老护理员五级为20%，四级为40%，三级、二级、一级为60%；专技人员为60%。

（2）品牌连锁运营奖的奖补标准

自主投资并运营两家养老机构的，一次性奖补20万元。自主投资并运营两家长者照护之家的，一次性奖补10万元。运营管理两家政府投资举办的养老机构或长者照护之家的，一次性奖补10万元。取得前款奖补的，每多一家自主投资并运营的养老机构，奖补 20 万元；每多一家自主投资并运营的长者照护之家，奖补 10 万元；每多运营一家政府投资举办的养老机构或长者照护之家，奖补 10 万元。已获得"品牌连锁奖"的养老机构不再重复计算享受。

（3）内设医疗机构奖的奖补标准

对设置护理站、医务室/保健站、卫生所的养老机构，给予一次性奖补 10 万元。对设置护理院或者门诊部的养老机构，给予一次性奖补 50 万元。

（4）服务质量提升奖的奖补标准

对本市养老机构等级评定为四级、五级的，在其等级评定有效期内，分别给予一次性奖补 10 万元、15 万元，其中从四级升为五级的，按照补差原则给予 5 万元奖补。

对连续三年获得养老服务质量日常监测"优秀"等次的，给予一次性奖补 5 万元，但三年内只享受一次。

（5）家庭照护床位运营奖的奖补标准

提供家庭照护床位服务，且连续六个月签约服务总人数平均每月达到 100 人（签约服务周期不低于 1 个月）的养老服务机构，一次性奖补 15 万元；同时，每连续六个月平均每月新增加 100 人，奖补 15 万元。

2021 年 12 月 13 日，上海市人民政府办公厅发布了《上海市人民政府关于推进本市"十四五"期间养老服务设施建设的实施意见》（沪府办规〔2021〕13 号），要求各区对认知障碍照护床位和社区嵌入式养老服务设施给予运营补贴，自正式执业之日起补贴 3 年，分别按照每张床位第一年 5000 元、第二年 3000 元、第三年 2000 元的标准扶持。

3. 养老服务机构风险防范机制

2008 年 12 月，上海市民政局发布了《关于推行养老机构意外责任保险的通知》（沪民福发〔2008〕33 号），在全国率先开始实施"上海市养老机构意外责任险"，养老机构意外责任险的保险金由养老机构承担三分之一，政府补贴三分之二，并通过全市公开招标，选出了太平洋、平安等 3 家公司作为养老机构意外责任险承保单位。在全市养老机构推行养老机构意外责任险是降低养老机构行业风险，建立风险分担机制的一大举措。

2010 年 1 月 7 日，上海市民政局发布《关于实施 2010 年养老机构综合责任保险有关事项的通知》（沪民福发〔2010〕3 号），在总结全市养老机构综合责任保险开展情况的基础上，决定实施养老机构综合责任保险，年保险费单价标准为 140 元/床位，市、区县民政局分别资助每年 50元/床位，养老机构自我承担每年 40 元/床位，投保实际床位数超出核定床位的，超出部分由养老机构自行承担全额保费。被保险养老机构在本保险期内无理赔发生，下年度续保时每床保险费在本年度标准保费基础上优惠 15%。被保险养老机构本年度保险期限结束时赔付率（实际赔款/实际保费）低于 20%（含），下年度续保时每个床位的保险费在本年度标准保费基础上优惠 10%。为了帮助养老机构有效处理意外伤害事件发生后的有关理赔事宜，市民政局将委托保险经纪公司（通过公开招标确定）提供专业理赔服务。

2017 年，上海市还试点出台了涵盖服务人员、服务对象以及涉及第三方责任的社区养老服务综合保险。

（三）落实支持养老服务业发展的税费政策

上海市积极贯彻落实国家对养老服务业发展的各项税收优惠和行政性收费减免等优惠政策。对养老机构提供的养老服务免征营业税，对非营利性养老机构自用房产、土地，免征房产税、城镇土地使用税，对符合条件的非营利性养老机构，按照规定免征企业所得税。对企事业单位、社会团体和个人向非营利性养老机构的捐赠，符合相关规定的，准予在计算其应纳税所得额时，按照税法规定比例扣除。对非营利性养老机构建设，免征有关行政事业收费。对营利性养老机构建设，减半征收有关行政事业收费。对养老机构提供养老服务，适当减免行政事业收费。

2020 年 5 月 13 日，上海市人民政府发布的《关于促进本市养老产业加快发展的若干意见》再次提出了一系列加强财税支持的政策措施，比如充分发挥服务业发展引导资金、中小企业发展专项资金、市信息化发展专项资金、软件和集成电路发展专项资金等财政专项资金的引导作用，对符合条件的养老服务、康复辅具、智慧养老等企业和项目给予支持；进一步落实国家和本市扶持小微企业相关税收优惠政策，对符合条件的小型微利养老服务企业，按照国家相关规定，给予增值税、所得税等税收优惠；对在社区依托固定场所设施，采取全托、日托、上门等方式为社区居民提供养老服务的企业、事业单位和社会组织，其提供养老服务取得的收入，免征增值税，在计算企业所得税应纳税所得额时，减按90%计入收入总额，对用于提供养老的房产、土地，符合条件的，按照规定享受契税、房产税、城镇土地使用税优惠政策。

与此同时，结合实际，积极创制扶持政策。2014年6月16日，上海市发展和改革委员会（上海市物价局）、上海市民政局发布了《关于本市养老机构执行水、电、燃气、有线电视等价格标准的通知》（沪发改价管〔2014〕9号），明确规定养老机构用水、用电、用气应与周边工业、商业或其他单位设施实行分表计量，实际使用量分别按照水、电、燃气居民生活类价格标准计费，暂不实行阶梯式价格；养老机构有线电视收视维护费按现行每月每端6.5元收取，新用户和老用户改造增量部分的终端安装费按每端240元收取，凡配套标清基本型机顶盒的，按每台250元收取。电信业务资费实行市场调节价后，鼓励有关经营单位对养老机构使用的固定电话收费给予优惠；为养老机构实施的供电配套工程收费，根据《关于本市35千伏、10千伏非居民电力用户供电配套工程试行定额收费的通知》（沪发改价管〔2012〕021号），按规定标准的90%执行。为养老机构实施的有线电视配套工程收费，经有关部门认定的新建项目（新用户）最高标准不得超过每平方米建筑面积13元，数字化整转改造项目（老用户）免收工程改造费。为养老机构实施的供水、供气和固定电话配套工程收费，鼓励有关经营单位在现行收费方法的基础上给予优惠。2020年1月21日，上海市发展和改革委员会（上海市物价局）、上海市民政局再次发布《关于上海市养老服务机构执行水、电、管道燃气、有线电视等价格标准的通知》（沪发改价管〔2020〕2号），再次重申了上述通知的精神，并细化了通知的适用范围，包括养老机构、社区托养服务机构、社区综合为老服务中心、社区老年助餐服务机构、社区支持类服务机构。

（四）制定支持养老服务业发展的土地政策

2014年4月4日，上海市人民政府出台了《关于加快发展养老服务业推进社会养老服务体系建设的实施意见》，明确规定将养老机构等服务设施建设用地纳入土地利用总规划和土地利用年度计划，合理安排用地需求。在符合规划、确保安全等前提下，可将闲置的公益性设施用地有限调整为公益性养老服务设施用地。民间资本兴办的非营利性养老机构与政府兴办的养老机构享有同等的土地使用政策，可以依法使用国有划拨建设用地或者农村集体建设用地。对营利性养老机构，按照国家对经营性用地依法办理有偿用地手续的规定，优先保障新增供应。鼓励利用存量自有土地或集体用地，对符合土地协议出让规定的，可采用协议出让方式供地。鼓励以租赁方式供应养老用地，降低养老服务设施建设成本。

2020 年 5 月 13 日，上海市人民政府发布了《关于促进本市养老产业加快发展的若干意见》，明确提出要保障新增养老服务设施用地需求。对新建养老服务设施项目符合《划拨用地目录》的，采取划拨方式供地；营利性养老服务设施项目，以租赁、先租后让、出让方式供应，鼓励优先以租赁、先租后让方式供应。降低养老用地成本，制定体现均质性、公益性和社会性的养老用地新地价，引导整体地价水平与标准厂房类工业基准地价相当。鼓励利用存量资源加大养老服务设施供给力度，定期发布存量设施用于养老服务的资源目录，多渠道增加养老设施供给。

（五）出台支持养老服务发展的金融政策

2014 年 4 月 4 日，上海市人民政府出台了《关于加快发展养老服务业推进社会养老服务体系建设的实施意见》，提出了一系列拓展养老行业融资渠道的举措，诸如积极利用现有财政扶持政策以及不断拓宽信贷抵押担保物范围，促进金融机构加大对养老服务业的信贷投入力度；探索老年人住房反向抵押养老保险、企业年金等各类保险工具，增强老年人的支付能力；鼓励发展各类养老服务业保险产品，探索针对老年护理需求的商业保障计划；支持养老机构通过发行企业债券、引入投资基金及开展资产证券化等方式融资，不断丰富养老服务业的融资渠道。

2020 年 5 月 13 日，上海市人民政府发布了《关于促进本市养老产业加快发展的若干意见》，也提出了一系列支持养老服务业发展的金融举措，诸如政府引导、企业参与，研究设立上海市养老产业投资引导基金，发挥对养老产业关键领域和重大项目的投资带动作用；鼓励商业银行和政策性银行出台针对养老产业的专项信贷政策，拓宽贷款抵质押品范围，借助银税互动、上海市大数据普惠金融应用等平台，提高对养老企业信贷投放的精度并加大力度；加强市中小微企业政策性融资担保基金对养老产业的支持，明确具体的支持范围和操作流程；鼓励非银行金融机构通过信托、融资租赁等方式，加大对养老产业的融资支持力度；支持符合条件的养老企业通过上市、发行债券和资产支持证券等方式融资；鼓励风险投资、股权投资等机构加大对处于初创阶段、市场前景广阔的养老企业的投资力度。

二　存在问题

（一）缺乏有效的激励和约束机制

上海市出台的养老服务政策文件中有不少政策文件都提出了保障措施和有关要求，但是并没有将其纳入考核体系中，也没有建立养老服务政策实施效果的奖惩机制，缺乏强制力与约束力，政策实施的目标和效果打了折扣。

（二）财政投入方式以"补供方"为主，加剧了对养老机构的依赖

在养老服务领域，政府的财政投入一直是"补供方"，比如加大硬件设施建设、提供经费补助等，这种"补供方"的投入方式，会加剧老年人对养老机构特别是公办养老机构的依赖，导致养老服务机构尤其是公办养老机构资源紧张，需要排队等候。上海市相对于全国其他地区而言，社区居家养老服务发展得比较好，但服务效能并不高，居家和社区养老有效服务不足，加上受消费观念及支付能力（上海市老年人平均退休金不足5000元）等各方面因素影响，在没有政府补贴或补贴不多的情况下，当前很大一部分老年人普遍不愿或无力自费购买居家养老服务。

（三）对民办养老机构的支持力度不大，相关优惠和支持政策落实不到位

一是土地划拨政策难以落实。众多政策文件均要求强化养老服务设施用地保障，加强养老机构用地划拨，但是很难落实到位。二是优惠措施落实不到位。相关政策文件要求民间资本举办的各类养老机构或服务设施要与居民家庭用电、用水、用气、用热同价。但是，优惠力度不够大，比如水电优惠参照居民标准，在养老机构使用量较大的情况下，优惠力度明显减弱。尤其是在机构建设的初期，如果相关优惠与支持政策不到位，可能会导致民办养老机构压力重重。三是民办养老机构的信贷支持政策难以落实，融资渠道不通畅，融资困难较大，发展举步维艰。

三　对策建议

（一）有效的激励和约束机制

建议将养老服务政策落实情况纳入区、街镇的考核体系中。建立养老服务政策实施的激励与约束机制，将政策实施评估结果作为对地方各级政府考核的重要依据

（二）将以"补供方"为主的投入方式转为"补需方"

建议应尽快将当前以"补供方"为主的投入方式转为"补需方"，增加养老服务补贴，进一步提高老年人养老照护支付能力。一些欧洲国家的实践表明，从"补供方"改为"补需方"能够有效减少对养老机构的依赖。荷兰实行了全面保险 AWBZ 计划，1994 年之后，转变做法，将其中的照料服务补贴直接发放给个人，这样一来老年人可以自行选择机构，同时也给他们选择在家自行养老增添了动力。这种做法颇有成效，数据显示，养老机构自此之后的照料率降低了四分之一。

（三）严格落实对民办养老机构的各项优惠和支持政策

进一步严格落实民办养老服务机构建设的土地划拨政策和税收优惠政

策。对于水电等优惠措施，建议完善阶梯定价办法，提高基础定价的使用量，或者给予适当的政府补贴。在信贷支持方面，可以探索成立政府性信贷基金或养老服务机构培育基金，为民办养老服务机构提供贷款支持。加强与商业银行的合作，提供信用担保与贷款贴息，拓宽民办养老服务机构的融资渠道。

（时　尉）

第十二章 上海市养老金融发展现状、存在问题与对策建议

一 发展现状

（一）制定了支持养老金融的相关政策和鼓励措施

中国人民银行上海总部印发了《2021年上海信贷政策指引》（上海银发〔2021〕65号），明确要求金融机构"加大对养老服务机构信贷支持力度，开发差异化金融产品，满足不同群体的养老保障需求。加大康复辅助器具产业支持和康复扶贫贷款发放力度"；实施了2019～2021年信贷风险补偿和信贷奖励政策，引导在沪银行加大对养老等产业的信贷投放；支持长江养老保险创新推出全生命周期型个人养老保障产品，探索根据投资人年龄变化动态调整资产配置方案；鼓励加快发展商业长期护理保险；持续支持住房反向抵押养老保险；加快推进"存房养老"业务；支持符合条件的养老企业通过上市、发行债券和资产支持证券等方式融资；鼓励金融机构发行养老目标基金等产品；鼓励在沪金融机构通过融资租赁、信托计划等方式，加大对养老服务机构及相关企业的多元化融资支持；鼓励银行等金融机构发挥中小微企业政策性融资担保基金的风险分担作用，为养老企业提供融资增信支持；加大监测预警力度，防范金融诈骗，保障老年群体账户安全；加强联动，对养老服务中虐老欺老行为、重大安全责任事故、违法开展金融活动等行为依法严厉查处，维护老年人的合法权益；推动银行等金融机构开展适老化金融服务，提升养老金融服务质效，增强老年人获得感。

（二）金融机构积极响应，养老金融服务升温

2021年6月16日，交通银行推出了"交银养老"品牌，提出金融战略行动计划20条。交行表示将进一步加大信贷支持力度，为优质养老机构和为老服务商按入住或服务合同提供快捷经营贷款。

同一天，上海农商银行发布了"安享心生活"品牌，服务的户籍老年客群数已突破300万人，占全市户籍老年人口半数以上。该行将打造百家养老特色主题网点，完善更多软硬件细节。例如，放大业务指引牌的字号，提升座椅高度，增加扶手座椅，桌子改用圆角设计，加装防滑扶手和设置报警按钮的卫生间，增加配备老花镜、放大镜等便利工具。为方便老年客户申领新版社保卡，上海农商银行还在全市首家推出社保卡即时自助制卡机具，帮助客户在家门口实现卡片升级换新。在线上服务方面，该行专为老年客群打造手机银行"乐龄版"，解决老年人使用手机银行的痛点。不仅放大了界面字体、简化服务功能，还新增语音直联人工客服功能，实现了用户与客服的一键沟通。

其他银行的网点也针对老年人喜欢使用存折的习惯，纷纷配置了存折取款机并放大了字号；开设了养老e理财及沪语人工服务专线；为老年客户提供应急支持，在网点摆放了老花镜、放大镜、拐杖等工具；推出了页面更简洁、字体更大、更适应老年人需要的手机银行App；还推出了便携式智慧终端上门服务，深入社区面向老年人开展反电信网络诈骗宣传，普及金融知识，为老年人筑牢反诈骗思想防线。

截至2021年3月，全市共有12家保险公司推出了33款商业护理保险产品；累计为本市720名老年人办理存房养老业务，受托管理房屋超过2300间，支付给老人租金收益超过2亿元；在沪中资银行社区养老贷款超过50亿元；截至4月，在沪基金管理公司共成立了54只养老目标基金，管理规模超过470亿元，共为80多万客户提供了服务；截至5月，幸福人寿上海分公司累计发放养老金超过2600万元。

二　存在问题

第一，目前银行推出的一些养老理财产品虽然在产品名称上体现了

"养老"这一主题，但实际上并没有设置养老保障的金融功能；一些养老金融产品覆盖面窄、保障程度不足，而且同质化严重，让消费者觉得解决不了大问题。这些产品与现有普通理财产品的区分度不大，并不能够跟养老需求契合，可以说养老只是噱头。

第二，对养老服务及养老产业的融资支持力度不足，手段单一。针对养老服务及养老产业，多家商业银行出台了专项信贷政策，为上下游养老企业提供融资支持。但与传统行业相比，养老信贷政策支持力度不足，整体投放规模十分有限，难以真正有效满足当前我市养老行业日益增长的融资需求。另外，目前商业银行对养老行业的融资支持主要以信贷产品为主，信贷资产支持证券、专项金融债等创新方式应用较少，配套的投资银行、现金管理、结算托管等在内的综合化金融服务也存在短板。

第三，银行营业网点尚未为老年人制作专门的办事指南，老年人往往需要咨询老半天才能弄清楚需要办的业务如何去办，极不方便；老年人在自助设备上操作，由于眼睛不好或者操作不熟练，经常被吞卡，致使老年人对自助办理业务望而生畏。

三　对策建议

第一，金融界应在产品和服务方面加大创新，在产品功能设计上以保障为主，充分注意到居民在养老阶段最主要的需求是健康保障，在设计相关金融产品时，可多与居民的健康保障需求相结合。也就是说，要发展体现长期性、安全性和领取约束性且真正具备养老功能的符合养老跨生命周期需求的差异化金融产品，包括养老储蓄存款、养老理财、专属养老保险、商业养老金等。

第二，提供多层次养老金融产品供应体系，搭建综合化、一体化、智能化养老金融服务平台。一是以退休时间为目标日期，发行具备整存零取、定期结息、限额内利率上调等特性的养老专属储蓄产品。二是配合养老金生命周期的资产配置和财富管理要求，探索目标日期及目标风险策略、类社保多资产策略的理财产品，同时丰富包括定投、定赎、定期分红等的养老产品新特性。三是创新个人养老信贷产品，提供包括老年医疗、旅游等领域消费信贷产品，及个人住房接力贷款、住房反向抵押贷款等住房信贷产品。四是发展私人银行高端养老产品，以家族信托为核心提供高端养老财富传承服务，通过家族信托、养老规划等实现高端客户在商业银行的代际传承。五是发挥商业银行集团优势，满足老年人养老健康、养老保障及资产升值需求，推出养老专属保险、基金产品，丰富集团体系的养老金融产品线。与此同时，建设"智慧养老"综合化金融服务平台，提供"金融+非金融"一体化养老服务。通过强化应对人口老龄化的科技创新能力，拓展智慧养老场景，搭建全程智能、实时捕捉、持续优化的养老金融服务平台，提供包括养老储蓄、养老理财、养老基金、养老保险、养老保障等在内的系列养老产品，并提供投资顾问、财务规划、税务咨询等综合金融增值服务；把金融服务与覆盖衣、食、住、行、医等的综合性养老服务有效结合，提供老年人所需的健康管理、保健养生、法律顾问、财产保全、消费优惠等一系列增值服务。

第三，进一步完善基层营业网点老年人办事设施设备，如制作老年人通俗易懂的办事指南，指导商业银行在自助设备间增设呼叫按键、语音提示和操作说明等必要措施，使有意愿的老年人能够更加方便地自助办理业务。

（吴　萍）

第十三章 上海市社区居家养老适老化改造发展现状、存在问题与对策建议

一 发展现状

为了让老年人社区居家养老更舒适，提升老年人的幸福感、获得感、安全感，上海市将社区居家养老环境适老化改造列入市委、市政府"民心工程"的民生项目，在全市范围内全面推进，探索形成了符合超大型城市特点的适老化改造创新模式。

（一）形成了社区居家养老环境适老化改造政策体系

2012 年，上海市人民政府印发了《上海市老龄事业发展"十二五"规划》（沪府发〔2012〕22 号），提出深入开展"老年友好城市"和"老年宜居社区"创建工作，依据世界卫生组织有关"老年友好城市"的标准，结合上海实际研究制定上海"老年友好城市"和"老年宜居社区"创建标准，探索相关政策措施，推进服务和设施等方面的建设改造。

2016 年 9 月，上海市人民政府发布了《上海市老龄事业发展"十三五"规划》（沪府发〔2016〕85 号），提出加强对城市适老环境建设的宏观研究和总体规划，推进与老年人生活相关的公共设施和家庭无障碍改造。通过政府支持、社会参与、家庭自助等方式，为有需求的老年人家庭环境实施居室适老化改造。"十三五"时期，完成符合条件的困难老人家庭环境适老化改造共 5000 户。

2019 年 5 月 27 日，上海市人民政府发布了《上海市深化养老服务实

施方案（2019—2022 年）》（沪府规〔2019〕26 号），要求结合城市更新计划、美丽街区建设等，制定居室和小区适老化环境改造建设标准，采取市场化运作和政府资助等方式，引导困难、无子女、失能、高龄等老年人家庭实施适老化改造。

2019 年 12 月 31 日，上海市民政局发布了《关于本市开展老年人居家环境适老化改造试点的通知》（沪民养老发〔2019〕31 号），指出未来一年内，在上海部分街道试点开展面向老年人家庭的居室环境适老化改造，首批试点街道为黄浦区南京东路街道、徐汇区凌云路街道、长宁区华阳路街道、杨浦区江浦路街道和控江路街道，闵行区江川路街道以及开展家庭照护床位试点的街道，并对试点原则、试点范围、服务对象、改造内容、办理流程、补贴对象、补贴标准、补贴范围及结算、工作要求做了详细的规定。

2020 年 12 月 24 日，上海市民政局发布了《关于本市居家环境适老化改造扩大试点工作的通知》（沪民养老发〔2020〕31 号），决定在全市范围内的 45 个街镇扩大试点，并对适老化改造试点的总体要求、试点范围及对象、改造内容、申办方式、政策支持、工作要求进行了细化、补充和完善。

2020 年 12 月 30 日，上海市人大常委会通过并公布了《上海市养老服务条例》，规定本市支持为老年人提供家庭适老化改造、适老性产品安装、康复辅助器具配备和使用指导、智慧养老相关硬件和软件安装使用等服务。符合条件的经济困难老年人进行家庭适老化改造的，由市、区人民政府给予适当补贴。

2021 年 6 月，上海市人民政府办公厅发布了《上海市老龄事业发展"十四五"规划》（沪府办发〔2021〕3 号），提出制定完善适老化房屋建设和改造标准，探索"政府补贴一点、企业让利一点、家庭自负一点"的资金分担机制，引导困难、无子女、失能、高龄等老年人家庭实施适老化改造，支持将新城纳入居家环境适老化改造政策范围。

（二）出台了可供自由选择的适老化改造项目清单

上海市民政局根据适老性、普遍性和多样性的原则，聚焦老年人安全、健康等需求，形成涵盖卫生间、厨房、客厅、卧室等七大日常生活场景的 60 余项 200 多种产品供老年人选择，这些产品共分为三个服务包，分别是"基础产品服务包、专项产品服务包和个性化产品服务包"。基础产品服务包主要是满足老年人家庭基本适老化需求，包括根据肢体支撑需要安装易于抓握、手感舒适的扶手和抓杆类产品；根据地面防滑处理需要安装防滑贴、防滑垫等产品；根据紧急呼救需要安装易燃气体和火灾自动监测报警、防灾应急装置等老年安全防护产品。专项产品服务包主要是针对试点中反映出来的普遍存在的浴缸洗浴不便且不安全的问题，提供"浴改淋"标准化套餐服务，包括浴缸拆除、防滑处理、淋浴及助浴设备安装等服务。个性化产品服务包主要是满足个性化居住环境要求，提供智能家居类、健康监测类等产品及服务，以及局部或全屋适老化施工改造服务。这三类服务包的产品配置和组合方式将持续优化，逐步增加产品清单种类，丰富老年人选择。

（三）建立了社区居家养老环境适老化改造体验点

为更有效地宣传发动，将居家环境适老化改造送到居民家门口，让老人能"看得见、摸得着、听得懂、放心改"，目前全市已建成并开放了 6 个"居家环境适老化改造体验点"，分别位于南京东路街道、华阳路街道、控江路街道、龙华街道、虹桥街道、江湾镇，将适老化改造的生活场景进行实景呈现，将产品融入场景中进行展示，以方便居民亲身体验适老化改造带来的益处。

（四）采取了市场化资金分摊机制

在适老化改造过程中，上海市试点采取了市场化运作与政府补贴相结合的方式，探索"政府补贴一点、企业让利一点、家庭自负一点"的资金分担机制，引导和支持包括困难、无子女、失能、高龄等特殊群体在内的全体老年人家庭实施适老化改造。积极探索调动各方力量参与，多渠道提升老年人支付能力，如积极协调公积金用于适老化改造，鼓励和引导公益慈善组织、爱心企业等社会力量捐赠支持，发动商业保险机构创新适老化相关保险产品设计等，从而推动适老化改造在全市范围内开展。

（五） 实行了梯度化资金补贴标准

凡是本市户籍年满 60 周岁的老年人，且对申请改造的住房拥有产权或长期使用权，改造内容符合要求的，可申请享受补贴，每户家庭最高补贴额度为 3500 元。其中，最低生活保障家庭的老年人、低收入家庭的老年人、年满 80 周岁且本人月收入低于上年度城镇企业月平均养老金的老年人，分别按照实际改造费用的 100%、80%、50% 进行补贴；经上海市老年照护统一需求评估具有二级及以上照护等级的老年人，经街镇审核认定的无子女的老年人以及高龄独居或者纯老家庭的老年人，按 40% 补贴。补贴资金主要由福利彩票公益金给予支付。在全市统一补贴政策的基础上，部分区、街镇也可给予一定补贴。

（六） 实施了试点先行、逐步推开的稳健策略

上海是全国率先推动社区居家养老环境适老化改造的城市之一。2011 年以公益项目模式开始试点居家适老化改造，当时规模很小；2012 年和 2013 年将居家适老化改造列入政府办实事项目，从公益项目变为公共服务；2014 年起又创新政府主导、社会参与、各方协同的新模式，让社会组织参与为老服务。自 2012 年起，由上海市级福彩金每年出资 2000 万元，连续 8 年每年对 1000 户低保困难老年人居住的房屋进行适度功能改造，增加适老化的设施设备，消除风险因素。截至 2019 年年底，上海已为 8000 户符合条件的困难老年人家庭实施居家环境适老化改造，有效改善了困难老年人家庭的居住条件和生活质量。然而，与上海市老龄化程度和家庭适老化需求相比，已经开展的传统适老化改造还存在覆盖面小、缺乏规范标准、消费市场尚未全面打开等问题。为此，2019 年年底，上海发布《关于本市开展老年人居家环境适老化改造试点的通知》，在 5 个区（黄浦、徐汇、长宁、杨浦、闵行）的 6 个街道开展居家环境适老化改造试点，将服务对象从以往每年 1000 户扩大到试点街道所有上海户籍 60 周岁以上老人。2020 年年底，试点范围已扩大至上海全市 16 个区的 51 个街镇。

经过为期一年半的试点，上海市民政局决定从 2021 年 7 月起，在本

市全面推进居家环境适老化改造，并在 2021 年实现上海中心城区街镇全覆盖，计划完成改造建设 5000 户，截至 2021 年 10 月共有 12262 户老年人家庭提出申请，8867 户完成入户评估，4915 户完成改造。同时，根据实际需求与条件，项目将有序向上海郊区拓展。

（七）制定了居家养老环境适老化改造标准

为了加快推进本市既有住宅适老化改造工作，为老年人提供适老、宜居的居住环境，2021 年 6 月，上海市住房和城乡建设管理委员会、市民政局研究制定了《上海市既有住宅适老化改造技术导则》，从安全性、功能性、舒适性、前瞻性 4 个维度对既有住宅的适老化检查与前评估、小区环境及设施的适老化改造设计、公共空间的适老化改造设计、套内空间的适老化改造设计、建筑设备与设施的适老化改造设计、适老化改造的施工与验收、适老化改造的后评估 7 个方面进行了规范，作为适老化改造的技术指南；同时，初步梳理形成了适老化改造服务商标准。以此为依据，在适老化改造申请、评估、设计、施工、验收、结算、售后等各个环节开展全过程的服务与监管，不断提升居家适老化改造质量及水平。

（八）提供了智能化适老化改造服务平台

上海市民政局采用统一的适老化改造平台提供线上服务，在"上海市养老服务平台"上设"适老化改造专区"，开通了"上海市居家环境适老改造服务平台"微信公众号及小程序，符合条件的老年人可通过这两个平台在线申请，实现老年人适老化改造"一趟也不跑"。系统还可自动比对老年人补贴类别，计算并发放补贴；审核并进行全流程的电子化监管，可全程实时对适老化改造各环节进行监督管理，确保服务质量。

（九）开展了老旧小区电梯加装工程，解决"悬空老人"的出行难题

为让"悬空老人"能够安心出行，上海市住房和城乡建设管理委员会出台了《既有多层住宅加装电梯民心工程方案》，印发了《关于公布既

有多层住宅加装电梯业主出资比例指导标准的通知》、《关于进一步明确本市既有多层住宅加装电梯审批管理等要求的通知》、《上海市既有多层住宅加装电梯前期调查与可行性评估技术导则（试行）》、《上海市既有多层住宅加装电梯技术文件编制导则》、《上海市既有多层住宅加装电梯房屋质量专项检测报告模板》和《上海市既有多层住宅加装电梯施工图典型案例》等，全面推进加装电梯的整体设计和规模化施工，已在虹口区逸仙小区、普陀区凤荷苑等十多个小区探索整小区统一设计，实施规模化加装电梯。截至 2021 年 6 月，全市累计已有 4356 个门洞通过居民意见征询（其中 2021 年 1~6 月通过 2653 个），已完成施工运行 939 台（其中 2021 年 1~6 月完工 424 台），目前正在施工的有 747 台。

各行政区积极探索，形成了许多富有成效的经验、做法。

静安区秉持法治引领三治融合思路，采取了一系列措施，持续推进既有多层住宅加装电梯实事项目。一是成立区、街道、居民区三级联动平台。通过上下联动、集中资源整体化推进加装电梯实事项目。同时，通过流程变革推动规模化量产、加梯全生命周期数字化管控、多方联动实现长效化管理等诸多创新之举，促进加梯工作不断提速。二是法治先行全程公开透明。在全面排查辖区各小区、各门洞实际情况的基础上，各街道制定加梯专业技术指导手册，公开加装标准、明确工作规则，为推进电梯加装工作提供坚实法治保障。通过社区志愿者、专职社工调解员、村居法律顾问等，借助人熟、地熟、事熟的优势，有针对性地开展纠纷协调及矛盾疏导，团结带动更多居民积极投身加装电梯等自治事务，推动居民间形成遇事友好协商、自觉运用自治规则解决治理难题的良性互动。三是充分发挥居民自治在加装电梯项目中的作用。业主委员会组织成立自治小组，实行"设计方案公开、资金筹集方案公开、维护管理方案公开、资金使用情况公开、自管小组决议事项公开"的"五公开"，引导楼组居民协商确定加装方案和出资比例。电梯加装完成后，为解决管理使用的问题，自治小组协商达成一份楼组电梯使用公约，由物业配合管理实施。四是制作"全区加梯一张图"。居民可"按图索骥"，各方可"挂图作战"；开发了"加装电梯 2.0"智能导引系统，对业务流程进行再造，开通线上智能导引、一表填报，实现"一件事一次办"，进一步减少申请者跑动次数。

截至目前，静安区共有在用在建在批加装电梯 896 台，累计完工启用电梯 153 台，受益居民户数达 12009 户，在全市取得了 5 个"第一"。一是全市第一个将加装电梯纳入政府实事项目的城区。自 2019 年起，静安区已连续两年将既有多层住宅加装电梯工作列入区政府实事工程。二是第一个政策出台后加装电梯的城区华怡园是上海中心城区第一个探索老旧公房加装电梯的小区，如今小区 4 个楼栋全部成功加梯。三是诞生了全市第一个加装电梯全覆盖的小区。2017 年，彭浦镇远龙公寓启动全小区加装电梯，创新成立"加装电梯联建小组"，总揽居民工作、投票公示、加梯企业筛选、建设监管、运营维护等各项事务，最终完成整个小区 5 台电梯的加装，成为全市第一个加装电梯全覆盖小区。四是全市第一个规模化推进加梯工作的城区。2018 年，临汾路街道临汾小区成为全市第一个规模化推进既有多层住宅加装电梯的小区，对小区内符合条件的 35 个楼组予以整体同步"量产"推进加梯工作，目前 35 个楼组中有 23 个实现加装，加装比例接近 70%。五是在全市第一个开创提速审批模式。2019 年，静安区在市级文件规定的审批流程基础上，首创了"并联咨询+一口受理"试点审批模式，通过"政府服务做加法，审批流程做减法"，一个一个环节减、一点一点时间压，将办理时限由文件规定的 53 个工作日减少至 37 个工作日。

虹口区建立了"一街道一专班""一星期一例会""一项目一张图"的常态化工作机制，并充分发挥目标考核制度、月度工作进度通报制度、月度工作例会制度的优势，助推加装电梯工作加速前进；出台了《关于进一步加强虹口区既有多层住宅加装电梯工作的实施方案》，作为本区新政下加装电梯的"管理指南"；制定了《关于进一步加强虹口区既有多层住宅加装电梯实施单位管理的意见》，加强对加装电梯实施单位的考评和管理，利用市场机制淘汰"预警单位"，规范行业运转，确保电梯建设质量；针对加梯实施单位服务水平参差不齐等管理难点，通过制度规范行业运转，将在本区从事加装电梯工作的实施单位，统一纳入虹口区加装电梯实施单位信用管理体系，定期组织区加梯办各成员单位进行综合考评；正在按照最新加梯规范要求，修订完善《虹口区既有多层住宅加装电梯办事指南（3.0版）》，进一步优化加梯办事流程，调整前期资料审管环节，压缩时限，加速推进客观条件较好的小区规模化加装，为加梯减负增能。全区2021年通过征询32台，完工投入使用17台，在建66台。

宝山区充分发挥基层智慧，形成了"六个一点"的做法，即干部群众近一点、党员先锋勤一点、发动群众真一点、惠民工程实一点、志愿服务多一点、呼应民心快一点，有效地解决了加梯过程中碰到的不同楼层指导价格、加梯后续环境改善等相关问题。为了让"能加愿加"的小区真正做到"尽加快加"，宝山区通过"社会组织服务平台"，委托第三方社会公益组织实施《宝山加梯互惠共治服务项目》，通过一站式全流程指导服务助力加梯核心小组成立，开展加装电梯推介会等一条龙服务，带动社区加梯与邻里的融合度和参与度，扩大社会影响力。2021年，宝山区加装电梯目标为"启动征询1350台、新增100台、完工100台"，截至2021年9月下旬，启动征询2356台，新增加装电梯313台，完工82台，在建54台，正在进行安全论证58台，正在规划公示74台，自从第一台加装电梯试点以来，已累计新增524台，完工191台，加梯完工数量在全市排名第一。

闵行区研究制定了《闵行区加梯行动方案》，成立加梯工作推进专班、建立工作推进会议机制，围绕"管好参建企业、管好施工现场、管好内控档案、管好综验补贴、管好交付后运营管理"五类重点工作，对加装电梯进行跟踪和管理，各街镇紧抓落实加梯工作、比学赶超，在全区掀起加梯热潮。2021年年初目标为"签约100台、竣工80台"，截至2021年6月下旬，全区累计完成15312个门洞意愿征询，占全区可加装门洞数的67%；累计完成签约631个门洞，累计开工109个门洞，累计竣工42台。

长宁区启动加装电梯实事工程立功竞赛活动，进一步调动参与长宁区既有多层住宅加装电梯工程建设任务代建单位的积极性、创造性。2021年长宁区加装电梯工作目标为新开工185台，竣工150台，力争开工400台。截至2021年7月，开工数达147台，其中完工54台，正在施工数93台，全区通过意愿征询431台。

二 存在问题

（一）适老化改造尚未做到整体性和系统性设计

目前，承担适老化改造的很多企业都是由装饰设计公司转型而来，无法提供专业化的适老化改造服务。由于每个老人身体情况不同，每个家庭环境也不一样，这注定了适老化改造需要"私人定制"，而"私人定制"的前提是要对老年人原有居住环境和身体情况进行专业评估。事实上，当前适老化检查与前评估做得很不够，甚至根本就没有做，因为适老化改造企业缺乏这方面的专业知识，常常是"你让我怎么装我就怎么装"，做得最多的是卫生间的改造，如安装扶手、洗澡椅和马桶、地面防滑处理、更换三色顶灯等，主要是在无障碍方面、整洁性方面和安全性方面做了一些改造，并没有整体性和系统性设计，智慧养老、长护险照料等元素系统整合和植入的非常少。

（二）适老化改造尚未与小区适老化、交通适老化、商业适老化、公共服务适老化（包括政务适老化改造）同步进行

适老化不仅仅是在楼道、卫生间安装扶手、采取防滑处理措施等，更应是一套系统的科学体系，包括老年人在公共空间中活动、办事是否便利，是否有文化娱乐、健身场所，是否有适合老年人交流的场所，智慧产品、交通服务、公共服务和政务服务等是否适老化，等等。特别是刚刚退休的60后新一代老龄群体，具有健康水平更好、退休收入更高、心理期待更多的特点，他们的活动范围已不局限于家庭，需要在更宽领域、更多层面全面进行适老化改造。因此，适老化改造不能只考虑老人室内改造，小区内、城市道路、公共交通工具、商业服务、公共服务、政务服务等方面也要同步进行。

（三）老年人缺乏加装电梯的专业知识

不少居民反映加装电梯非常专业，需要办理很多手续，居民缺乏这方

面的经验，从开始申请到最终获得批准，过程非常长，耗时非常久，中间多次来回反复，而承担这一工作的绝大多数都是小区中已退休的老年人，体力、精力吃不消，希望政府相关部门能够加强培训、指导，最好能够成立专门的办公室，负责加装电梯的咨询、指导，帮助办理相关手续。

（四）　电梯加装后的长效维护与运营缺乏政策支持与指导

电梯属于涉及生命安全、危险性较大的特种设备，国家对于电梯设备的生产安装、检验维保等都有严格的规定和要求，电梯建成投入使用后，它的日常维护管理就是一个问题。由谁来负责维护管理？物业公司还是电梯公司？老旧小区普遍物业管理费用低廉，微薄的物业管理费支撑小区既有的物业管理已经捉襟见肘，根本无法承担电梯的运维。目前，无论是国家层面还是市级层面，尚未出台统一的政策。另外，除了日常的运行费用，随着使用年限的增加，电梯还可能出现大额维修支出，如何筹集电梯大修基金并更新维修基金？

（五）　无法加装电梯的楼道老年人如何出行

有居民反映，他们的楼道不适合加装电梯，如何解决他们的出行问题，希望政府能够找到一个切实可行的办法，也让他们有获得感。

（六）　如何确保加装电梯的工程质量

有一些居民担心，目前按照国家《建筑施工许可管理办法》规定，对工程投资额在30万元以下或者建筑面积在300平方米以下的建筑工程，可以不申请办理施工许可证。属于这类范围的加装电梯，施工和验收过程中可能存在无报建、无监管等漏洞，电梯井道工程质量可能难以保证。大部分业主又不懂专业技术，为了方便及寻求低价，可能会找一些无资质、非专业单位作为施工主体，比如电梯厂商为承建主体，而部分电梯厂商并不具备加装电梯的资质。如何对工程质量加强监管？

三 对策建议

第一，出台适老化改造企业资质标准，提高入门门槛，强化资质鉴定，建立第三方服务机构准入备选库，所有参与适老化改造的企业均应是进入备选库名录的企业。加强对适老化改造企业的教育、培训，增加专业知识，指导他们有效开展适老化检查与前评估，增强适老化改造系统设计和整体设计能力，提升适老化改造的综合效果。

第二，尽快启动和优化适老化改造。在社区适老化方面，要立足老年人群体需求，推动坡道、楼梯、电梯、扶手等公共建筑节点和休息设施、标识系统等社区公共设施无障碍。在交通适老化方面，要加强城市道路、公共交通工具等无障碍建设和改造。在商业适老化方面，要广泛使用慢速电梯、大字标签、轻量化购物车，构建无障碍购物环境。在公共服务适老化方面，保留人工窗口，可用现金和银行卡缴费，配备老花镜、放大镜、医药箱、轮椅、拐杖等物品；有专人为老年人提供全流程"一对一"贴心服务，老年人找不到窗口，有专人引导，不会填表格，有人帮忙填好；简化老年人办事程序，最大限度减轻他们的办事负担；需要认证的，应开启"寓认证于无形"的认证服务新模式，简化认证步骤，提供手机 App 大字体模式，让老人能够方便快捷地完成自助认证，认证服务还应支持亲友代办、一部手机绑定多人等功能，方便不使用或不会操作智能手机的老年人完成刷脸认证；等等。

第三，积极培育专业化第三方，为有需求的业主和居民提供加装电梯的技术咨询、设计、手续办理和施工安装等"一条龙"服务。

第四，多措并举，强化电梯加装后的长效维护与运营。一是采用住户共同分摊费用的方式。按照"谁受益，谁出资"以及楼层受益大小等原则，协商费用分摊比例，共同出资。居民可申请提取使用加装电梯涉及专有部分的住宅专项维修资金和提取加装电梯的房屋所有权人名下的住房公积金。电梯的维护管理交由物业服务企业负责或委托电梯制造单位或取得许可的电梯安装、改造、维修单位进行电梯日常维护保养。另外，可以通过电梯广告来增加收入，弥补部分电梯运维费用。对于电梯可能出现的大额维修支出，可以探索"保险+电梯维护保养单位"的新模式，通过引入市场机构，为加装电梯的楼组提供类似车险的服务，避免出现居民难以承受的大额支出。二是鼓励社会资本投资。用市场化的手段，吸纳第三方资金投资，对加装电梯实行"免费安装，有偿使用"的政策，居民不用购买电梯，由第三方企业建设电梯设施，并拥有电梯设施所有权，为居民提供乘梯服务。居民按照一定的比例付费使用，高层多付费、低层少付费、一层不付费，无须考虑其他事项，企业负责电梯运营过程中的维修保养。同时，第三方企业可以通过集纳电梯外围功能，如家政、安防等便民服务功能以及广告等，实现营收。

第五，建议无法加装电梯的楼道，可以安装楼道代步器。目前，上海市已有个别楼洞安装了楼道代步器，居民的体验感比较好。

第六，加强电梯加装工程质量监管。明确加装电梯井道施工主体资质要求，明确相关部门加强井道施工质量监管，电梯加装完成后，要严格验收。

（张良宽）

第十四章　上海市社区养老顾问发展
现状、存在问题
与对策建议

一　发展现状

　　为了使养老供需信息对称，更好地向老年人解释相关养老政策，介绍养老服务资源，帮助有需要的老年人选择适合的养老方式和服务项目，解决养老服务供需对接的"最后一公里"问题，提升养老服务精准化水平，2018年4月20日，上海市民政局发布了《关于开展社区"养老顾问"试点工作的通知》（沪民老工发〔2018〕7号），要求根据以人为本，服务群众，以需求为导向，为老年人提供个性化养老服务的原则，分类推进、分步实施，根据实际情况，逐步在街镇、居村、专业机构设立顾问点，提供全方位的养老顾问服务。2018年5月2日，上海市正式启动了社区"养老顾问"试点工作。

　　2019年5月，上海市人民政府印发了《上海市深化养老服务实施方案（2019—2022年）》（沪府规〔2019〕26号），再次要求依托各类养老服务场所和居村工作人员，建立覆盖城乡社区的养老顾问网络，为老年人及其家庭提供养老方式、政策法规、康复辅具等咨询和指导服务，并通过"养老指南"、线上服务、广播电视传播等多种方式，拓展社区养老顾问工作渠道。同时，支持有资质的社会服务机构开展养老服务咨询、代理等业务，接受无子女、残疾等特殊老年人委托，依法代为办理入住养老机构、就医等事务，探索推进养老顾问的社会化、专业化发展。

　　2020年7月29日，上海市民政局发布了《关于深化本市养老顾问制度建设的实施意见》（沪民养老发〔2020〕22 号），提出要健全养老顾问服务网络、规范养老顾问点管理、加强养老顾问员队伍建设、推动养老顾问服务创新发展、落实养老顾问工作保障等进一步推广和完善养老顾问制度的具体举措和要求。

社区养老顾问是由政府组织实施，利用各类社会服务设施、机构和人员等资源，为市民特别是老年人寻找养老服务提供支撑的一项便民服务工作。服务内容主要包括基本服务和拓展服务两类。其中，基本服务主要为老年人提供养老服务资源介绍，包括辖区内各类养老设施信息；提供养老政策咨询，包括养老服务补贴、长期护理保险等基本公共政策的指导和办事指南。拓展服务是指在做好基本服务的基础上，可制定养老服务清单，开发和推介适合不同老年人特点的"养老服务包"或养老服务项目手册，提供家庭养老支持等。

上海市民政局本着高质量、高水平的服务理念，采取了一系列措施，强化养老顾问制度的规范化、有序化、标准化发展。

（一）构建了社区"养老顾问"的"5H"制度体系

如前所述，为了创新发展社区养老顾问制度，上海市民政局先后发布了《关于开展社区"养老顾问"试点工作的通知》《关于深化本市养老顾问制度建设的实施意见》，上海市人民政府印发了《上海市深化养老服务实施方案（2019—2022 年）》，这些通知、意见和实施方案的核心内容形成了上海市社区"养老顾问"的"5H"制度体系。

一是明确地点（where）。充分利用现有各类养老服务设施、机构和人员等资源，分门别类设立街镇顾问点、居村顾问点和专业机构顾问点，提供全方位的养老顾问服务。

二是明确队伍（who）。主要依托街镇综合为老服务中心现有工作力量以及其他长期从事养老服务工作的管理人员提供顾问服务。

三是明确事项（what）。明确了各类顾问点的必备项目。同时，顾问点可根据社区老年人需求，进一步拓展个性化服务内容。

四是明确时间（when）。要求顾问点必须确保在工作时段内提供相关服务。顾问点服务人员以兼职为主，一般不少于 2 人，确保随时提供服务。

五是明确制度（how）。除了要求统一标识，明确硬件配置等标准，还对服务态度、业务要求、服务记录等做出明确规定，严格把控服务质量。

（二）不断强化养老顾问员队伍建设

一是明确养老顾问员基本要求。要求养老顾问员在提供服务时，要耐心、细致、热情，不得搪塞、敷衍、推诿；介绍养老服务资源时，要做到客观、公正，不应违背服务对象意愿，也不得因人情、利益关系进行选择性推介。对不符合要求的养老顾问员加强教育，并建立退出机制。

二是加强养老顾问员培训。上海市民政局组织编写养老顾问员培训教材，涵盖服务内容、政策法规、沟通技能、工作要求等内容，并建立和更新养老顾问服务案例及知识库，在养老顾问工作中推广使用。养老顾问员应当经过培训后才能上岗提供服务。定期开展全员培训和分层分级培训，通过集中授课、实地观摩、在线培训等方式，让养老顾问员做到应知应会，并不断更新知识技能。

2020年9月7日~9日，上海市养老服务发展中心举办了为期三天的2020年度"上海市养老顾问业务骨干培训班"，全市16个区推荐的近300名养老顾问参加了本次培训。本次培训共开设了9门专业课程，上海市民政局养老服务处向大家全面展示和分析了上海养老服务发展情况，重点介绍了上海智慧养老发展和典型应用场景；上海市养老服务行业协会围绕当前人口老龄化现状、老年人养老需求特点、养老顾问必备的基本功以及注意事项四大版块讲解了做好一名优秀的养老顾问应该具备的能力与素养。本次培训还结合上海人民广播电台"直通990"的"空中养老顾问"栏目，特邀上海新闻广播首席主持人做"空中养老顾问"专题分享，与学员们进行现场互动与角色扮演，当场还原了"空中养老顾问"直播节目的全过程，生动讲解了参与节目直播的方法与技巧。培训还邀请相关领域专家讲授了"如何为老年人制定个性化养老服务方案"、"如何正确认识老年人心理并为工作赋能"、"老年社会工作在养老顾问工作中的运用"、"如何为老年人适配康复辅助器具"、"养老顾问服务案例解析与经验分享"和"老年人常见法律咨询问题及解答技巧"等聚焦养老顾问工作实务的核心课程和拓展课程。为进一步巩固培训效果，本次培训组织全体学员进行业务能力测试，全市共有 260 名养老顾问通过考核并获得"上海市养老顾问业务骨干培训结业证书"。

为了进一步加强养老顾问队伍建设，提升全市养老顾问培训体系的师资力量，2021 年 6 月 23 日，市养老服务发展中心主办、市养老服务行业协会承办了首届上海市养老顾问内训师培训班，各区民政局相关优秀负责人、金牌养老顾问等近 30 人参加了培训。此次培训课程，围绕提升学员今后的授课能力，从专业教学法、课程教学大纲编写、课程教案编写、课程设计等方面入手，邀请了教学专家现场演示，还指导学员编写教案和设计课程，经培训合格的学员被授予结业证，纳入全市统一的养老顾问师资库，今后各区开展养老顾问的相关培训，可以从养老顾问师资库中邀请老师授课。

为进一步提升养老顾问员专业服务能力，加强养老顾问队伍建设，2021 年 9 月 26 日~28 日，上海市养老服务发展中心开展了 2021 年度上海市养老顾问业务骨干培训，来自全市 16 个区的 270 余名养老顾问业务骨干参加培训。此次培训共开设了 10 门相关课程，上海市民政局养老服务处向大家全面分析了"上海养老服务体系建设的实践探索与顶层设计"，介绍了上海养老服务业发展沿革与政策制度变迁，同时对未来上海养老服务业发展的趋势进行了展望；上海市养老服务行业协会围绕养老服务业现状、设立养老顾问目的和意义、养老顾问必备的基本能力和素养、养老顾问在具体工作中需注意的问题等方面讲解了"做好一名优秀的养老顾问应该具备的能力与素养"；在上海市养老顾问内训师培训中脱颖而出的数位优秀学员也走上讲台，从自身工作出发，分别围绕"适老化改造""家庭照护床位""长者运动健康之家"等不同主题为大家分享经验，深入浅出地讲解养老服务政策，结合实际开展案例式教学，让大家受益匪浅。培训还邀请了相关领域专家讲授"个性化养老服务方案制定""老年社会工作在养老顾问工作中的运用""'空中养老顾问'与媒体应对技巧"等贴合养老顾问工作实务的核心课程和拓展课程。此次培训不仅为长期在一线服务的养老顾问提供了更加权威实用的技能支撑，也为提升养老顾问的专业服务能力起了积极作用。

三是提升养老顾问员专业服务能力。在养老顾问员中培养业务骨干，推选"金牌顾问"，发挥典型示范作用。2020 年 11 月第一届"金牌养老顾问"推选活动共评选出 50 名"金牌养老顾问"，通过举办"金牌顾问"活动，为养老顾问提供了自我展示的平台，体现了养老顾问的专业形象，树立了养老顾问标杆人物，让全市养老顾问学有榜样、赶有目标，并以此鼓励"金牌养老顾问"不断发挥模范带头作用，扩大社会影响力，持续推进全市养老顾问工作，为广大老年人答疑解惑，真正做好老年朋友的"贴心人"，为大城养老发挥积极作用。与此同时，上海市民政局注重运用社会工作理念和专业方法，引入了社会工作者参与社区养老顾问服务，提高养老顾问服务的专业度和有效性，探索建立了养老顾问员水平评价指标体系，形成了养老顾问员水平等级序列。

（三）持续推动养老顾问服务创新发展

上海市民政局坚持制度创新，融合线上服务与线下服务，不断拓展"养老顾问"的内涵和外延。依托上海市综合为老服务信息平台，打造了"智能养老顾问"，已上线"上海养老顾问"微信公众号，为市民提供指尖上的养老服务，市民借助智能手机，只需动动手指，就能对全市 3000家养老服务机构、5900 多家养老顾问点以及各类养老项目、养老数据等进行查询，实现"一屏查询、一目了然、一键直达"；和上海人民广播电台联合打造了"空中养老顾问"专栏节目，在节目现场答疑解惑，让更多市民找到适合自己的个性化养老方式。此外，还大力支持开展"组团式"养老顾问服务，探索养老顾问服务社会化发展。

上海市社区养老顾问制度实施以来，经过 3 年多时间的实践探索，已实现街镇全覆盖，并向居村延伸，截至 2021 年 10 月，全市共有 5930 处养老顾问点，其中居村顾问点 4871 家、专业机构顾问点 215 家，共有养老顾问 8261 名，已形成"线上""空中""线下"三位一体的社区养老顾问服务格局，至今已累计提供近 51 万人次有温度的服务。

在实践探索过程中，一些街镇和养老顾问根据街镇的辖区分布和老年人情况，构建了适合辖区老年人需求的养老顾问服务网络和服务模式。例如闵行区古美路街道建立了"1+6+41+N"的养老顾问服务网络,并于2019年12月成立了闵行区首家养老顾问工作室"乐龄坊"。工作室委托"同一屋檐下"第三方专业运营,设两名专职养老顾问,具有"一站式受理""综合性统筹""智能化运作"的特点,独创了"八个一"养老顾问工作法,即一站式受理、一热线应答、一资源配送、一服务手册、一方案定制、一对一跟踪、一月度巡宣、一网格化管理;同时将养老顾问服务辐射到6个片区的综合为老服务中心和41个居民区,培育了N个社区志愿养老顾问,形成了"一中心、多网点、全覆盖"的养老顾问服务网络,将"最后一公里"的养老服务缩短至"一百米",直接将养老顾问服务延伸到社区老年人家门口。通过养老顾问服务网络的联动效应,进一步提升养老服务水平,激活更多社会力量、社区志愿者参与养老顾问,提供家门口"接地气"的养老服务。静安区静安寺街道在"网格+"大党建创新实践模式下,聚力网格能量,成立了一支来自街道养老服务中心、居民区及养老服务机构的社区养老顾问团队,编印了《静安寺街道养老(乐龄)顾问工作手册》,深入32个居民区网格,率先实现"养老顾问"居民区全覆盖,养老咨询触手可及。静安区大宁路街道居家养老服务中心养老顾问摸索出"热情接待、建立有效沟通、梳理诉求、制定方案、跟踪回访"的"五步走"服务模式,被许多老人点赞。

二 存在问题

第一,养老顾问人员不足。按照《关于开展社区"养老顾问"试点工作的通知》(沪民老工发〔2018〕7号)政策文件规定,每个养老顾问点至少配备2名养老顾问,目前上海市有5930处养老顾问点,应当配备11860名养老顾问,但目前养老顾问只有8261名,平均每个养老顾问点只有1.39名养老顾问,尚缺口3599名,且养老顾问点还在不断建设中,所以养老顾问的需求还在不断增大。

第二,养老顾问服务目前还处于"顾问"阶段,服务质量还不高,服务方式基本是坐等老年人上门咨询,真正深入社区、深入老年人中主动服务的还较少。

第三，上海市已经开通了"智能养老顾问"，但由于"数字鸿沟"的制约，老年人自主查询的人数还比较少，调查中老年人提出希望能够提供相关指导。

第四，养老顾问的素质、能力、道德还需要提升。目前养老顾问主要是兼职，包括社区养老服务机构工作人员、街镇老龄干部、居村委干部等等，他们对养老政策比较熟悉。根据我们的调查，在政策类咨询中，排在首位的是长期护理保险制度，其次是养老服务补贴政策，入住养老机构、日托、助餐或送餐服务政策及沪惠保等也是咨询的热点，养老顾问普遍缺乏医疗知识和健康保险知识。老人们反映，养老顾问对长期护理保险制度中的护理问题，特别是今年推出的沪惠保往往解释得不够清晰，有些养老顾问对辖区的养老资源不够熟悉，有些养老顾问推荐的养老服务不适合老年人的经济、身体情况，甚至有个别养老顾问借机向老年人推荐、兜售老年保健品，等等。

三　对策建议

第一，增加养老顾问数量，扩大养老顾问规模。出台制度，凡是涉老的服务与管理部门的员工应兼职做养老顾问，尤其是民政、卫健委、医保局等部门。另外，动员志愿者、社工加入养老顾问行列，以扩大养老顾问规模，解决人手不足问题。

第二，养老顾问不能止于顾问，有必要增加附加值，提升服务质量，争取一站式解决老年人的基础养老问题，连通养老服务最后一公里。另外，养老顾问不应满足于坐等老人上门询问，应多登门拜访老年人，主动聆听他们的需求和心声，解决常见问题，满足基本需求，提升公共服务，做到精准"顾问"。

第三，加强对老年人的培训、指导，帮助老年人学会操作、使用"上海养老顾问"微信公众号，通过自主查询、智能向导服务等方式获取服务建议，这也能在一定程度上减少养老顾问的工作量。

第四，加强对养老顾问的培训，提高养老顾问对各类政策的知晓和掌握程度。应当说上海市对养老顾问的培训非常重视，但仅仅开展对养老顾问骨干的培训是远远不够的，应定期对所有养老顾问进行轮训。养老顾问不是人人都可胜任，养老顾问必须熟悉养老服务政策法规，这样才能更好地在整合基层养老资源的基础上，为老年人提供政策指导、建议，帮助老年人做出最适合自己的养老选择。因此，作为一名养老顾问，要做"百事通"，政府出台的各项政策要烂熟于心，周边的养老资源和适配服务要做到心中有数，老人面临的困难和需求要精准匹配，这样的为老服务才能做到心坎上。随着养老服务体系的不断完善，各类为老服务的政策和制度不断增多，加强养老顾问的培训和轮训非常重要。此外，要定期对养老顾问进行考核评价，对道德行为实行一票否决，对养老顾问队伍实行动态管理和调整，切实提高养老顾问的道德素养。

（张　捷）

第十五章　上海市养老服务"时间银行"发展现状、存在问题与对策建议

一　发展现状

志愿者将参与公益服务的时间存进"时间银行"，当自己需要时就可以从中支取"被服务时间"。"时间银行"作为一种互助养老模式，可以对我国的养老体系进行有效补充。为扩大养老服务社会参与，创新养老服务模式，上海市民政局于 2019 年开展养老服务"时间银行"项目试点工作，目前试点已在虹口、长宁、徐汇、普陀、杨浦五个区开展，试点情况如下。

（一）制定了养老服务"时间银行"工作指引

2019 年 7 月，上海市民政局制定了《关于在虹口区、长宁区开展养老服务"时间银行"项目试点工作的指导意见》，指导虹口、长宁两区开展"时间银行"试点；2020 年，上海市民政局出台《关于扩大养老服务"时间银行"项目试点工作的通知》，试点扩大至徐汇、长宁、普陀、虹口、杨浦五区。试点区也根据市民政局的要求，制定了本区试点方案，分别选取条件成熟的街道进行试点。

（二）开发试运行了"上海养老时间银行"信息系统（微信小程序）

上海市民政局牵头搭建了"上海养老时间银行"信息系统（微信小

程序），该系统作为全市"时间银行"的统一平台，功能包括服务提供者和服务对象注册认证、服务对象代理、需求发布及审核、服务签到签退、时间记录存储及转移、服务情况反馈等，形成全市统一的数据库，确保规范精准。

（三）明确了"时间银行"的基本规范

上海市民政局对"时间银行"项目的基本要求、服务内容和种类、服务模式、服务时间、管理和运营要求进行了梳理和明确。（1）基本要求：从基本内涵及基本原则两方面进行了规定，明确项目坚持"互助性、社会性、公益性"原则，调动社会力量共同参与。（2）服务内容和种类：明确服务内容以非专业、非家政类且风险可控的事项为主，不包括由养老服务机构承担的专业服务内容及老年人家属应承担的义务，主要包括社区文体类、生活服务类、维权咨询类、心理关爱类和智能教学类5大类34项服务内容，如陪伴（聊天）、代办（购置物品、家电维修）、助行（办理相关事务、旅行）、助医（带领就医）、纠纷调解（调解矛盾）、智能手机使用（学习微信、打车软件）等。（3）服务模式：提出"时间银行"项目包括低龄老年人"时间币"储蓄模式和中青年为老志愿服务模式两类。低龄老年人为60~70周岁（女性可适当放宽至50周岁）、身体健康且有服务意愿的退休人士；中青年志愿者为年满18周岁的自然人，一般由志愿服务组织、学校、团组织、企事业单位等统一组织。（4）服务时间：规定平台以1小时为一个服务时间单位，以"时间币"的方式进行记录存储，同时提出了"时间币"总体规模控制的要求。（5）管理和运营要求：提出项目采取市、区、街（镇）三级管理体系，明确各级职责，特别是要加强对服务提供情况的事中事后监管，提升项目的公信力。

（四）试点区探索的一些经验和做法

1. 徐汇区制定了"时间银行"服务清单

徐汇区试点街道结合工作特色，因地制宜借力现有社会组织和志愿服务，确定了"时间银行"对象清单和服务清单。一是制定了对象清单，让服务更精准。为兼顾流程的合理性及服务的公平性，试点期间，徐汇区优先选择社区经济困难和失能程度较高的老年人作为首批"时间银行"服务对象，他们在接受"时间币"捐赠无社会异议，同时也考虑老人有专业文化特长有赚取时间币的能力。二是制定了服务清单让服务更精细。结合区域实际和以试流程为主的理念，对首批服务对象需求和服务提供者特长进行排摸调查，经过分析和汇总，以集中服务和"一对一"服务为主，共梳理出讲座、心理辅导、陪同散步、陪同购物、读书服务、探亲、代为缴费、兴趣小组、智能产品宣传、集体活动、一对一等服务内容。

2. 普陀区采取政府购买服务的方式

普陀区分别委托两家社会组织承担"时间银行"项目，在试点街道组织发动、宣传培训、注册登记、服务记录、争议处理等具体工作。试点街道各选取了一家社区综合为老服务中心作为"时间银行"服务点，借助社会组织的专业力量，开展本辖区"时间银行"的具体实施工作，取得了不错的试点成效。

3. 长宁区开展"后职业时代"试点工作

长宁区利用社区养老服务设施，开展"积极养老""老有所为"实践宣传，鼓励倡导社区有闲暇的低龄、活力老年人参与社区养老服务。培养一批社区带头人，引领"时间银行"服务工作向纵深发展，如在长宁区综合为老服务中心或养老服务机构开展以"时间银行"基地为依托的为老服务项目。

4. 虹口区采用立体宣传推广形式宣传"时间银行"

为增加"时间银行"养老服务的社会知晓度，虹口区专门拍摄了宣传短片，在市民驿站、综合为老服务中心等场所播放。完善设计虹口区"时间银行"周边衍生品，根据街道需求提供多种文创产品，包括纪念环保袋、阳伞、服务点位铭牌等。丰富线上应用渠道，2021年6月虹口与"随申办市民云"进行了数据对接，开通"虹口旗舰店时间银行服务"模块，实现了微信小程序与"随申办"的用户信息共享、活动信息共享、兑换信息共享。

5. 杨浦区探索了"时间银行"全人群模式，健全志愿者互助管理机制

杨浦区突破传统的低龄老人服务高龄老人的养老志愿服务模式，探索志愿者服务全人群模式，以"服务换服务"的志愿服务理念，吸引社会

力量、青年群体共同参与养老志愿服务。通过项目精准对接，来共同解决独居老人社区关爱、老年助餐送餐服务、个性化需求等社区养老服务中的难点痛点，营造共建共治共享的社会治理格局，传播社会正能量，践行社会主义核心价值观。

截至 2021 年 8 月，"上海养老时间银行"共计注册服务提供者 6651 人，完成服务时长 14034 小时，共计服务老年人（服务对象）14191 人。服务提供者主要为低龄老年人，其中 50～59 岁的占比 14%，60～69 岁的占比 55.7%，另有部分未到 50 岁的中青年志愿者（占比 13%）和部分刚满 70 岁的服务提供者。

二 存在问题

（一）试点范围较小，试点成效不大

目前"时间银行"只在五个区试点，尚未在全市做到全覆盖，更没有延伸到农村，加上受疫情影响，无论是服务提供者还是服务对象，数量都比较少，服务时长也比较短，总体效果一般。

（二）宣传不够到位，吸引力不足

发展"时间银行"互助养老的前提条件是有足够的人参与。若没有足够的人参与，"时间银行"互助养老无法长久。因此，如何让老年人甚至年轻人参与其中是第一重考验。五个试点区的实践表明，"时间银行"互助养老存在对服务对象和志愿者吸引力不足的问题。另外，"时间银行"互助养老与已有的"老伙伴计划"在理念、项目内容上有部分重叠，部分社会组织和志愿者认为，"时间银行"互助养老存在与否，都不会影响他们参与互助养老志愿活动。这也从侧面说明目前"时间银行"互助养老对志愿者的吸引力还不是很大。

（三）时间价值不清，计量标准缺失

目前，上海市民政局规定平台以 1 小时为一个服务时间单位，以

"时间币"的方式进行记录存储，忽略了不同类型服务的劳动强度和技术含量差异，如何区分、界定劳动强度、服务质量等，急需制定统一的标准，对储户的差异化劳动进行合理有效的判定。实际上，在各社区试点的"时间银行"尚未引入真正意义上的时间货币，也没有将时间货币视为交易货币和支付货币及储蓄媒介，权威性不够。

（四）缺少法律规定，权威性不够

"时间币"需要一种平稳的方式进行运转，从而实现养老服务的延期支付，因此从战略角度来考虑，"时间币"在长期中存在供求矛盾，未来的不确定性可能会导致时间货币收支失衡，在服务过程中可能出现各种服务纠纷和经济纠纷，同时缺乏法律保障的养老服务会使老年人对自己未来的归宿产生较大心理负担，包括人员高流动性、时间货币跨区域支取、时间货币转让继承问题等没有明确的法律或政策系统来支撑，缺少法律的规定和政府政策的权威性担保。

（五）缺乏兑换制度和绩效评价制度，效果难体现

"时间银行"互助养老的关键就是兑换，如何合理、科学地制定时间兑换制度，是发展"时间银行"互助养老面临的一大难题。此次试点因受到疫情影响，无法全面彻底开展，导致兑换制度的发布推迟，对其最终效果有不小的影响。总体来看，兑换制度的缺失非常不利于"时间银行"互助养老的运行，这会降低参与者对"时间银行"互助养老的信任度，令人对"时间银行"互助养老的可行性、可持续性产生怀疑。科学、合理的"时间银行"互助养老兑换制度，对于"时间银行"的良性发展不可或缺，否则就可能出现"劣币驱逐良币"的现象。除了"时间银行"内部的时间兑换问题，"时间币"的通存通兑也是影响"时间银行"发展的一个重要方面。上海市人口流动频繁，若该问题不能得到妥善解决，很大程度上会影响志愿者的参与意愿，进而影响"时间银行"互助养老在更大范围的推广。此外，目前"时间银行"互助养老并没有制定相应的绩效评价制度，"时间银行"互助养老的运行效果无法直观地通过相关指标和数据来体现。

三 对策建议

（一）扩大试点范围

尽快出台文件，在全市全面推开养老服务"时间银行"试点，其中中心城区实现全覆盖，鼓励郊区因地制宜开展，特别要积极探索在农村睦邻点开展"时间银行"试点。

（二）加强宣传推广

结合"敬老月""公益伙伴月""国际志愿者日""老博会"等节点，依托市、区养老服务平台等信息化载体，加大对养老服务"时间银行"的宣传推广。依托社区为老服务设施资源，张贴宣传海报、设立宣传点位，提升社区老年人及社会各界对养老服务"时间银行"的知晓度和认同度。适时组织各试点区遴选一批养老服务"时间银行"优质服务提供者及项目，树立品牌和典型。出台相关政策，支持、培育社会组织的发展，鼓励和扶持社会组织参与"时间银行"运作，将社会组织的专职服务与"时间银行"的志愿服务相结合，由专业社会组织为"时间银行"的具体运作提供信息咨询与技术支持，借助专业社会组织的力量来引导和推动"时间银行"良性发展。

（三）构建标准体系

一是要构建信息标准。信息标准是所有工作的基础，从志愿者和服务对象的注册、服务需求发布、服务提供、时间存入及转移兑换、服务评价等全过程的管理均需信息平台的支撑，它是推动数据互通共享的基础，是解决"时间通币"存通兑、转移接续的关键。因此，要制定相关信息标准，完善信息管理系统，使服务提供者实现"时间币"跨区通存通兑。二是要构建计量兑换标准。计量兑换标准是重中之重，为了确保不同强度、不同技术含量的劳动之间的公平性，需要对相同服务时间的不同劳动价值进行科学量化，统一积分计量规则，通过标准换算系数，实现服务项目之间的兑换，保障服务交换的公平性和积分价值的稳定性。三是要构建激励标准。

为推动"时间银行"模式的可持续发展，激发志愿者的服务热情，需要完善机制，制定激励标准，鼓励人们积极参与，调动人们参与志愿服务的积极性和主动性。如志愿者利益保障机制、志愿服务活动效益评价标准等。并且，可以将时间积分记入个人信用，或将时间积分转赠他人，获得帮助他人的快乐和成就感。四是要构建服务提供标准。将服务流程、服务内容、服务要求、服务质量、服务评价等重复性、常态化的工作统一、固化，形成标准，以降低服务提供者与服务对象双方在"时间银行"互助养老服务过程中的风险，解决志愿服务过程中的无序状态，逐步推动志愿服务的规范化。

（四）提供法律保障

要尽快从法律的角度对"时间银行"养老模式的性质、合同规程、各主体之间的法律关系、相关者的权责义务等做出清晰界定，对"时间银行"账户的开立以及时间货币的存储、支取、转赠、继承等进行规范，使"时间银行"各项工作开展有据可依。政府要作为"时间银行"互助养老模式的引导者、监督者和规范者，成为多元参与主体的重要一极，制定该领域的权责清单，明晰政府的职责，推进实践的试点、推广以及跨区域合作。制定"时间币"准备金制度，设立"时间银行"发展基金，预防"时间银行""无钱可取"的现象出现，进一步保障"时间银行"的有效推行，同时保障"时间银行"的公信力和权威性。

（五）制定兑换制度和绩效评价制度

当务之急是尽快出台"时间银行"互助养老的兑换制度和绩效评价制度。制定科学合理的兑换标准需要具备较好的专业能力，对社区、街道工作人员而言具有一定的难度，由专家学者参与制定更能保证制度的可操作性。因各地养老服务需求和情况各异，制定一个统一、科学的标准也绝非易事。这也是未来"时间银行"互助养老的发展方向。绩效评价体系在衡量和考核"时间银行"效果方面无可替代。通过绩效评价体系，可以较为直观地看到"时间银行"发展过程中的优势和不足，并采取合理措施，妥善解决问题，更好地推动"时间银行"互助养老的发展。

（钱芝网）

第十六章 上海市助推长三角养老一体化发展现状、存在问题与对策建议

一 发展现状

长三角地区地域相连，经济相融，交通便利，区域生态环境和人文环境相近，地区间人口流动频繁，资源禀赋各有特色，三省一市共同面临人口老龄化压力。截至 2017 年年底，上海市、江苏省、浙江省、安徽省 60 周岁以上的户籍老年人口占总人口的比例分别达到 33.2%、22.5%、21.77%、18.16%。第七次全国人口普查显示，截至 2020 年下半年，长三角区域 60 周岁及以上的老年人口数超过 4786 万，老龄化比例为20.3%，高于全国平均水平 18.70%。因此，三省一市老年人口规模庞大，比例很高，社会养老负担沉重。推进养老服务业区域合作，携手合作，共同应对人口老龄化问题，不仅可以更充分地实现地区间的资源整合、优势互补，而且还能够促进养老服务高质量发展。

上海作为长三角的"领头羊"，在推动长三角区域养老一体化发展方面，发挥了极其重要的作用，区域养老一体化实施以来，取得了一系列发展成果。

(一) 长三角区域养老一体化顶层设计

1. 发布了《长三角区域养老合作与发展·上海共识》

2018 年 5 月 11 日，在上海举行的首届"长三角民政论坛"上，上海、江苏、浙江、安徽四省市民政部门发布了有关"推进长三角区域养

老合作与发展"的上海共识，明确四省市将本着"资源互补、市场共享、务实合作、协同发展"的原则，合作推进"一体化战略下长三角区域的社会养老服务业"，实现高品质养老服务的共享发展。会议达成的共识主要有如下五点。

一是加强协作协商。建立健全区域养老工作协作协商机制，推动建立区域养老服务行业联合平台，全面提升协同能力。

二是统一统计口径。以共建养老服务领域统计制度为目标，明确统计范围，健全指标体系，建立共享数据平台。

三是强化相互认证。以"一地认证，三地认可"为目标，逐步探索养老服务机构设施、服务和管理标准，老年照护需求评估标准和评估结果以及养老护理员从业资格等的互认互通。

四是便利异地养老。以推动异地结算为目标，研究建立养老服务补贴异地结算机制，推进区域内老年人异地养老。深化"养老顾问"，构建区域养老信息咨询、信息发布及行业服务管理平台，实现养老信息互通。

五是强化联动监管。以建立长三角养老行业综合监管机制为目标，建立养老诚信系统和失信登记制度，实行信息互通互联。建立异地处罚及时通报机制，对违反有关规定的养老服务机构实施区域内行业准入限制。

2. 签署了推进长三角区域养老一体化合作备忘录

2019年6月12日，为深入推进长三角区域养老一体化合作，上海、江苏、浙江、安徽民政部门在上海签署了"合作备忘录"，共同促进区域养老资源共享，激发养老服务市场活力。根据"合作备忘录"，三省一市将加强养老机构统一管理，建立区域统一的养老机构诚信系统与"黑名单"制度；推进养老护理员队伍培训协作，互认养老护理员评价标准及资格认定标准；统筹长三角区域养老服务资源，加强区域范围内的养老服务资源进社区、进家庭，推出"线上+线下"养老服务地图，推广"社区养老顾问"，让老年人更便利地找到养老服务资源；依托上海认知症社区筛查标准、照护标准等，整体提升三省一市养老服务认知症照护专业能力。三省一市还将统筹规划区域养老产业布局，制定区域内产业资本和品牌的市场指引，推进养老产业发展，尤其将促进规模化、连锁化、品牌化养老机构的孵化。

3. 发布了《深化长三角区域养老合作与发展·合肥备忘录》

2019 年 11 月 19 日，在合肥召开的第二届"长三角民政论坛"上，上海、江苏、浙江、安徽民政部门发布了《深化长三角区域养老合作与发展·合肥备忘录》（以下简称《合肥备忘录》）。

根据《合肥备忘录》，四地民政部门明确将共同把"养老服务合作"纳入各自的"十四五"民政事业发展规划，健全养老服务规划制定的协同机制，提高政策制度统一性、规则一致性和执行协同性，推动实现养老资源均衡分布、合理配置，推进长三角地区养老服务标准的共同研制和四地已发布地方标准的互认；加快各平台对接，大力发展智慧养老，探索建设长三角区域养老服务数据资源中心；逐步实现长三角养老服务供需资源有效对接，加快公办养老机构改革，将闲置资源全面推向长三角养老服务市场；推行政府购买养老服务，探索建立长三角养老服务优质供应商库；鼓励知名养老服务品牌在区域内布局设点或托管经营，建立跨区域养老服务补贴制度，共同打造一批国际知名、各具特色的长三角旅游康养示范基地；加强长三角城市之间共建康复辅具产业集群，推动建立一批跨省合作的产业园区。此外，四地民政部门还将探索建立"长三角养老行业综合监管机制"，实行养老企业失信行为标准互认、信息资源共享互动、惩戒措施路径互通的跨区域信用联合惩戒制度。

4. 推动"长三角区域养老一体化"写入法规

2020 年 12 月 30 日，上海市第十五届人民代表大会常务委员会第二十八次会议通过了地方性法规《上海市养老服务条例》，其中第十二条明确了"本市基于长江三角洲区域一体化发展战略，按照资源互补、信息互通、市场共享、协同发展的原则，推进区域养老服务一体化发展"。首次将"区域养老一体化发展"写入法规，强化长三角区域养老一体化的法制保障。

5. 注重发挥规划的引导作用

2021 年 6 月 3 日发布的《上海市老龄事业发展"十四五"规划》明确提出，开展长三角为老服务区域合作，推动三省一市为老服务支持政策、标准规范、数据信息等方面的衔接共享。进一步优化长三角医保异地结算信息平台，支持三省一市实现异地门诊结算互联互通。试点开展本市长期护理保险和养老服务补贴有关待遇异地延伸结算工作。推进养老服务机构相关标准、老年照护统一需求评估标准和评估结果、养老护理员从业资格等的互认互通。探索建立长三角区域养老服务数据管理平台，推动长三角养老服务供需资源有效对接，健全养老服务优质诚信品牌互认和推介机制，而且还要促进为老服务协同发展。鼓励养老服务机构连锁化、规模化、品牌化发展，提升长三角区域养老服务品质。构建长三角区域智慧养老平台，推进长三角区域养老智慧服务体系建设。支持长三角区域内的养老服务行业联合开展养老服务领域民间合作，为老年人选择异地养老提供服务。探索共建养老服务人才培养基地，支持长三角区域高校养老服务类专业人才培养交流。开展老年教育长三角区域联动，在长三角区域共同打造一批国际一流、特色鲜明的旅游康养示范基地和养生养老基地。

2021年8月13日，正式发布的《上海市民政事业发展"十四五"规划》也明确规定，深化长三角养老服务合作，加强养老产业规划协同和项目协调，推动区域养老产业支持政策、标准规范、数据信息等方面衔接共享，提升区域养老产业整体竞争力。探索建立长三角智慧养老服务平台和养老服务能力建设实训基地。鼓励养老服务企业跨区域发展。落实异地就医结算，推动本市老年人入住长三角养老机构长期护理保险费用延伸结算工作，推进落实异地养老人员相关养老福利政策。推进长三角异地康养基地建设。促进长三角康复辅具产业创新合作发展，推进产业园区规划落地，推动长三角康复辅具产业链供应链的互联互通、协同协作。

2021年9月13日出台的《上海市养老服务发展"十四五"规划》进一步强调，要推动长三角养老服务一体化发展。依托长三角区域合作机制，加强养老产业规划协同和项目协调，发挥各地资源优势，促进功能互补，整体提升区域养老产业竞争力。推动三省一市养老产业支持政策、标准规范、数据信息等方面的衔接共享，探索共建养老人才培养基地。探索异地养老新模式，制定配套支持政策，推进东台康养小镇建设，为老年人异地生活提供更多选择。

（二）长三角区域养老一体化合作机制

1. 成立了长三角养老协会联合体

2018年11月27日，上海、江苏、浙江、安徽的6家主要养老服务行业协会共同发起成立了长三角养老协会联合体，首批会员单位超过1500家。2019年4月20日，长三角养老协会联合体在上海浦东正式揭牌。联合体主要致力于搭建养老行业发展平台，全面提升三省一市养老服务协同发展能力，在行业交流、行业发布、行业优选、行业认证、行业研究等方面开展服务。

2. 建立了区域协商协作机制

上海、江苏、浙江、安徽民政部门建立了区域协商协作机制，定期召开工作联席会议，研究推进长三角区域养老一体化相关工作。

3. 搭建了行业平台

一是搭建了三省一市省级行业协会合作平台，重点围绕区域政策、行业标准、行业规范、行业管理、服务技术交流、论坛、沙龙等领域，加强养老福利政策跨省市使用、长期护理保险的互联互通、养老服务业发展规划衔接。

二是搭建了长三角国资养老产业发展平台，聚焦产业资源对接项目合作，构建国资国企参与养老产业发展的生态圈。

4. 成立了上海长三角区域养老服务促进中心

2019年11月成立了上海长三角区域养老服务促进中心。中心以养老服务政策研究、养老展示推广、行业标准、行业培训、行业促进、对外交流为主要工作内容，具体承接与落实养老行业区域合作创新任务，在政府、行业、老年人中搭建桥梁，成为长三角区域养老服务发展的"孵化器"和"加速器"。

（三）长三角区域养老一体化协作

1. 设立区域养老一体化试验区

一是2019年第二届"长三角民政论坛"确定了江苏省苏州市、南通市，浙江省嘉兴市、湖州市，安徽省芜湖市、池州市，以及上海的11个区，作为开展区域养老一体化的首批试点地区。在上海市青浦区、江苏省苏州市吴江区、浙江省嘉兴市嘉善县三地试点，先行试行建立养老公共服务清单，医保异地结算免备案，试点落实"养老机构服务与管理"标准，以及"老年照护评估"标准的互认互通。

二是2020年12月16日，上海和江苏在南京正式签约建立跨行政区康养政策协同试验区，打造长三角（东台）康养小镇，总投资 700 亿元。长三角康养小镇由盐城市政府、东台市政府和上海地产集团合作共建，选址在东台沿海经济区，总占地 17.1 平方公里，一期工程 9.7 平方公里，规划人口 15 万人，拟打造长三角区域康养服务一体化示范区、跨行政区康养政策协同试验区。建设康养小镇，是在提供高质量消费供给、培育新发展格局上积极探路，将推动盐城与上海资源共享、优势互补。

2. 推动异地养老、床位共享

三省一市民政部门努力破除养老服务一体化发展的行政壁垒和体制机制障碍，鼓励发展异地养老。早在 2018 年 5 月 11 日，首届"长三角民政论坛"就明确提出，为便于异地养老，三省一市民政部门将以推动异地结算为目标，研究建立养老服务补贴异地结算机制。同时，共建"敬老卡联盟"，方便老年人共享优待和服务资源；深化"养老顾问"，构建区域养老信息咨询、信息发布及行业服务管理平台，实现养老信息互通，推进区域内老年人异地养老"前台畅通无阻、后台加速对接联通"。截至 2020 年年底，上海已有浦东、静安、长宁、普陀、松江、青浦等 13 个区与苏浙皖三省的苏州、南通、嘉兴、湖州、芜湖、池州等 27 个市（区县）签署了区域养老服务协作备忘录，共有 57 家机构的 25698 张床位跨区域开放。2021 年，上海市民政局发布了第二批长三角异地养老机构清单，共计有 71 家机构、32051 张床位跨区域开放。所有机构的基本信息和服务信息均向公众公开，确保广大市民可查可用可选。上述养老机构中，包括诸多品牌连锁养老机构，它们的跨区域开放，将进一步满足长三角地区老年群体多元化的养老需求，提升跨区域养老的便捷度，推进长三角区域整体养老服务质量的提升。

（四）长三角区域养老一体化养老政策"通关"

长三角养老一体化实施以来，三省一市以老年人需求为中心，以推动异地结算为目标，加强规划联动，研究建立养老服务补贴异地结算机制，推动长三角区域内异地居住的老年人养老政策"通关"，进一步畅通服务渠道，为老年人自主选择合适的养老服务地点和服务方式提供便利。

目前，首批先行先试的上海市青浦区、江苏省苏州市吴江区、浙江省嘉兴市嘉善县三地已做到医保异地结算免备案。

2021 年 1 月 6 日，上海市医疗保障局、上海市民政局、上海市卫生健康委员会、上海市发展和改革委员会、上海市财政局联合发布了《关于本市老年人入住长三角区域养老机构长期护理保险费用延伸结算试点有关事项的通知》（沪医保待发〔2021〕1 号），以本市长护险定点品牌养老机构为主体，依托其在长三角开办的养老连锁机构，实现本市失能老人长护险待遇在长三角异地养老机构的延伸。该政策从 2021 年 1 月起正式实施，凡年满 60 周岁、在本市已申请老年照护统一需求评估、评估失能等级为二至六级的参保老年人，可以在选择入住异地连锁养老机构前，先至本市定点养老机构（含长者照护之家）提出相关申请。由本市定点养老机构负责为符合条件的失能老人，统一向所在区医保中心办理异地登记备案手续。经登记备案后，失能老人即可在异地连锁养老机构享受长护险养老机构照护费用的延伸结算。这一政策举措也是上海市长护险及养老服务领域政策"异地通关"的一次先行先试，既确保了长护险服务及待遇的延续性，也为本市老人选择异地养老提供了有力政策保障。这一政策举措还将进一步推动长三角区域养老服务资源的共建共享，有利于"上海服务"品牌向长三角区域的辐射和拓展，加速长三角区域间养老领域相关政策和服务融合。首批启动该项试点的是上海舒孝（瑞金二路街道瑞福长者照护之家、打浦桥街道长者照护之家）、上海亲和源（上海亲和源老年公寓）两家连锁品牌养老机构。2021 年，已有 15 家养老机构实现长护险异地结算。

（五）长三角区域养老一体化养老信息共享

1. 开通了长三角养老频道

为便于长三角老年人查询了解各地养老服务资源信息，养老服务企业掌握养老产业相关政策，政府部门及时发布养老信息动态，2019 年 6 月上海市养老服务平台开通了长三角频道，频道涵盖长三角区域各省、市养老服务相关政策，养老服务行业发展动态，异地养老服务资源等内容，未来还将统一发布长三角区域养老行业征信信息。

2. 建立了区域养老信息发布和行业管理的统一门户

通过建立区域养老信息发布和行业管理的统一门户，尝试养老机构一网通办备案管理，让"数据多跑路，个人和企业少跑路"。

3. 尝试搭建长三角智慧养老平台信息化框架

将信息共享作为推动区域养老发展一体化的基础，尝试搭建长三角智慧养老平台信息化框架，以实现区域内老年人口基本信息、老龄事业发展信息、养老服务供需信息、从业主体信用信息共享。积极利用养老服务数据，开发转化成公共服务产品，为市民和企业研究机构提供各类信息资讯和养老指南。

（六）长三角区域养老一体化养老供需对接

1. 举办了长三角养老服务一体化联合展区

2019~2021 年连续三年在上海国际养老、辅具及康复医疗博览会专门设立了长三角养老一体化联合展区，包括品牌运营、旅居养老、养老教育、智慧养老 4 大主题展区，系统展示了长三角养老试点城市的养老名片、项目推荐、优质养老服务供给等内容。

2019 年 11 月 15 日，在安徽合肥举办了养老发展与中医药健康养生博览会，专门设立了"长三角养老业展区"。

2. 召开了一系列长三角养老一体化论坛（研讨会）

2018 年 5 月 11 日，在上海召开了首届"长三角民政论坛"，发表了《长三角区域养老合作与发展·上海共识》。

2019 年 11 月 19 日，在合肥召开了第二届"长三角民政论坛"，发布了《深化长三角区域养老合作与发展·合肥备忘录》。

2021 年 1 月 5 日，在上海举行了"2021 长三角养老产业协同发展研讨会"，将 2021 年确定为"深化长三角养老合作年"，三省一市聚焦"拓展合作城市数量"、"全面开展长期护理保险试点合作"和"异地养老床位供给翻番"等"5+5"十项任务，全面推进养老服务合作。一是三省一市民政部门为主导，推动养老一体化高质量发展五项任务，分别是：（1）全面深化长三角"41 城养老合作"，在已有的上海 13 个区和三省 27 城（含 7 个区县）的基础上，持续推动 41 城合作，实现上海 16 个区全面与三省 30 个城市的工作对接；（2）全面开展三省一市长期护理保险试点合作，推动上海长护险等政策待遇异地延伸结算，助力异地养老服务新发展；

（3）发布《长三角养老产业发展指引（2021年）》，为政府决策、行业发展、高校研究提供参考；（4）进一步推动长三角区域资源共享，推出异地养老特色线路，推出50000张异地养老床位供给，给老年人异地养老提供新选择；（5）开展五批全国居家和社区养老服务改革试点城市交流活动，汇总试点经验并推广应用，促进长三角养老服务高质量发展。二是上海16个区和三省相关城市为主导，打造五个养老主题共建共享平台，分别是：（1）聚焦"养老行业人才培养"，打造"养老从业人员队伍建设共建共享平台"；（2）聚焦"市场要素自由流动"，打造"养老产业发展共建共享平台"；（3）聚焦"失智长者照护体系"，打造"认知障碍友好社区共建共享平台"；（4）聚焦"乡村振兴战略"背景，打造"农村养老服务共建共享平台"；（5）聚焦"养老供需信息服务"，打造"养老顾问制度共建共享平台"。

2021年3月12日，上海、江苏、安徽相关省、市、区民政局在江苏省苏州市吴中区召开了长三角区域养老一体化合作交流会，与会民政局就本地养老服务工作进行了交流发言，三地民政部门本着友好合作、资源互补、市场共享、互利共赢的原则，就共同推进三地养老服务发展达成协议，并围绕养老服务信息公开、标准互认、政策互通、产业促进、要素流动等多个方面开展共建合作，共同推进长三角区域养老一体化协同发展，同时签订长三角区域养老一体化合作协议。

2021年3月12日，在安徽省池州市召开了长三角区域养老一体化政策互通互认专题研讨会，重点交流了各地养老兜底性与普惠性政策及养老产业政策，研讨探索了四地政策互通及政策的完善。

2021年10月19日，在江苏省无锡市宜兴市召开了长三角养老服务一体化发展专题研讨会，来自上海市长宁区、浙江省金华市、安徽省池州市的养老专家和无锡本地专家共商共讨，在长三角养老人才培养、养老产业发展等方面进行了探讨和交流。

（七）长三角区域养老一体化人才共建共享

1. 成立了长三角养老行业人才培养共享平台

为推动长三角区域养老服务人才资源共享，建立完善养老专业人才队伍培养机制，2019 年 9 月 21 日，三省一市民政和教育部门共同推动成立了长三角养老行业人才培养共享平台，积极探索在长三角区域内打造"学历教育+职业培训+继续教育+实训基地"四位一体的养老人才培养新模式，实现资源共享、优势互补和共同发展。长三角区域 37 所院校、24 家协会、28 家大中型企业和 4 家养老培训中心成为平台首批成员单位。在平台成立大会上还签署了《养老行业人才培养·长三角共识》并正式发布。

2. 召开了长三角养老行业人才培养与发展论坛

2019 年 9 月 21 日~22 日，在上海举办了首届"长三角养老行业人才培养与发展论坛"，论坛围绕新时期长三角区域养老服务一体化发展、养老专业人才培养、养老护理员队伍发展等重点领域展开深度对话。

2020 年 12 月 12 日~13 日，在上海举办了第二届"长三角养老行业人才培养与发展论坛"。本届论坛以"融合行业需求、整合校企资源、推进人才培养"为主题，来自上海、浙江、江苏、安徽的 35 所高等学校及中职院校和近百家养老服务企业、研究机构的共计 190 人参加会议，共商新时代养老服务人才培养事业发展。

上海依托一流高职院校建设，加强对养老类专业的扶持力度。支持高校开设养老服务类专业，增设养老服务管理本科专业点，增加老年服务与管理、护理方向专科专业点布局，稳步扩大高校养老服务人才培养规模。支持"双一流"高校，依托理论医学和临床医学的学科与科研优势，关注老年医学学科建设发展，培养研究生层次的老年健康医学人才。此外，还建立了上海（闵行）养老服务能力建设基地，面向长三角，通过实景实训的方式，为长三角养老服务人才队伍培育赋能。

目前长三角依托名牌高校成立了 4 家跨区域联合职业教育集团，为养老服务人才队伍建设奠定了基础。共有 43 所大中专院校设立了养老类相关专业，有 20000 余名在校学生，初步建立了区域内养老专业人才队伍的培养与储备机制。

3. 举办了长三角养老人才招聘会

2019 年 6 月，在上海国际养老、辅具及康复医疗博览会期间，举办了首届长三角养老人才招聘会。来自三省一市的 41 家知名品牌养老企业参加招聘会，现场展示企业形象，搭建人才供需对接平台，有效推动养老服务企业与专业院校、培训机构以及各类养老人才的对接，促进了长三角区域养老人才交流。

4. 举办了长三角护理员风采展示活动

2019 年 12 月 20 日，在上海举行了首届"长三角区域养老护理员风采展示"活动，旨在以展促练、以展促学、以展促培、以展提质，加强交流和学习，有效推进长三角区域养老护理员队伍建设。

5. 举办了长三角养老护理职业技能大赛

2020 年 11 月 21 日，举办了首届长三角养老护理职业技能大赛，本届大赛由上海市举办。今后，长三角养老护理职业技能大赛将每两年举办一次，长三角三省一市轮流举办，首届大赛由上海市举办。大赛有助于提升长三角地区养老服务从业人员的综合素质和职业技能水平，有力推进长三角养老护理服务队伍建设。

二　存在问题

（一）公共服务政策存在不少堵点

实现异地养老需要解决基本公共服务异地享受问题。当前，长三角虽已逐步实现异地就医门诊费用直接结算，但其定点医保机构范围仍有待进一步扩大，加上地区之间缺乏信息互联互通平台，老年人的医保信息难以实现即时传输、实时共享，现实中还面临着结算制度不完善，结算手续烦琐、结算滞后等具体问题，延长了老年人进行异地医疗费用结算的时间。如上海老人办理异地结算服务需先在上海进行备案，才能享受异地医保结算等一系列的便利，但备案后，老人的医保卡可能无法继续在上海的医疗机构直接结算，需要重新办回头。虽然上海 2021 年已开始试点本市老年人入住长三角区域养老机构长期护理保险费用延伸结算，但仅限于本市长护险品牌养老机构在长三角开办的养老连锁机构，范围较小。此外，异地养老跨区域补贴制度至今未建立。

（二）缺乏区域利益协调机制

长三角区域内各地政府都是经济利益相对独立的主体，均有各自鲜明的地方利益，而目前长三角在推动区域养老服务一体化的进程中，尚未形成有效的利益协调机制，致使各地缺乏足够动力共同推动区域养老服务一体化的发展。

（三）养老信息尚未做到及时共享

当前，长三角虽然依托上海市养老服务平台初步开通了长三角养老频道，该频道自开通以来，在宣传、报道长三角区域各省市养老服务相关政策方面做了不少工作，但对长三角地区老年人口信息、老年群体服务需求、异地养老服务资源等的宣传报道相对较少，信息涉及范围较窄且尚未做到实时更新。此外，虽然建立了区域养老信息发布和行业管理的统一门户，但真正发布的相关信息并不多。同时，虽然目前正在尝试搭建长三角智慧养老平台信息化框架，但还停留在规划阶段，实质性的工作还做得比较少。因此，区域政府、社会（企业和社会组织）、老年人之间的"信息孤岛"问题仍然存在，区域之间难以做到信息及时共享和相互借鉴。

（四）养老保障体系尚不够充分

老年人的养老保障主要有三个支柱，分别是基本养老保险、企业年金和职业年金、个人养老储蓄计划（包括商业养老保险等金融产品）。和全国其他地方情况相似，当前长三角的基本养老金未来支付也同样存在很大压力，其城镇职工养老金结余历年增速持续下降；长三角地区在企业年金的规模和效益上虽领先全国其他地区，但长三角地区企业年金的企业账户数占各省市的企业总数的比例总体并不高，长三角的企业年金发展深度仍待提高；作为"第三支柱"的个人养老金制度目前还处于发展初期，个人税延型养老保险、老年人住房反向抵押养老保险、长期护理保险等养老金融相关产品的试点范围还比较小，规模还不大，仍待进一步发展。

三 对策建议

（一）加快公共服务政策通关

异地养老模式的推行，关键在于公共服务的政策通关。针对医保结算难问题，应大力提高医保系统的智能化、一体化，积极探索建立异地联网结算平台，进一步扩大医保异地就医直接结算的定点医保机构数量，增加异地养老老年人就医的选择空间。同时，还要完善结算制度，简化结算流程。针对长期护理保险费用延伸结算范围小的问题，建议建立异地长期护理保险养老机构评估制度，凡是通过评估符合条件的外地养老机构均可纳入异地长期护理保险养老机构名录，和上海本地的养老机构同等享受长期护理保险费用延伸结算的待遇。针对异地养老跨区域补贴制度缺位的问题，尽快建立异地养老跨区域补贴制度，实行养老补贴"跟人走"的政策，使异地养老的沪籍老人原在上海享受的居家养老补贴、助餐助浴补贴以及市、区、街镇层面的其他各项养老福利等政策，均能在异地养老地继续享受。同时，争取当地的老人优待政策，使沪籍老人可享受当地户籍老年人的优待政策。

（二）构建区域利益协调机制

缺乏有效的利益协调机制是当前阻碍长三角区域养老服务一体化发展的重要因素。因此，要尽快建立健全区域利益分享机制和成本共担机制，一方面积极完善成本共担机制建设，做好利益补偿工作，有效调动各方积极性；另一方面构建科学合理的利益分享机制，让各方都能享受养老服务一体化发展带来的成果，实现共赢。

（三）完善区域养老信息共享平台

长三角养老频道除了继续做好区域各省市养老服务相关政策的宣传报道外，要协同区域养老信息发布和行业管理统一门户，加大对区域老年人口基本信息、养老服务供需信息、异地养老服务资源等的发布，且做到实时动态更新。要加大长三角智慧养老平台的建设力度，尽快实现信息资源的整合和信息价值的最大化利用。一方面，让老年人充分了解不同区域、不同养老机构的床位资源、设施建设、服务项目、收费标准等，以选择其心仪的养老地点；另一方面，让相关养老机构通过信息共享平台不仅可以知悉个体老年人的实际健康信息，以提供优质的医疗服务，促进医养结合，并且能够了解老年群体的多样化需求，推出有针对性的特色产品，实现供需两方主体的双向优化选择。

（四）优化养老保障体系

长三角地区在加强养老金管理，多渠道筹集养老金，促进养老金保值增值的同时，应着力做好以下四个方面的工作，不断完善长三角养老保障体系，实现从局部突破到整体推进，并结合本地实际情况，联动发展。

一是进一步完善基本养老保险的缴费比例，做大基本养老保险资金规模。

二是降低企业年金的门槛，调动企业建立年金计划的积极性，切实提升职工退休后的福利保障。

三是引导金融机构把握时代机遇，结合老年客户群的现实需求，兼顾安全性与收益性，优化养老产品的设计，提供稳健的养老理财、信托等金融产品，尤其是要发行管理好个人税延型养老保险产品、养老目标基金等金融产品，推出养老金融与养老消费相结合的综合解决方案，不断满足老年人的养老保障需求。

四是丰富养老形式，加强"以房养老"业务监管，优化遗产继承、合约履行等保障措施，确保老人的晚年生活免遭风险。

（朱文静）

第四篇　上海市老年照护统一需求评估体系评价

第十七章 上海市老年照护统一需求评估发展现状、存在问题与对策建议

一 发展现状

上海是全国老龄化程度最深的城市，也是全国平均期望寿命最长的城市。随着老龄化、高龄化程度增加，老年人疾病的发病率和伤残率升高，失能、失智人群加大，导致有照护需求的老年人群规模不断壮大。为此，上海市针对老年群体的个性差异和需求服务的多样化，加快推进老年人能力评估工作，因地制宜创新政策，在细化完善评估指标体系、精准对接老年人服务需求、培育专业评估队伍、制定评估标准和指南等方面，进行了很多有益探索，形成了具有上海特色的老年照护统一需求评估体系，并且实现了老年照护统一需求评估全市全覆盖。通过统一需求评估确定的评估等级作为申请人享受长期护理保险待遇、养老服务补贴等政策的前提和依据。

2014 年年底，上海市印发了《上海市开展老年照护统一需求评估体系建设试点工作意见（试行）》，同时在徐汇、闵行、杨浦、普陀和浦东五个区先行开展试点。试点以来，相关部门通力协作、紧密配合，相关试点区积极准备、大胆尝试，取得了明显成效。但也暴露了不少问题，主要有：民政、卫生、医保等部门老年照护需求评估各成体系、标准不一，缺乏有效衔接；各类老年照护资源碎片化，缺乏转介机制；老年人申请照护服务，可能需要接受不同部门多次评估，导致重复评估、成本增加、资源浪费；老年人获得照护服务的公平性问

题；等等。

2016 年 8 月 14 日，上海市人民政府办公厅转发市人力资源和社会保障局等八部门 2016 年 7 月 20 日制定的《关于本市开展高龄老人医疗护理计划试点工作的意见》（沪府办〔2016〕67 号），要求充分利用和整合现有老年医疗护理服务资源，依托基本医疗保险制度，对本市城镇高龄老年人经老年医疗护理需求评估达到一定护理需求等级的，由基层医疗卫生机构提供基本的居家医疗护理服务，试行医保支付居家医疗护理费用政策。试点阶段从参加本市职工基本医疗保险的居家高龄老人开始，各区可以结合实际，逐步扩大试点街镇范围，让符合条件的参保老人应保尽保。该意见还对试点的对象和范围、老年医疗护理需求的评估、老年医疗护理服务的提供、居家医疗护理费用的支付和结算、老年医疗护理服务的监督管理，以及试点工作要求做了详细的说明和规定。

2016 年 12 月 29 日，上海市人民政府办公厅印发了《关于全面推进老年照护统一需求评估体系建设意见的通知》（沪府办〔2016〕104 号），明确提出当前和今后一个时期全面推进老年照护统一需求评估体系建设的工作目标、基本原则、适用对象、主要任务和工作要求，全面部署本市老年照护统一需求评估体系建设工作，力争到 2017 年年底，本市老年照护统一需求评估体系基本健全，评估标准逐步完善，第三方评估机制不断优化，老年照护统一需求评估发挥长期护理保险的"守门人"作用，养老服务资源配置的效率和透明度明显提高；到 2020 年年底，随着长期护理保险制度的建立，老年照护统一需求评估体系充分发挥作用，促进养老基本公共服务"应保尽保"，满足各类基本老年照护需求。

2018 年 1 月 5 日，为规范本市老年照护统一需求评估工作，上海市人民政府办公厅印发了《上海市老年照护统一需求评估及服务管理办法》（沪府办规〔2018〕2 号），对制定目的、适用对象、部门职责、评估机构要求和评估人员要求、应遵守的评估行为规范、采用的评估方法、如何申请评估、如何开展评估、如何进行结论告知、评估结论分为几个等级、结论有效期多长、如何对评估结论复核和终核、评估费用和服务费用如何支付、服务如何提供、服务计划如何制定、信息保密等，规定得非常详尽，实用性、可操作性较强。为完善本市老年照护统一需求评估办理流程、对定点评估机构实施协议管理,上海市人力资源和社会保障局、上海市医疗保险办公室在同一天发布了关于印发《上海市老年照护统一需求评估办理流程和协议管理实施细则(试行)》的通知(沪人社规〔2018〕3号),对定点评估机构基本条件、评估人员配置、协议管理、评估工具和评估标准、初次评估流程、复核和终核评估、期末评估、状态评估、评估费用、监督管理做了详细的阐释,较《上海市老年照护统一需求评估及服务管理办法》更加细化,操作性更强。

2018年10月18日,为了加强社区居家照护、养老机构、老年护理机构等老年照护服务的有机衔接,科学确定老年人的照护需求,保障老年人合法权益,上海市卫生和计划生育委员会、上海市民政局等四部门在整合现行的上海市老年照护等级评估、上海市高龄老人医疗护理服务需求评估以及上海市老年护理医院出入院标准的基础上统一制定了《上海市老年照护统一需求评估标准(试行)1.0版》,将评估结果分为正常、照护一级、照护二级、照护三级、照护四级、照护五级、照护六级、建议至相关医疗机构就诊共8个等级,并从自理能力维度和疾病轻重维度两个方面进行了分级维度划分,评估等级也由自理能力和疾病轻重两个维度的得分值决定,分值越高表示所需的照护等级越高。另外,根据本标准另行制定了老年照护统一需求评估指南,指导评估员开展评估工作。

2019年12月6日,上海市卫生健康委员会等部门联合发布了关于印发《上海市老年照护统一需求评估标准(试行)2.0版》的通知(沪卫老龄〔2019〕3号),与1.0版相比较,2.0版只在"分级维度"方面有所调整,具体调整情况如下。一是将1.0版中的自理能力维度所包含的日常生活活动能力、工具性日常生活活动能力、认知能力三个方面的权重分别从85%、10%、5%调整为65%、10%、25%,并将日常生活活动能力包括的13项表现调整为20项表现、工具性日常生活活动能力包括的2项表现调整为8项表现、认知能力包括的4项表现调整为22项表现。二是在1.0版中"疾病轻重维度"老年人群患病率比较高的10种疾病的基础上,增加了"认知障碍等疾病"的表述,删除了"10种疾病"的表述。除此之外,没有其他修改。

2019 年 12 月 26 日，为进一步加强对老年照护统一需求评估机构的管理，上海市卫生健康委员会、上海市民政局和上海市医疗保障局联合发布了《关于加强本市老年照护统一需求评估机构行业管理的通知》（沪卫老龄〔2019〕4 号），要求对评估机构的管理要遵循"政府主导，属地管理；社会共治，公开公正；改革创新，提升效能"的原则，形成"政府部门协同监管、行业组织规范自律、评估机构自我管理、社会公众参与监督"的监管体系，采取建立诚信档案、定期抽查、加强质量控制、实行信息公开等监管方式；监管结果由医保部门作为长护险评估机构定点、评估费用拨付的重要依据，由社会组织管理部门作为社会组织年检、信息公示的重要内容；为了保障落实，该通知还明确了责任部门的工作职责，建立了综合监管督查机制。

2020 年 12 月 30 日通过的《上海市养老服务条例》再次重申"本市建立健全老年照护需求评估制度。对具有照料护理需求且符合条件的老年人，按照全市统一的标准对其失能程度、疾病状况、照护情况等进行评估，确定照护等级，作为其享受相应基本养老服务的依据"。

除了上述的建章立制外，为了积极稳妥推进老年照护统一需求评估体系的建设，上海市还采取了下列措施。

一是由市民政局牵头建设市级老年照护统一需求评估信息管理系统，作为市级管理平台。各区可运用市级系统，也可单独开发本区老年照护统一需求评估信息管理系统，形成区级管理平台。市管理平台与人力资源和社会保障等部门建立的长期护理保险相关系统、各区级管理平台实现互联互通，形成全市统一的老年照护需求数据库，并对统一需求评估各环节进行实时管理。

二是市级层面组建统一需求评估管理机构，承担全市评估机构和评估员管理、质量控制、评估争议处理以及参与评估标准的修订等工作，定期向社会公布合格的评估机构名单和日常运行情况，加强对评估机构的业务指导；具体评估业务以政府购买服务等方式，委托第三方评估机构开展评估，确保评估的客观性、公正性、科学性，目前上海市有评估机构超过 36 家。同时，加强评估员队伍建设，建立评估员上岗培训、在职培训和日常考核制度，提升评估员队伍专业化水平。仅 2021 年上海市养老服务行业协会与上海开放大学就联合培养了 2000 名机构养老照护服务评估师。

三是注重老年照护资源的整合。根据评估结果，按照照护等级提供相应的养老服务，探索建立轮候、转介机制，不同照护等级的老人可以匹配从居家养老、社区养老到养老院、护理院等不同层级的养老服务，并通过医保支付政策、财政补贴政策等的梯度化政策，实现养老服务资源的优化配置。

四是鼓励增强老年照护服务能力。在继续提升养老机构、老年护理医疗机构等服务水平的同时，大力促进社区老年医疗护理站、社区生活照护站等服务机构的发展。

上述文件、政策、制度和措施共同构成了上海市老年照护统一需求评估体系，这是上海市"五位一体"社会养老服务体系的主要内容，是在需求侧建立、健全养老服务准入管理机制的创新举措，也是上海市建立长期护理保险制度的基础，旨在促进基本养老公共服务与养老服务需求有效对接、公平匹配。

上海市通过建立老年照护统一需求评估体系明确了下列内容。

第一，老年照护统一需求评估工具和标准。评估人员使用《上海市老年照护统一需求评估调查表》进行现场评估，经过相关程序后得出评估结论；主要依据身体健康状况来评定，涵盖自理能力和疾病轻重两个维度，分别授予不同的权重，最后计算总分来确定评估等级；评估机构可依据评估等级出具服务计划建议，作为服务机构制定服务计划的参考。

第二，老年照护统一需求评估流程。老年照护统一需求评估主要有四个流程，分别是申请、告知、审核、复核。首先由本人（或其监护人、代理人）向就近的社区事务受理服务中心或分中心提出书面申请，提交相关申请材料，选择意向服务机构；经审核符合申请条件的，由人力资源和社会保障部门安排定点评估机构实施评估；不符合申请条件的，社区事务受理服务中心将结果告知申请人（或其监护人、代理人）。定点评估机构在收到评估指令后委派评估人员完成上门评估、录入评估记录、出具评估结论等评估工作，并将评估结论反馈至社区事务受理服务中心。社区事务受理服务中心将评估结论代为告知申请人（或其监护人、代理人），由申请人（或其监护人、代理人）确认。

第三，老年照护统一需求评估机构和评估人员资质要求。评估机构为依法独立登记的社会服务机构或企事业单位，应具有稳定的评估人员、办公场所、良好的财务资金状况，具备完善的人事管理、财务管理、档案管理、评估业务管理、质量控制管理等制度，配备符合本市长护险信息联网和管理要求的计算机管理系统，并有相应的管理和操作人员，评估机构负责人无相关违法违规等不良记录。评估机构评估人员数量不少于 10 人，其中专职评估人员不少于 5 人。评估人员是指具备相关专业技术背景且无相关违法违规等不良记录，由评估机构聘用，经全市统一培训合格后具体实施统一需求评估的专兼职人员。评估人员按照专业技术背景，分为 A、B 两类。A 类评估员指具有养老服务、医疗护理或社会工作等实际工作经验，且具有中专及以上学历人员。B 类评估员指取得执业医师或执业助理医师资格人员。

第四，老年照护统一需求评估服务提供。经过统一需求评估，符合条件的申请人向意向服务机构登记确认，申请人确定服务机构后，该服务机构根据申请人评估等级，结合评估机构出具的服务计划建议制定服务计划，并告知申请人可享受的长期护理保险待遇和养老服务补贴政策，随后便可享受服务。

二 存在问题

（一）评估等级偏医学

老人最终的照护等级和所享受的照护服务基本依赖评估机构的评估结果。在评估调查表的设计上，生活方面的评估少，医疗方面的评估多，导致曾经患过疾病的老人综合得分往往高于实际需要照护的老人，如中风和糖尿病患者可以获得五级以上的等级评定，最需要照顾的卧床老人只能获得四级评估，而失智老人可能只是二级，照护卧床和失智老人（中度和重度）所需要的时间和精力往往更多，付出的人力物力成本更高。

（二）失能等级评估未能对护理计划提供指导

目前在失能等级评估时为了保证公平，采用双盲法。评估由 A 类和 B 类人员来确定，照护人员不参与。照护人员对失能老人的情况判断分析处于空缺状态，失能等级评估与护理计划完全分开。且失能等级评估确定后，评估员没有对不同的失能等级提出照护注意事项，也没有相应的服务要求。养老院无法获得评估报告，就会出现后期制定的护理计划与评估情况不匹配。

三　对策建议

（一）进一步完善优化老年人统一需求评估内容

一方面，照护评估需减少疾病的比重，在照护等级评估中将失智评估条目化。失智人员在长期护理保险评估中没有专门强调，建议将失智评估明确化，并作为照护等级评估的重要部分。另一方面，重新调整评估人员的资质，进一步培育社会化的评估机构。目前，上海市对于 A 类和 B 类评估人员的资质要求较高，可适当降低对评估人员的标准要求，尤其是在生活自理能力评估部分，有经验的社工等均可纳入。

（二）强化评估信息对护理计划的指导

老年人统一需求评估虽然重点是确定老年人服务等级，作为支付的依据，但评估更需要对具体的护理服务提供依据和指导，基层服务人员需要的不仅仅是等级这个数字，更需要看到评估表中涉及的老年人的基本状况，根据评估把握细节，更好地提供有针对性的护理计划和护理服务。因此，评估的具体内容应在评估等级确定方和服务提供方之间适当共享。

（吴孟华）

第五篇　上海市养老服务行业监管体系评价

第十八章 上海市养老服务行业监管发展现状、存在问题与对策建议

一 发展现状

（一）形成了养老服务行业监管的法律制度体系

早在 1998 年 6 月，上海市人民政府发布的《上海市养老机构管理办法》就明确了要加强对养老机构的监督与评估，要求养老机构应当对老年人膳食经费建立专门账户，并定期向老年人及其家属公开账目。对养老机构违反服务合同的，老年人或者其家属可以向市和区县民政局投诉，也可以依法提起民事诉讼。养老机构应当定期向市或者区县民政局报告开展服务的情况。市和区县民政局应当对养老机构的服务范围、服务质量以及服务费用的收支情况等进行监督和检查。养老机构应当建立财务、会计制度，定期制作财务会计报告，接受审计等部门的监督。市和区县民政局应当定期组织营养、医疗、护理、财务等方面专家和热心老年事业的社会人士，对养老机构的场地、设施、设备条件和人员配备、服务质量、信誉等情况进行综合评估，并向社会公布养老机构的评估结果。

2014 年 2 月 25 日，上海市人大常委会通过的《上海市养老机构条例》第三十九条规定，民政部门应当加强对养老机构设立、服务质量和运营情况的监督检查，发现问题，及时督促整改。第四十条规定民政部门应当建立养老机构评估制度，定期组织有关方面专家或者委托第三方专业机构，对养老机构的人员配备、设施设备条件、管理水平、服务质量、社

会信誉等进行综合评估，并将评估结果向社会公布。第四十一条规定审计部门按照国家有关规定，对政府投资举办或者接受政府补助的养老机构的财务状况进行审计监督，依法向社会公布审计结果；物价部门依法对养老机构的服务收费进行监督管理，及时查处价格违法行为。第四十二条规定民政部门应当建立养老机构诚信档案，记录其设立与变更、日常监督检查、违法行为查处、综合评估结果等情况，并通过养老机构信息服务平台予以公开，接受社会查询；对有不良信用记录的养老机构，应当增加监督检查频次，加强整改指导。

2014 年 4 月 4 日，上海市人民政府在《关于加快发展养老服务业推进社会养老服务体系建设的实施意见》中专门提出要建立科学的养老服务行业监管体系，加强养老机构分类管理，加强对各类养老机构日常运行的管理，建立养老机构监管信息披露制度，对机构服务质量和运营情况定期开展监督检查。

2016 年 1 月 29 日，上海市第十四届人民代表大会第四次会议通过了《上海市老年人权益保障条例》，其中第六十二条规定："建设、运营社区养老服务设施的企业事业单位、社会组织或者个人未按照国家和本市有关养老服务设施建设标准、社区养老服务规范的要求，建设社区养老服务设施或者提供社区养老服务的，由民政部门责令改正；享受政府税费减免或者建设补助、运营补贴等优惠政策的，有关部门可以中止优惠政策；情节严重的，收回已经减免的税费和发放的补助、补贴。"

2017 年 4 月 25 日，上海市发布了《上海市社区养老服务管理办法》，其中第二十六条（联合监管与综合评估）明确要求民政和相关部门应当建立健全协同监管机制，加强对社区养老服务机构运营和服务的监管。民政部门应当组织对社区养老服务机构、设施的日常运营、人员资质、服务能力、财务状况、诚信等开展综合评估，加强事中事后监督管理，定期将情况向社会公布，接受社会监督。

2017 年 10 月 26 日，为了规范对养老机构违法行为行政处罚裁量的合理运用，保证公平、公正，根据《上海市养老机构条例》《上海市养老机构管理办法》《养老机构设立许可办法》的规定，出台了《上海市民政局关于养老机构违法行为行政处罚的裁量基准》，详细列明了养老机构 12

种违法行为进行行政处罚的法律依据和裁量基准。

2019 年 5 月 27 日，上海市人民政府印发了《上海市深化养老服务实施方案（2019—2022 年）》。其中，养老服务行业质量提升计划明确指出要转变管理方式，加强事中事后监管，完善信用为核心、质量为保障、放权与监管并重的服务管理体系。

2020 年 12 月 30 日，上海市人大制定出台了《上海市养老服务条例》，设"监督管理"专章，将监管重点指向事中事后，确立了养老服务综合监管体系的制度框架。该条例所称的综合监管是指部门协同监管、行业规范标准管理、信用监管、行业自律、社会监督等方式，着眼于安全、资金、质量三项重点领域。部门协同监管要求民政、住建、消防、卫健、市场等职能部门按照养老服务监管责任清单，依法加强对养老服务机构在服务运营、建筑安全、消防安全、医疗卫生安全等环节的监督检查，各司其职、各尽其责。在行业规范标准管理方面，该条例提出各职能部门制定地方标准，并依照标准实施监督，鼓励社会团体、养老机构制定高于国家、行业和地方标准的团体标准或者企业标准。该条例还创造性地提出人大监督的方式，通过督促政府各部门严格落实法定职责，广泛开展宣传解读，督促落实养老服务各项工作；持续聚焦养老服务领域若干重点、难点问题，推动相关部门尽快制定、修改出台相关配套制度。

2021 年 6 月 8 日，上海市民政局、上海市市场监督管理局按照"放管服"改革以及取消养老机构设立许可的要求，发布了《上海市养老服务机构登记与备案管理办法（试行）》，同时完善养老机构备案"一网通办"工作，建立健全养老机构备案管理制度。

2021 年 10 月 25 日，上海市人民政府办公厅发布了《上海市养老服务机构综合监管办法》，明确了"属地负责、行为监管、分级分类、分工配合"的工作原则，进行了职责分工，市民政部门总体牵头协调养老服务机构综合监管工作，市发展改革、教育、公安、财政、人力资源和社会保障、规划资源、生态环境、住房和城乡建设管理、卫生健康、应急、审计、市场监管、地方金融监管、医保、城管执法、房屋管理、消防救援等部门和机构以及事业单位登记管理机关按照各自职责，共同做好对养老服务机构的监管工作；各区政府承担本行政区域养老服务机构监管工作的第一责任，区相关职能部门根据各自职责，共同依法实施对本行政区域内养老服务机构的具体监管工作。监管事项包括许可和备案监管、服务内容监管、场地安全和环境保护监管、用地和使用监管、食品安全监管、从业人员监管、资金监管、运营秩序监管、突发事件应对监管、医疗活动监管、收费监管以及其他监管；监管的主要方式有协同监管、信用监管、"互联网+"监管、"双随机、一公开"监管、重点监管、分类监管、检测评价。同时，对监管的基本实施要求及保障措施也做了详细的规定。

（二）建立了养老服务质量综合评价体系

上海市以提高老年人满意度为目标，以养老机构服务质量专项行动为抓手，推动建立养老服务质量综合评价体系。

2017 年 3 月 16 日，上海市民政局印发了《关于开展养老机构"服务质量年"活动工作方案的通知》（沪民福发〔2017〕4 号），以启动"服务质量年"为开端，通过一系列的举措不断完善服务质量评判标准，建立完备的服务标准体系；加强服务质量监测考核、激励保障，完善服务质量惩处机制，推动服务质量信息共享运用，建立和形成养老机构服务质量监测考核体系，全面提升养老机构的服务质量。为此，上海市民政局将2017 年确定为"服务质量年"，重点推进下列四项工作：一是加强制度和标准化建设；二是开展专项检查；三是推动行业自律；四是加强激励规范。

2018 年 6 月 6 日，上海市民政局、上海市公安局、上海市卫生和计划生育委员会、上海市质量技术监督局、上海市食品药品监督管理局、上海市老龄工作委员会办公室联合印发了《关于做好 2018 年养老服务机构服务质量建设专项行动的通知》（沪民福发〔2018〕18 号），以"保安全、固成效、优服务、建机制为主要任务，坚持问题导向、分类指导、精准施策，抓重点、补短板、强弱项，进一步解决影响养老机构服务质量的突出问题，加强养老服务机构标准化、专业化、信息化建设和精细化管理"为工作目标，以"巩固大排查、大整治工作成效，全面推进养老机构服务与管理规范化、标准化、制度化建设，建立养老机构服务质量监测和综合评价体系，重点帮扶薄弱养老机构，持续提升养老服务队伍职业能力，逐步实现养老机构信息互联互通，探索建立养老机构信用体系，不断强化联合监管和惩治的机制，开展对养老服务机构专项督导，结合大调研解决历史遗留体制机制问题"为主要任务，开展 2018 年养老服务机构服务质量建设专项行动，并制定了详细的推进计划。

2019 年 6 月 27 日，上海市民政局、上海市卫生健康委员会、上海市应急管理局、上海市市场监督管理局、上海市消防救援总队联合印发了《关于做好 2019 年养老机构服务质量建设专项行动实施方案》的通知（沪民养老发〔2019〕19 号），以"抬高底线、防范风险、注重日常、形成长效"为主题，继续实施专项行动，提出了十二大主要任务，分别是着力开展重大风险隐患清除攻坚行动、努力实现养老机构消防安全达标全覆盖、全面完成郊区薄弱养老机构设施改造、深入推进养老机构标准化建设、全面开展养老机构服务质量日常监测工作、进一步完善养老机构等级评定工作、努力提升养老机构医疗服务能级、深化养老服务队伍建设、坚决查处养老机构推销"保健品"和非法集资、全面提升养老机构食堂食品安全管理水平、全面加强养老机构综合监管、探索建立养老机构社会信用体系，并制定了详细的工作计划，进一步提升上海市养老机构服务质量。

2020 年 6 月 16 日，上述五部门联合印发了《2020 年养老机构服务质量建设专项行动实施方案》，着力解决影响养老机构服务质量的突出问题，完善信用为核心、质量为保障、效能与监管并重的服务管理体系，主要任务有：统筹抓好养老机构疫情防控、深入推进养老机构标准化建设、建立健全养老机构等级评定机制、深入推进养老机构服务质量日常监测、提升养老机构医养结合服务能力、全面提升养老机构食堂食品安全、探索建立养老机构社会信用体系、全面加强养老机构综合监管、实施民办养老机构消防安全达标提升工程、深化养老机构人才队伍建设。

自 2017 年起，上海将提升养老机构服务质量列为重点，并纳入地方政府绩效考核，目前已连续四年开展了养老服务质量提升行动。在提升行动中，上海市推出了养老机构服务质量日常监测制度。

从 2017 年启动"服务质量年"开始，上海就以国家 115 项大检查指标为基础，首创了上海市养老机构服务质量日常监测指标体系。

2018 年，上海市民政局对 200 家养老机构进行了试点测评。

2019 年 6 月 12 日，上海市民政局发布了关于印发《全面开展养老机构服务质量日常监测工作的实施方案》的通知（沪民养老发〔2019〕18号），决定在全市养老机构中全面开展服务质量日常监测工作，通过统一监测指标、统一监测项目、统一监测人员库、统一派遣监测人员、统一监测质量跟踪、统一发布监测结果"六统一"，对养老机构的服务提供、服务保障、服务安全三大类共 90 项指标进行监测评价。服务提供类评价指标包括确定服务内容、日常照护、清洁卫生、预防保健、社交娱乐、精神支持等共 35 项；服务保障类评价指标包括人员管理、入出院管理、收费管理、信息管理、感染管理、服务质量监督与评价等共 30 项；服务安全类评价指标包括护理安全、膳食安全、设施安全、电气安全、燃气（气瓶）安全、特种设备安全、消防安全等共 25 项。评价结果分为四个等级，其对应关系如下：（1）评价得分高于（等于）85 分，对应等级为"优秀"，以"大笑脸"表示；（2）评价得分 84~70 分（含 70 分），对应等级为"良好"，以"微笑脸"表示；（3）评价得分 69~50 分（含 50分），对应等级为"一般"，以"平脸"表示；（4）评价得分 50 分以下，对应等级为"较差"，以"哭脸"表示。监测方式采用实地查看、现场询问、现场访谈、查阅资料等形式进行。监测结果公示牌在养老机构经营场所醒目位置张贴。

2020 年 1 月 6 日，上海首次发布养老机构服务质量监测结果，本次被监测的 572 家养老机构中，123 家获评"优秀"，223 家获评"良好"，202 家获评"一般"，24 家获评"较差"，总体评价结果较好。

在开展养老机构服务质量专项行动的同时，上海市还开展了养老机构等级评定工作。早在 2015 年，上海市就试点对全市养老机构进行等级评定，将全市养老机构分为一、二、三级，三级为最高，2016 年起在全市全面推开，是全国较早开展养老机构等级评定工作的省市。2015~2018 年完成了首轮评定，评出一、二、三级养老机构共 472 家。2018 年，国家标准《养老机构等级划分与评定》发布，分为五个等次。2019 年 12 月 31日，民政部下发《关于加快建立全国统一养老机构等级评定体系的指导意见》（民发〔2019〕137 号），要求"加快构建养老机构自愿参与、评定程序规范、标准尺度一致、评定结果互认的全国统一养老机构等级评定体系"。为此，上海市民政局为做好养老机构等级评定工作，提升养老服务质量，结合本市实际制定了《上海市养老机构等级评定管理办法》，于2020年7月16日正式印发，同时制定出台了《上海市养老机构等级评定标准细则》，将全市养老机构评定等级从高到低依次分为五级（★★★★★）、四级（★★★★）、三级（★★★）、二级（★★）、一级（★）。按照养老机构等级评定标准，评定满分为1000分，得分为901分以上的，评定为五级；得分为801~900分的，评定为四级；得分为701~800分的，评定为三级；得分为651~700分的，评定为二级；得分为600~650分的，评定为一级；低于600分的，不予评定等级。获得评定等级的养老机构应当将评定等级牌匾悬挂在服务场所或者办公场所的明显位置，自觉接受社会监督。养老机构评定等级有效期3年。评定等级有效期满前3个月，可以申请重新评定；前一次等级评定两年后，可以申请升级评定；期满后未再申请参加评定的养老机构，原评定等级自动失效。通过等级评定促进养老机构在行业中找定位，在服务上看等级，推动了上海市养老机构的服务质量进一步提升。2021年5月20日，上海市民政局向社会公示了上海市2020年度养老机构等级评定结果，其中五级养老机构1家、四级养老机构9家、三级养老机构79家、二级养老机构94家。

（三）构建了养老服务行业诚信体系

2018年7月9日，上海市民政局、上海市发展和改革委员会印发了《上海市养老机构失信信息归集和使用管理办法（试行）》，要求养老机构失信信息的归集和使用应当遵循"合法、安全、及时、准确"的原则，不得泄露国家秘密，不得侵犯养老机构商业秘密和个人隐私；明确了市、区民政部门的职责，市民政局负责统筹本市养老机构失信信息的归集、使用和管理，依托本市养老机构日常管理系统，建设、完善本市养老机构失信信息归集平台，并与市公共信用信息服务平台对接，实现信息互联互通，区民政局负责本辖区养老机构失信信息的归集、录入、更新和移出等管理工作；界定了养老机构的失信信息类别；规定了录入养老机构失信信息归集平台的信息，包括信息种类、失信事实、信息来源、信息录入时间、信息保留期限等；提出了对失信的养老机构的惩戒措施；等等。

2019 年 5 月，上海市人民政府出台了《上海市深化养老服务实施方案（2019—2022 年）》，提出建立"红名单"和"黑名单"制度，将信用信息作为各项支持政策的重要衡量因素，特别是对"黑名单"中的失信主体，要加大惩戒，用信用约束行为；还首次提出了"逐步建立养老服务机构信用分制度"的要求。

2019 年，上海市启动养老机构信用分级和评价项目，探索根据养老服务机构信用状况、履约能力进行评估，建立信用评价标准和模型，逐步建立养老服务机构信用分级制度。为推进养老服务领域信用联合惩戒，上海市出台了《养老机构及从业人员严重失信（黑名单）认定标准》，明确了严重失信（黑名单）的适用范围、标准、惩戒措施、发布方式等，与长三角三省一市的相关部门探索认定标准互认、联合惩戒的具体路径。

2020 年，养老机构信用分级和评价系统在静安区试点，之后在全市推广应用。

2020 年 12 月，上海市人大常委会通过的《上海市养老服务条例》第九十九条再次要求"建立养老服务机构信用档案"，"建立信用分级制度，确定养老服务机构信用等级，采取差异化监管措施"。

2022 年 1 月 17 日，上海市民政局发布《上海市养老服务机构信用评价管理办法》，核心内容主要有以下五点。

第一，明确了养老服务机构信息归集、评价以及分级分类监管的市区职责。市民政局负责统筹本市养老服务机构信用信息归集、信用评价标准制定、信用评价组织实施、信用分级分类监管指导等工作。区民政局具体负责本辖区养老服务机构信用信息归集，依据信用评价结果实施差异化监管。

第二，明确了养老服务机构信用信息的内容、来源和构成与要求。参照《上海市公共信用信息归集和使用管理办法》以及其他信用信息的分类规定，结合我市养老服务机构的实际，将养老服务机构公共信用信息分四类：基本信息、失信信息、增信信息、其他信息。结合行业管理要求，列举了各类信息内容、信息归集要求。

第三，对养老服务机构信用评价进行了规定。市民政局对养老服务机构进行动态评价。记分总分值为 100 分，根据不同的得分区间，将养老机构信用级别设 A、B、C、D 四级。评价规则除了记分以外，还有直接判定等级，即"一票否决"，目的是为后续强化对行业严格禁止性行为的监管提供依据。

第四，明确了养老服务机构信用评价结果应用。信用评价结果可查询。A 级、D 级养老服务机构名单，由市民政局在官方网站公开，实施分类监管。民政部门依据评价和信用分级结果，对不同信用等级的养老服务机构进行分类监管。如对 A 级、B 级的养老服务机构，可采取相应激励措施；对 C 级的养老服务机构，可采取正常监管措施；对 D 级的养老服务机构，可采取相应惩戒措施。

第五，规定了失信信息的期限、信用修复的条件、异议申请的办法和处理、法律责任等。《上海市养老服务机构信用评价管理办法》有如下亮点。一是率先构建养老服务机构信用管理制度。涵盖信用信息归集、信用评价、结果应用、权益保护等内容，覆盖机构养老服务和居家社区养老服务，形成依法依规、公开透明、标准统一、分级分类的养老服务机构信用管理体系。二是首次建立养老服务机构信用分级机制。制定全面反映养老服务机构信用水平的评价指标，对养老服务机构的信用等级予以区分，实施动态评价，为差异化监管提供了操作依据。三是创新养老服务信用管理方式。在信用归集上，除归集基本信息和其他信息外，体现失信信息和增信信息相结合；在信用评价上，体现评价指标计分和直接判级相结合；在结果应用上，体现正面激励和负面惩戒相结合，引导养老服务机构诚信守法。四是注重数字化应用手段。依托养老服务领域的大数据资源，建立全市统一的信息平台，开发科学、有效的信用评价模型，对养老服务机构信用情况进行智能化评价，为基层管理减负，并减少对养老服务机构的干扰。

（四）开展了养老机构系列检查执法行动

1. 养老机构消防安全行动

上海市政府将养老机构消防设施改造列入市政府实事项目，2017 年在基本完成存量养老机构自动喷水灭火系统改造的基础上，启动了养老机构电气线路安全改造项目，于 2019 年全面完成。2018 年 6 月，上海市民政局和消防救援总队印发了《上海市养老机构消防安全标准化管理评分细则（试行）》，通过培训、宣教、组织演练、巡查、督促等措施，提高消防安全意识和能力。2020 年实施了民办养老机构消防安全达标提升工程。上海市民政局牵头，联合上海市财政局、上海市住房和城乡建设管理委、上海市消防救援总队印发《上海市民办养老机构消防安全达标提升工程实施方案》；全面排查民办养老机构消防安全状况，建立底数台账，列出操作性强的整治措施，建立隐患、整改、责任"三个清单"；指导民办养老机构制定完成消防安全达标提升工程改造方案，帮助存量民办养老机构按照国家改造标准和要求，实施消防安全达标提升工程改造，使全市存量民办养老机构消防设施设备配备符合国家工程建设消防技术标准，消防安全管理满足需要，达到安全服务要求。

2. 养老机构设施安全行动

2018 年、2019 年上海市连续两年将农村薄弱养老机构改造列入市政府实事项目，截至 2019 年年底，累计完成 133 家农村薄弱养老机构设施改造项目，机构居住、照护、安全等设施及活动场所条件得到全面提升。

3. 养老机构食品安全行动

2016 年制定了养老院食堂和老年助餐点的管理办法，2019 年制定了《上海市老年助餐服务食品安全工作指引》，对食品加工、供应、用餐等环节加强管理。2020 年开展了全面提升养老机构食堂食品安全行动。委托专业第三方，依托互联网、大数据、云计算等技术手段，在老年助餐食品产供销的各个环节，试点建立老年助餐"来源可溯、过程可控、去向可追"的食品可追溯系统机制。在推进可追溯系统的过程中一并推动"明厨亮灶"工程，通过在养老助餐服务场所采用透明玻璃、视频监控等方式，向社会公众展示餐饮服务相关过程。研究相关服务标准，促进助餐服务场所规范化、标准化建设和运营。

4. 养老机构专项执法行动

2020 年 9 月，上海市民政局对全市 724 家养老机构开展了专项执法行动。本次专项执法行动按照"科学统筹与精准监管相结合，短期攻坚与长效机制相衔接，执法查处与宣传教育双管齐下"的工作思路，采取市区两级联动，由市民政局相关部门执法人员与区民政执法人员组成现场检查小组开展联合执法。列入本次专项执法行动范围的养老机构主要包括一般检查对象（全市养老机构）和重点检查对象（近几年在养老机构服务质量日常监测中发现的风险隐患较大、曾发生过安全事故、群众反映问题突出的养老机构）；各区根据自身工作实际，抽查一定比例的养老机构。

检查事项主要有三大类。一是养老机构登记、设立相关事项，该部分检查事项主要针对民非养老机构，检查内容主要包括登记信息、备案信息、住所产权信息、相关证书管理等。二是养老机构运营相关事项。检查内容主要包括依据养老服务宗旨开展活动情况、向民政部门提供的材料的真实性等。民非养老机构还需检查年检及整改情况、理事会和监事会情况、财务管理情况、依据章程开展活动情况等。三是养老服务管理相关事项。检查内容主要包括适老建筑物和构筑物、从业人员资质、服务协议签订、依法依规开展养老服务情况等。通过此次专项执法行动推动建立以"双随机、一公开"监管为基本手段、以重点监管为补充、以标准规范为支撑、以信用监管为基础的新型监管机制，探索实行跨领域跨部门综合执法，实现违法线索互联、监管标准互通、处理结果互认，完善养老机构服务纠纷预防和处置机制，从而推动上海市养老服务综合监管制度的建立健全。

除此之外，上海市民政局还在特种设备安全、服务安全、人身安全、财务安全等方面进行了全面监管，查处和整治了以养老机构名义非法集资、销售金融产品以及乱收费等违法情况。

二　存在问题

（一）协同监管能力有待提高

《上海市养老服务机构综合监管办法》明确规定市民政部门总体牵头协调养老服务机构综合监管工作，市发展改革、教育、公安、财政、人力资源和社会保障、规划资源、生态环境、住房和城乡建设管理、卫生健康、应急、审计、市场监管、地方金融监管、医保、城管执法、房屋管理、消防救援等部门和机构、事业单位登记管理机关以及各区政府共同做好养老服务机构的具体监管工作，监管主体众多，形成了"一家为主、多头管理"监管格局。目前各养老服务的监管部门联动性不强，分工过于条块化，协作程度不高，特别是在数据归集、线索转交、联合执法、联合惩戒等方面的统筹协调难度较大，协同监管能力不高。

（二）监管流程尚不够清晰

从理论上讲，多元化监管主体格局，具有完善的监管内容、丰富的监管方式。实际操作上，只明确了民政局及相关职能部门要对养老机构进行监管，规定了各自的监管领域，但对具体监管流程、监督指标等都没有明确的规定，操作性不强；只是提出要"依法处理"，但没有对监管结果相关行政处罚的具体规定，直接导致某些部门的监管不到位，甚至流于形式。而且，彼此间沟通与联系不够，往往各自为政。

对特殊类型养老机构没有制定明确的特殊规定，比如医养结合型养老机构在监管方面应有不同的规范要求。2018 年新修订的《中华人民共和国老年人权益保障法》中提出要对养老机构进行分类管理，2018 年 12 月国家市场监督管理总局和中国国家标准化管理委员会发布了《养老机构等级划分与评定》，但目前就上海市而言，并没有完成全部养老机构等级的评定，更没有按当前的法律、法规和政策来分类执行监管。

总的来说，整个监督系统远未形成一个严整有序、分工合理、协调互动、运转高效的有机整体，存在不少的"监督盲区"。这非但不能形成监督合力，反而还造成内耗，导致监督机制的弱化和公信力的丧失。

（三）监管内容存在空白

1. 养老机构保证金监管不到位

在机构养老服务中，保证金是老年人入住养老机构必须要缴纳的一笔费用，且数额不小。保证金主要用于老人突发疾病时的医疗应急救援、设施设备损坏赔偿和家属对老人置之不管情形下的支付。随着养老机构（特别是营利性养老机构）的快速发展，养老机构的保证金在实际操作中出现各种问题。一是名称不统一。养老保证金在不同养老机构的名称不统一，一些养老机构称其为养老押金，还有一些养老机构称其为医疗保证金、应急保证金或者会员费。这种命名不一致，实质反映了监管缺失问题，导致老年人对养老机构收取费用的目的产生怀疑。二是收取额度高。养老保证金收取额度因养老机构而异，收费额度从数万元到数十万元，甚至超过百万元，尤其是一些保险公司设立的高端养老机构，入门费往往超过百万元。从调查结果看，一方面，部分养老机构床位空置率较高（高达48%左右），其中不免有高额养老保证金的"贡献"；另一方面，老年人对养老服务的整体购买力不足，高额的养老保证金制约了大量中等经济能力的老年人养老服务需求的满足。三是管理主体单一。老年人在申请入住养老机构时向养老机构缴纳保证金，养老机构直接对资金进行保管、使用，而政府、养老机构行业协会等均没有对养老保证金进行管理与监督，老年人无法实时查询保证金的动态信息。

上述问题的原因在于，一方面，我国在养老保证金方面还没有明确的法律定义和规范，法律规范缺失直接导致有效强制性惩罚的缺失，助长了养老机构利用法律漏洞滥收乱用养老保证金，甚至将养老保证金用于日常运营或高风险业务投资；另一方面，对养老机构保证金管理的监督不到位，加上保证金的收取、保管与使用没有明确法律法规可依，致使老年人对养老保证金享有的所有权得不到充分保护。

2. 养老机构运营资金使用缺乏监管

"有与服务内容和规模相适应的资金"是养老机构的经营先决条件之一。尽管相关法律法规规定了养老机构在收费项目上的公示义务以及政府部门对养老机构收费、定价的监督义务，但并没有明确如何监管养老机构运营过程中资金的使用情况，可能会造成养老机构运营资金使用不当而引起经营风险。《上海市养老服务机构综合监管办法》也只是笼统规定"资金监管，包括对养老服务机构的建设、运营补贴资金、政府购买服务资金、医保和长期护理保险基金申领使用、预收服务费收取和管理情况等的监管。"

三 对策建议

（一）建立联席会议制度，加强合力监管

养老机构的运营涉及民政、卫生、公安、消防、物价等众多部门，多

部门的合力作为才能保证养老机构的正常运行和发展。为杜绝因为职责与权限不清导致扯皮现象，聚合各方形成监督合力，就必须建立综合协调机制。

1. 合力监管的形式

根据国务院办公厅2019年8月发布的《关于同意建立养老服务部际联席会议制度的函》的精神，建议建立由民政局牵头的养老机构联席会议制度，定期开展检查，联席会议成员单位派员参加。通过联席会议制度加强对养老服务工作的领导，统筹协调各部门，形成工作合力，提高协同监管能力。通过联席会议，明确监督检查中督查主体及协助方的职责，在法律允许范围内，可组成联合调查组负责各类专项督查或案件调查。

2. 合力监管的内容

采用定期或不定期检查形式，根据养老机构质量评估体系对养老机构的服务质量进行全方位的评估，对养老机构是否符合规定、是否达到服务管理的要求进行督查。

督查中明确公示各督查部门依据法律法规开展检查的内容清单，并对检查结果公示。通过联席会议随机抽取被调查机构，明确检查项目，随机抽取调查员，公示调查事项，实施现场调查。

以价格监管为例，需要构建以市场监管局为主，由定价部门、评级部门以及行政区直属部门组成的联合监管体系，定期对养老服务价格政策执行情况开展检查。发改委负责养老机构价格管理，制定和调整养老机构基本养老服务收费标准，进行成本调查和成本监审。民政局负责养老服务行业管理和服务规范，明确照料护理服务内容和服务等级标准，组织推进养老机构等级评定工作，对养老机构数量、收住老人数量、收费标准等信息实行信息化管理，并逐步纳入信用体系建设。价格监督部门负责养老机构收费的监督检查，落实公示的价格和执行的价格是否相符、是否按照价格管理部门审核批准的价格在执行，在经营中是否有明码标价、是否存在不合规的隐性收费行为，审核价格与服务价值和等级是否匹配、服务对象对价格执行的评价如何、养老机构对服务收费价格的意见如何、价格对目前经营维持的影响如何、价格调整是否符合政府相关规范条例的规定，同时，对收费违规行为进行查处。街道办事处负责对相关养老机构进行日常管理，督促养老机构建立健全财务制度和各项内控制度，规范养老机构收费行为。

3. 建立联合惩戒机制

失信成本低导致养老机构轻视自身违法违规行为。对失信养老机构采取联合行动，"一处违法，处处受限"，增加养老机构的违规成本。违法行为必须追究养老机构负责人的责任，并且限制相关负责人创办与养老机构类似的组织。法律惩罚进入养老机构的信用档案，进一步加强信用约束。依据养老机构的信用情况、日常经营活动情况、违法情况、风险能力等，将养老机构分类分等，建立相应的激励机制、预警机制、惩戒机制和淘汰机制，督促养老机构树立诚信意识，积极维护自身信用。

（二）制定监管清单，完善监管标准

从市场角度，对监管标准进行全面梳理、细化和完善，着力解决"谁来监管""怎么监管""标准如何"等现实难点问题，并加强事中事后监管。

对外是通过公布监管清单等方式明晰权责，监管清单包括监管主体、监管范围、监管标准、监管协同、监管数据等，各部门按照上述类别编制标准化监管清单，着重对分级分类、风险评估监测、保证金管理、应急管理、现场检查、监督抽查、行政执法等重点环节规范进行查漏补缺、完善优化。

对内则是建立执法监管的操作标准规程。一是监管程序标准，用以规范对养老机构检查的具体程序。从检查的准备和进入、检查的步骤、提出检查意见乃至检查效果考核等方面予以规范。二是检查操作标准，基于检查的实施、询问、材料收集、核对等检查事项建立目录化的操作标准。

在监管清单的制定上，建议着重从以下方面考虑建立对养老机构运营的监管。第一，养老机构核心服务工作人员构成变化及岗位服务效率的监管。第二，养老机构老年护理员的流动及岗位培训情况的监管。第三，养老机构运营资金变化的监管，特别是对养老机构收取的各类保证金进行监管。第四，养老机构入住老年人异常疾病、意外伤亡的监管。第五，养老机构入住老年人家属反馈意见的监管。监管清单建议通过联席会议来制定，清单既要反映监管的主要内容又要反映养老机构服务质量因素，这就需要综合养老机构设立、运营、发展、生存等多因素制定。

（三）规范保证金监管体系，专项化监管

为促进养老保证金机制的推行，基于养老保证金管理现状及问题，建议构建包含以下几个方面内容的养老保证金管理及监管体系。

1. 收取额度

民政部门会同相关部门和机构，如市场监管局、健康卫生部门、养老行业协会等，制定养老保证金收取额度标准，并设置养老保证金的红线机制（即老年人养老保证金账户余额不可少于一定额度，保证养老保证金对老年人健康保障以及对养老机构运营保障作用）。健康卫生部门和民政部门认可的医疗机构负责对申请入住养老机构的老年人做出健康评定，养老机构根据健康评定结果和相应的养老保证金收取额度标准计算收取的养老保证金。

2. 收取方式

养老保证金的收取方式应由民政部门统一制定并在银行专户存储。其收取方式应秉承"一次交纳，多次补交"原则，即在老年人申请入住养老机构时应当一次缴存相应的养老保证金，当养老保证金账户余额少于养老保证金红线时，银行及时通知老年人补交养老保证金，形成动态循环的养老保证金收取方式。

3. 使用程序

民政部门应当制定养老保证金使用计划报批、审计监督以及老年人对养老保证金的查询和对账等制度，保护养老保证金各主体的利益，并对养老保证金相关程序的有序运行提供依据。当出现需要使用养老保证金的状况时，养老机构应当联合医疗机构或设施设备损坏鉴定机构出具相关证明材料，向银行申请划拨养老保证金，银行应查实证明材料的真实性和齐全性，按规定划拨相应额度的养老保证金。

4. 保值方法

养老保证金自存入养老保证金账户之日起按规定计息，利息应继续存入养老保证金的账户并公开信息。

5. 退还办法

当老年人退出养老机构时，银行须查实老年人退出养老机构手续的齐全性和合法性，并将养老保证金按账面余额退还给老年人。

6. 争议解决办法

老年人、养老机构、银行之间就养老保证金发生纠纷的，当事人可以通过协商解决。协商不成的，如有仲裁约定，可以依法向仲裁机关申请仲裁；没有仲裁约定或仲裁约定无效的，向人民法院起诉。银行或养老机构挪用养老保证金或者造成养老保证金损失的，由银监会和民政部门按规定进行处理。情节严重的，应追究直接责任人员和领导人员的行政责任；构成犯罪的，应依法追究刑事责任。

（四）强化信息公开，透明化监管

信息公开披露增强了养老机构运作的透明度，加强了社会公众的监督，提高养老机构的公信力，降低了法律监管的成本。在监管过程中，政府监管机构应当将其权力的行使置于阳光之下，对养老机构进行教育和引导，鼓励养老机构信息披露，并制定养老机构服务领域信息披露的规则和注意事项，确立养老机构信息披露的义务，建议在以下几个方面予以加强。

1. 明确规定养老机构信息披露的内容

政府监管部门可以要求养老机构提供以下信息。

一是有关养老机构的准入信息。包括机构性质、规章制度、设施场所、计划安排等，避免老年人对相关信息不熟悉。

二是有关养老机构内部工作人员的具体私人信息，如负责人和责任主体，以便政府监管部门能够更方便地对养老机构的负责人进行监督和管理。

三是有关养老机构内部资金流动情况和相关季度、年度运行工作总结。政府监管部门对养老机构的明细账目以公示和披露的方式来监管，包括各种用于为老年人提供服务的支出和消费，做到定期报告，通过财务、程序、流程公开，使每一笔款项的来源和使用都有准确的记录。同时对养老机构的收费标准、服务项目、服务标准、服务人员的资质等事项进行公示，既方便来自社会各方面的监督，又方便老人们在选择养老机构时有一个明确的参考标准，减少老年人在选择服务时的信息不对称问题，促进养老机构整个行业的公平竞争。

四是投资人信息。在对投资人或机构的隐私进行保护的基础上，政府监管部门应该要求养老机构，尤其是民办养老机构，把投资人的相关信息予以披露，以防腐败滋长。

五是价格信息。建议按养老机构性质和养老机构功能区分，分别公布养老机构定价信息。公布公办养老机构和民办养老机构的床位费、护理费、膳食费收费内容与标准；按照重度护理、中度护理、轻度护理养老机构分类，分别公布床位费、护理费、伙食费等其他费用的收费内容与标准。养老机构也可以通过查询养老机构价格信息，分析市场中对于养老机构的需求状况，分析自身在养老机构市场中所处的位置，发现自身的优势或不足，从而采取措施以提供市场所需的养老服务。

六是质量评估信息。根据养老机构服务质量评估体系开展的质量评估结果、根据联席会议制度开展的定期和随机监督检查以及各项专项检查的结果，应该及时向社会公布，养老机构不同意评估结果的，可以向政府监管部门进行申辩并允许重新评估。

2. 拓宽养老机构信息披露的途径

政府监管部门应当督促养老机构及时披露并更新重要信息。利用最为规范和实用的网上披露方式，如借助互联网和大数据等来与老年人进行信息交流，从而使养老机构运作更加规范和透明。养老机构的联席会议可以建立一个官方门户网站，在网站中下设信息披露版块，联席会议成员将辖区内的养老机构基本情况录入该平台。政府监管部门还可公布最新成立的或者信用度很差、濒临破产、被吊销营业资格的养老机构名称和有关网络信息，以便老年人根据自己的判断来选择适合自己的养老之所。

3. 完善养老机构信息披露的方式

信息披露应当包括主动披露和被动披露两种形式。前者是养老机构主动向政府监管部门提交其具体的事项报告和规章制度规定，由政府各个部门对养老机构进行监管，除涉及国家秘密、个人隐私以及商业秘密之外，监管部门可以通过定期在网上和具体场所向老年人进行财务状况、运作流程情况、服务质量、费用、服务态度、投诉情况等进行公示。后者指政府监管部门对养老机构信息的公示。当老年人或者其家属要求政府监管部门和养老机构公开针对老年人个人服务的信息时，他们有义务进行提供，如果政府监管部门不作为或者养老机构推脱，老年人和家属可以向有关部门进行投诉，以便加强对养老机构的监督。

（五）发挥大数据作用，信息化监管

监管过程中面临最大的问题是对监管对象了解不够，只能在问题出现后进行被动监管，甚至因缺少监管对象具体信息而形成监管死角。政府监管部门应充分利用大数据技术对养老机构实施精准监管和定向监管。养老机构的任何违法行为或者问题绝不是即时爆发的，都有一个从量变到质变的积累过程。因此，政府监管部门应加强事中事后监管，通过大数据捕捉经营过程信息，挖掘养老机构经营过程数据，识别养老机构风险特征，构建养老机构违规风险评估模型等，筛查出经营异常机构，上门监督排查，对违法运营的养老机构起到警示、震慑作用，促进规范运行。

利用大数据监管养老机构运营工作，建议从以下方面开展。

1. 协调相关部门之间的工作联结，开展数据共享联合监管工作

大数据技术辅助监管工作的重要基础是养老机构的运营数据，没有主管部门的协助，养老机构运营数据难以获取。因此，信息化监管的第一步就是要确保有效数据获取的便利性与可能性，取决于直接主管部门对监管工作的支持与否以及程度如何。

2. 在明确核心监测指标的基础上，提供结构化的数据框架，采集养老机构运营数据

对于核心监测指标，使用多渠道采集方法，确保数据尽可能多角度获取。同时，数据采集建议设置为结构化格式为主，便于后续分析处理。核心监测指标可依据阶段性监管工作重点来设置，但应囊括如下指标：（1）工作人员结构及变动指标，特别是老年护理员变动、培训指标，核心管理人员变动指标；（2）服务收费项目、价格及价格调整指标；（3）养老保证金收取、账户资金变动及使用指标；（4）入住老人状态监测指标，包括入住老人构成、护理级别及健康状态、老人意外伤亡事件等指标；（5）员工、入

住老人及家属满意度指标。

3. 构建监管快速诊断模型，实现重大监管问题的及时发现与反馈

大数据辅助监管的最大价值不在于对数据的采集，而是对监管问题及风险的快速发现。快速诊断模型能够实时对监管关注的重点问题进行诊断分析，是大数据技术应用于养老机构监管的价值所在。建议在应用的初始阶段，先构建一个核心监测问题的诊断模型，后期数据在逐步完善的基础上再增加或丰富诊断模型。

（程洪涛）

主要参考文献

1. 上海市社会养老服务体系建设领导小组：《上海市养老服务发展"十四五"规划》，2021 年 9 月 13 日。

2. 上海市人民政府办公厅：《上海市老龄事业发展"十四五"规划》，2021 年 6 月 3 日。

3. 黄钢、吴韬主编《上海市社区养老评价报告（2021）》，社会科学文献出版社，2022。

4. 上海市民政局：《上海养老服务体系建设：从"9073"到"五位一体"》，《社会福利》2019 年第 7 期。

5. 上海市民政局：《"五位一体"社会养老服务体系建设的"上海样本"》，《社会福利》2018 年第 4 期。

6. 朱勤皓：《上海社区嵌入式养老服务发展的探索与思考》，《中国民政》2017 年第 16 期。

7. 60 加研究院：《上海长期护理保险研究报告》，健康界网站，2020 年 5 月 14 日，https：//www.cn－healthcare.com/articlewm/20200514/content－1113060.html？appfrom＝jkj。

8. 上海市民政局、上海市住房和城乡建设管理委员会、上海市卫生健康委员会、上海市市场监督管理局、上海市消防救援总队：《2020 年养老机构服务质量建设专项行动实施方案》，上海市人民政府网站，2020 年 6 月 16 日，https：//www.shanghai.gov.cn/nw12344/20200813/0001－12344_ 65188.html。

9. 付晶：《我国社会养老服务体系建设存在的问题及对策建议》，《中外企业家》2020年第19期。

10. 宋晓宇：《上海社区嵌入式养老发展现状及建议》，《科学发展》202年第9期。

11. 王延中、龙玉其：《我国养老服务体系建设的进展、问题与对策》，《中国浦东干部学院学报》2018年第2期。

12. 张凡：《标准体系、评价体系、信用体系互补互促，上海市筑牢养老服务监管三道堡垒》，《中国社会工作》2020年第2期。

13. 《沪出台养老服务机构信用评价管理办法》，澎湃上海，2022年2月9日，https：//m.thepaper.cn/baijiahao_ 16656103。

14. 上海市民政局：《关于〈上海市养老服务机构信用评价管理办法〉的政策解读》，上海市民政局网站，2022年1月25日，http：//mzj.sh.gov.cn/mz-zcjd/20220125/5d996ad91b04482b83229375b87254ed.html。

15. 《上海启动养老机构专项执法行动，助力养老服务高质量发展》，上海市民政局，2020年9月18日，http：//mzj.sh.gov.cn/2020bsmz/20200918/775283be42a44445aea59d5e8e4aae12.html。

16. 夏天：《上海：启动养老机构专项执法》，《上海法制报》2020年9月21日。

17. 张盈华、闫江：《中国养老服务现状、问题与公共政策选择》，《当代经济管理》2015年第1期。

18. 民政部：《2016年社会服务发展统计公报》，中华人民共和国中央人民政府门户网站，2017年8月3日，http：//www.mca.gov.cn/article/xw/mzyw/201708/20170815005382.shtml。

19. 《本市养老服务政策落实情况专项审计调查结果》，上海市人民政府网站，2021年11月12日，https：//www.shanghai.gov.cn/nw32761/20211115/01c4f348f43a45ea9f7cf7ab99160c91.html。

20. 《〈上海市养老服务条例〉，为大城养老提供法治保障》，《潇湘晨报》2021年4月8日，https：//baijiahao.baidu.com/s？id=1696480108395402256。

21. 黄瑶：《法治光芒照亮养老服务前行之路——〈上海市养老服务条例〉解读》，《中国社会报》2021年4月15日。

22. 《市政府新闻发布会介绍即将实施的〈上海市老年人权益保障条例〉主要内容》，上海市人民政府网站，2016 年 4 月 6 日，https：//www. shanghai. gov. cn/nw12344/20200814/0001-12344_ 47075. html。

23. 《上海发布〈呼吸道传染病流行期间社会福利机构安全操作指南〉地方标准》，上海市民政局官网，2020 年 6 月 16 日，https：//www. shanghai. gov. cn/nw4411/20200813/0001-4411_ 1454927. html。

24. 霍一夫：《上海发布老年宜居社区建设地方标准》，《中国质量报》2017 年 1 月 12 日。

25. 《2020 长三角养老十大成果发布！2021 "深化长三角养老合作年"开启！》，上海养老网，2021 年 1 月 5 日，http：//www. shanghaiyanglao. com/Detail/detail/id/26647。

26. 刘诗吟：《携手共护"夕阳红"——长三角以区域养老融合应对老龄化挑战》，《光明日报》2021 年 07 月 28 日 16 版。

27. 李怡：《长三角区域养老一体化成果发布》，看看新闻，2019 年 11 月 19 日，https：//www. kankanews. com/a/2019 - 11 - 19/0039061364. shtml？searchType = search。

28. 王正玲、张俊：《首届"长三角民政论坛"在沪举行　江浙沪皖民政事业合力融入"长三角一体化发展"确定"社会养老服务业发展"为首个区域合作项目》，《中国社会报》2018 年 5 月 15 日。

29. 杨柳、胡金华：《长三角养老金融一体化浮出水面，各金融机构激烈角逐抢夺先机》，《华夏时报》2019 年 12 月 18 日。

30. 《长三角多地联动开展区域养老一体化首批试点》，新华网，2019 年 6 月 12 日，http：//www. xinhuanet. com/politics/2019 - 06/12/c_ 1124613143. htm。

31. 王嘉旖：《〈深化长三角区域养老合作与发展·合肥备忘录〉正式发布，长三角养老服务合作迈入新阶段》，文汇报网站，2019 年 11 月 19 日，https：//www. whb. cn/zhuzhan/cs/20191119/303817. html。

32. 冯燕菁、崔开昌：《如何解决长三角养老资源分布"冷热不均"问题》，澎湃，2021 年 10 月 14 日，https：//www. thepaper. cn/newsDetail_ forward_ 14897848。

33. 向运华、陆婧雯：《整体性治理视域中的区域养老服务一体化研究——以"长三角"地区为例》，《决策与信息》2021年第12期。

34. 胡洁人、吴煜梵：《长三角养老一体化的困境及出路》，澎湃，2020年11月26日，https：//www.thepaper.cn/newsDetail_forward_10134836。

35. 甄旭：《规划引领、智慧养老，〈深化长三角区域养老合作与发展·合肥备忘录〉签订》，《合肥日报》2019年11月21日。

36. 《2019长三角民政论坛在安徽举办，签订〈深化长三角区域养老合作与发展·合肥备忘录〉，发布一年多来长三角养老服务一体化十项成果》，上海市养老服务平台，2019年11月20日，http：//ylgw.shweilao.cn/cms/cmsDetail? uuid＝48c63e3f-412a-474b-81f8-bc1e28706b1b。

37. 《2021"长三角养老深化合作年"开启，全面深化41城养老合作》，界面新闻，2021年1月5日，https：//www.jiemian.com/article/5500926.html。

38. 殷星欢：《养老服务一体化长三角如何共建共享?》，《无锡日报》2021年10月25日。

39. 王海燕：《上海老人想去浙江养老，却怕两头踏空! 代表：养老补贴能否"跟人走"?》，上观新闻，2020年8月13日，https：//www.jfdaily.com.cn/staticsg/res/html/web/newsDetail.html? id＝279022&sid＝67。

40. 臧莺：《第二届长三角养老行业，人才培养与发展论坛举行》，《东方教育时报》2020年12月30日。

41. 董川峰：《聚焦养老服务产业创新和发展，"长三角养老行业人才培养与发展论坛"破解人才培养难题》，周到，2020年12月12日，https：//www.shxwcb.com/571823.html。

42. 傅闻捷：《长三角区域养老护理员风采展示活动在沪举行》，央广网，2019年12月21日，https：//www.cnr.cn/shanghai/tt/20191221/t20191221_524907464.shtml。

43. 杨倩雯、陈多多、石尚惠：《长三角养老金融已初具规模，联动仍需深化发展》，第一财经，2019年12月16日，https：//www.yicai.com/news/100437059.html。

44. 栾晓娜：《应对老龄化，上海构建完善养老服务体系》，澎湃新闻，

2018 年 10 月 30 日，https：//www. thepaper. cn/newsDetail_ forward_ 2572834。

45. 《构建人民城市的养老服务，"2021 上海国际养老服务产业高峰论坛" 在沪举行》，上海市民政局官网，2021 年 6 月 9 日，https：//mzj. sh. gov. cn/2021bsmz/20210609/48e3d40153ae45f4872d108df770862 e. html。

46. 王嘉旖：《实景、实训、实业，国内首个综合性养老服务能力建设基 地今天在沪落成》，文汇网站，2020 年 10 月 29 日，https：//www. whb. cn/zhuzhan/cs/20201029/377021. html

47. 《养老新地标——国内首个实景式养老服务能力建设基地建成启用》，上 海市民政局官网，2020 年 10 月 29 日，https：//mzj. sh. gov. cn/2020bsmz/ 20201029/6c4a4ddec5a4422699c119f6e000a88e. html。

48. 《构建嵌入式养老服务圈，徐汇区打造大城养老新范式》，上海市民政 局网站，2020 年 11 月 11 日，https：//mzj. sh. gov. cn/2020bsmz/20201112/ cc34026a83954c1db37dec97b4848385. html。

49. 《长宁区率先启动"老年认知障碍友好城区建设"》，上海市民政局官 网，2021 年 10 月 18 日，https：//mzj. sh. gov. cn/2021bsmz/20211018/3b3 999308a2f417c8adde9f2cd444910. html。

50. 《聚焦"五个率先"，健全长宁特色的老年认知障碍分级照护体系》，上海市养老服务平台，2022 年 4 月 9 日，http：//ylgw. shweilao. cn/ cms/cmsDetail？uuid＝e00dcbe8－c336－45a9－b1c2－5ae2a1bbf6fe。

51. 舒抒：《寸土寸金的上海中山公园地段，认知障碍老人有一个共同的 "家"》，上观新闻，2020 年 6 月 24 日，https：//www. jfdaily. com. cn/ staticsg/res/html/web/newsDetail. html？id＝263505&sid＝67。

52. 周渊：《〈长宁区社区和居家认知障碍照护规范〉发布，照护认知症老 人有了 133 条"说明书"》，文汇网，2020 年 6 月 24 日，https：// whb. cn/zhuzhan/cs/20200624/356910. html。

53. 《聚焦"四个一"，打造长宁优质均衡的社区嵌入式养老服务体系》，上海市民政局官网，2020 年 10 月 12 日，https：//mzj. sh. gov. cn/ 2020bsmz/20201012/b5edf974086e4c35bdaab1ed0e61bdd9. html。

54. 《"机构+社区+居家"，闵行分层式打造专业认知障碍照护体系》，上海市闵行区人民政府官网，2020 年 11 月 18 日，http：//www. shmh. gov. cn/shmh/zwdt-mzj/20201112/496315. html。

55. 《浦东塘桥街道为认知障碍老人设置"前哨战"》，上海市民政局官网，2020 年 12 月 4 日，https：//mzj. sh. gov. cn/2020bsmz/20201204/232057f5e18e4bf7b54460df9344f387. html。

56. 《走近"记忆守护者"，感受松江九亭的"城市温度"》，上海市民政局官网，2021 年 2 月 19 日，https：//mzj. sh. gov. cn/2021bsmz/20210219/3939d5722a4e4f91b4382a9d5a04cd87. html。

57. 《标准引领，多元参与，长宁实现老年认知障碍友好社区全域覆盖》，上海市民政局官网，2021 年 7 月 12 日，https：//mzj. sh. gov. cn/2021bsmz/20210712/78658b07130942d2b0f1c4815be84a56. html。

58. 《提前完成全年加梯签约 500 台，图看全区加梯进展情况闵行区区融媒体中心》，上海市闵行区人民政府官网，2021 年 7 月 2 日，http：//www. shmh. gov. cn/shmh/xyw/20210702/523617. html。

59. 江跃中：《静安区首家居家环境适老化体验展示点对外开放运行》，《新民晚报》2021 年 8 月 6 日。

60. 余东明：《让"悬空老人"不再悬心安心出行》，《法制日报》2021 年 9 月 29 日。

61. 唐烨：《上海静安老房加梯再提速，开工建设 200 台纳入明年政府实事项目》，上观新闻，2020 年 12 月 22 日，https：//www. jfdaily. com. cn/staticsg/res/html/web/newsDetail. html？id=324579&sid=67。

62. 《上海市首批"老年友善医疗机构"，长宁上榜三家》，上海市长宁区人民政府官网，2021 年 8 月 15 日，https：//www. shcn. gov. cn/col7465/20211206/1120803. html。

63. 《本市建成首批老年友善医疗机构》，上海市卫生健康委员会官网，2021 年 8 月 5 日，https：//wsjkw. sh. gov. cn/xwfb/20210805/7c1ec14972a34c7b859c657a8b0f4a02. html。

64. 《2020 年度全市养老顾问业务骨干培训班举办》，上海市民政局官网，2020 年 9 月 11 日，https：//mzj. sh. gov. cn/2020bsmz/20200911/bd3bd9afa836483cb5f95275cbb4e333. html。

65. 《强基础，练内功，2021年度上海市养老顾问业务骨干培训班举办》，上海市民政局官网，2021年9月30日，https：//mzj. sh. gov. cn/2021bsmz/20210930/5b850acce55a4609ab0f8b9bcb650521. html。

66. 《从"1"到"+6+41+N"，织密古美养老顾问服务网络》，上海市闵行区人民政府官网，2020年10月13日，http：//www. shmh. gov. cn/shmh/xyw/20201016/493781. html。

67. 《养老顾问+养老护理员，打造"有温度"的上海养老服务》，上海市民政局官网，2020年11月18日，https：//mzj. sh. gov. cn/2020bsmz/20201118/3ca586885f9842cdabe9014be96c9e45. html。

68. 《浦东首家医养深度结合的周家渡街道医养护综合体投入运营》，上海市人民政府官网，2021年1月18日，https：//www. shanghai. gov. cn/nw15343/20210118/e6b56fc6190947a1bbd29dcf1e11723e. html。

69. 《浦东首家医养护综合体正式运营》，《潇湘晨报》2021年1月12日。

70. 《浦东首家医养护综合体亮相，直击养老痛点，探索深度融合》，浦东观察，2020年12月30日，https：//www. pudongtv. cn/APPneirongguanli/minsheng/2020-12-30/190627. html。

71. 《长三角养老一体化步入快车道，十项成果看这里》，上海市民政局官网，2021年1月6日，https：//mzj. sh. gov. cn/2021bsmz/20210106/8c89 48769af14511b96713c6ab05d27e. html。

72. 《2021"长三角养老深化合作年"开启，"5+5"十项任务助推区域养老高质量发展》，上海市民政局官网，2021年1月6日，https：//mzj. sh. gov. cn/2021bsmz/20210106/71d94b245e114c248a2726c53ff1a82e. html。

73. 《助力"异地养老"，上海试点养老机构长护险费用向长三角区域延伸结算》，上海市人民政府官网，2021年1月11日，https：//mzj. sh. gov. cn/2021bsmz/20210111/237ae6d42f404e659e762dcafe13025e. html。

74. 吴頔：《异地养老也有机会享受长护险了，上海试点养老机构长护险照护向长三角延伸》，上观新闻，2021年1月8日，https：//www. jfdaily. com. cn/staticsg/res/html/web/newsDetail. html？id = 32979 1& sid = 67。

75. 《虹口区全面开启这项行动，帮助老年人跨越数字鸿沟》，上海市虹口区人民政府官网，2021 年 5 月 17 日，http：//www. shhk. gov. cn/xwzx/ 002003/20210517/a50316b9-1f2f-4673-aa1e-5b48beff2a51. html。

76. 《有序推进，抓好落实，黄浦区长者智能生活随申学专项培训活动进行时》，上海市民政局官网，2021 年 7 月 14 日，https：//mzj. sh. gov. cn/2021bsmz/20210716/7041fca4781d416888d8f9266ae96b2f. html。

77. 《嘉定镇街道开展"长者数字生活随申学"学习体验活动》，上海市嘉定区民政局官网，2021 年 5 月 14 日，http：//www. jiading. gov. cn/min zheng/jzxw/content_ 737308。

78. 《设施到服务、线上到线下，金山区着力打造社区养老服务新格局》，上海市民政局官网，2020 年 11 月 20 日，https：//mzj. sh. gov. cn/2020bsmz/20201120/6c5fccd48d5547c984f01a8248379c2e. html。

79. 《宝山高境镇入选全国智慧健康养老应用示范街镇，原因是……》，上海市民养老服务平台，2020 年 12 月 23 日，http：//www. shweilao. cn/cms/cmsDetail？ uuid＝ba6231db-95cb-4cf7-83d9-d36491575611。

80. 《安全、智能两张网，闵行区保障独居老年人居家无忧》，上海市民政局官网，2021 年 2 月 9 日，https：//mzj. sh. gov. cn/2021bsmz/20210209/f5380130234f4273930180de6d6d2199. html

81. 《"智慧养老"让长宁仙霞新村街道的老人"幸福享老"》，上海市人民政府官网，2021 年 2 月 26 日，https：//www. shanghai. gov. cn/nw15343/20210226/dafc15ddbb4c41ac8dbad6050f996b6d. html。

82. 《"黑科技"助力，闵行新虹街道智慧养老更有温情》，上海市民政局官网，2021 年 3 月 23 日，https：//mzj. sh. gov. cn/2021bsmz/20210323/e975a8af0e4748fe8b8cdff0e8ebff07. html。

83. 《上海积极推动养老服务数字化转型，进一步提升服务能级》，上海市民政局官网，2021 年 4 月 7 日，https：//mzj. sh. gov. cn/2021bsmz/20210407/3b6b28af0158419786321c3a6d973e45. html。

84. 《依托"一网统管"大数据平台，陆家嘴街道实现独居老人风险分级管理》，上海市民政局官网，2021 年 4 月 22 日，https：//mzj. sh. gov. cn/2021bsmz/20210422/af8f625a189c496989f59d9eda908c26. html。

85. 《让老人吃得更放心，浦东三林镇五个助餐点这么做》，上海市人民政府官网，2021 年 3 月 30 日，https：//www. shanghai. gov. cn/nw15343/20210330/1cc7104fb7c54f25bc46809511f17b2b. html。

86. 《普陀区曹杨新村街道武宁片区社区食堂，"智慧餐盘"暖心又暖胃》，上海市民政局官网，2021 年 5 月 15 日，https：//mzj. sh. gov. cn/2021bsmz/20210515/e083c3eab4e44287a0e5166a6da01fdd. html。

87. 《一站综合，闵行打造嵌入式、邻距离、有温度的养老服务名片》，上海市闵行区人民政府官网，2020 年 6 月 16 日，https：//mzj. sh. gov. cn/2020bsmz/20200616/14761a1444cf443aaef6cf78d4a0dc46. html。

88. 《深化"嵌入式"养老服务，黄浦为老年人打造宜居宜养幸福港湾》，上海市民政局官网，2020 年 8 月 28 日，https：//mzj. sh. gov. cn/2020bsmz/20200828/44ed2a8db11c48faab72881ca4a02342. html。

89. 《聚焦"四个一"，打造长宁优质均衡的社区嵌入式养老服务体系》，上海市民政局官网，2020 年 10 月 12 日，https：//mzj. sh. gov. cn/2020bsmz/20201012/b5edf974086e4c35bdaab1ed0e61bdd9. html。

90. 《闵行区养老试点荣获全国优秀，打造大城养老"闵行样本"》，上海市民政局官网，2020 年 10 月 15 日，https：//mzj. sh. gov. cn/2020bsmz/20201015/b8a56394914e4f0682642edaa9752625. html。

91. 《抓住能力建设核心环节，闵行区持续提升养老服务品质》，上海市人民政府官网，2021 年 2 月 2 日，https：//www. shanghai. gov. cn/nw15343/20210202/eb1767b2f8e841c08044ba942c2f58ef. html。

92. 《步行 10 分钟就有社区养老设施，浦东南码头养老"便利店"解困局》，上海市民政局官网，2021 年 2 月 19 日，https：//mzj. sh. gov. cn/2021bsmz/20210219/1937823cd8ff44b48b3b95eaf56a5332. html。

93. 《不离乡土，不离乡邻，闵行区农村原居养老乐陶陶》，上海市人民政府官网，2021 年 2 月 26 日，https：//www. shanghai. gov. cn/nw15343/20210226/fd37fffe34e8434cb61e4dd24ad9aca7. html。

94. 《全方位提高养老发展水平，浦东加快建设"大城养老"新模式》，上海市民政局官网，2021 年 3 月 10 日，https：//mzj. sh. gov. cn/2021bsmz/20210310/cadea845d0c84c579734d299a58529eb. html。

95. 《2021 年闵行养老"养、食、居"民心工程怎么做？》，上海市闵行区人民政府官网，2021 年 3 月 19 日，https：//mzj. sh. gov. cn/2021bsmz/20210319/3319963a78aa4201ae387996c37bec2b. html

96. 《养老+体育，南京东路街道长者运动健康之家开业了》，上海市民政局官网，2021 年 4 月 13 日，https：//mzj. sh. gov. cn/2021bsmz/20210413/f0c78c6cb26b4797ba0f433b6c34fa15. html。

97. 《全域建成"邻里汇"社区养老服务体系，徐汇区致力实现人人享有美好老年生活》，上海市徐汇区人民政府官网，2021 年 4 月 28 日，https：//mzj. sh. gov. cn/2021bsmz/20210428/e554eb05535448c8a41ccad3083959e8. html。

98. 《住在"青春里"，安享夕阳红，奉贤区探索农村养老新路子》，上海市民政局官网，2021 年 6 月 19 日，https：//mzj. sh. gov. cn/2021bsmz/20210621/f0c68c5072cd43238f17a6a87b4eeae6. html。

99. 《专业照护+生活互助，闵行区破解农村养老难题》，上海市民政局官网，2021 年 6 月 17 日，https：//mzj. sh. gov. cn/2021bsmz/20210618/38abdce758694c80a15bd29b2f58b5ed. html。

100. 章晓懿、马德秀、陈谦谦：《整合照料视角下的老年家庭照护床位政策研究》，《今日科苑》2021 年第 7 期。

101. 《破题"大城养老"，助护理员走通职业化之路》，上海市民政局官网，2020 年 11 月 25 日，https：//mzj. sh. gov. cn/2020bsmz/20201125/620f1b5fe8324e0ba1bf3b33b5d007fd. html。

102. 《崇明区不断完善老年助餐服务网络》，上海市民政局官网，2020 年 10 月 30 日，https：//mzj. sh. gov. cn/2020bsmz/20201030/d52753fbbfb74b88ad869ac9ace7d279. html。

103. 《"虹口乐龄"养老专屏新增送餐服务监管功能》，上海市民政局官网，2021 年 2 月 13 日，https：//mzj. sh. gov. cn/2021bsmz/20210218/394cf295864e48dbb16ca16898f7b8b8. html。

104. 《社区食堂在松江全区"落地开花"，成为老年居民的"心头好"》，《解放日报》2021 年 9 月 3 日。

105. 《让老人吃得更放心，浦东三林镇五个助餐点这么做》，上海市人民

政府官网，2021 年 3 月 30 日，https：//www. shanghai. gov. cn/nw15
343/20210330/1cc7104fb7c54f25bc46809511f17b2b. html。

106. 《闵行这个"睦邻小厨"，让七宝老人暖胃又暖心》，上海市民政局，
2021 年 5 月 27 日，https：//mzj. sh. gov. cn/2021bsmz/20210527/dbce 5
598ede449d4bf04efbc5ae78f93. html。

107. 《杨浦区四平路街道睦邻小厨，社区里的"五星级大厨"》，上海市
民政局网站，2021 年 5 月 20 日，https：//mzj. sh. gov. cn/2021bsmz/
20210511/01fd195ff37c4445bf447a03e7e1e1aa. html。

108. 《提供一站式医养健康服务，中山街道敬老院启用》，上海市松江区人
民政府官网，2021 年 8 月 11 日，https：//www. songjiang. gov. cn/xw
zx/001001/20210811/2622aee6-43c0-415e-ab0d-a0e23001a2ac. html。

109. 《聚焦深度老龄化，普陀区打通政务服务"最后一公里"!》，上海市
民政局，2021 年 2 月 24 日，https：//mzj. sh. gov. cn/2021bsmz/2021
0224/dfc6747365e84beaaef487fc19c9ae34. html。

110. 《深化"嵌入式"养老服务，上海黄浦区为老年人打造宜居宜养幸福
港湾》，上海市人民政府官网，2020 年 8 月 28 日，https：//mzj. sh.
gov. cn/2020bsmz/20200828/44ed2a8db11c48faab72881ca4a02342. html。

111. 《上海市第一社会福利院，用高品质的海派养老服务托起美丽的夕
阳红》，上海市民政局官网，2021 年 6 月 23 日，https：//mzj. sh.
gov. cn/2021bsmz/20210624/44f545405c2a4fba829c571ed0345fe1. html。

112. 《石门二路街道打造没有围墙的养老院》，中国社区发展网，2021 年
4 月 22 日，http：//www. cdcn. org. cn/article/1509。

113. 《原居安老，嘉定区打造农村养老幸福港湾》，上海市民政局官网，
2021 年 3 月 3 日，https：//mzj. sh. gov. cn/2021bsmz/20210303/a8d6
becdff5645d99c7359db37f06cfd. html。

114. 《"同心邻距离"为老人"画像"，助力静安寺街道为老服务精准贴
心》，上海市民政局官网，2021 年 3 月 19 日，https：//mzj. sh. gov.
cn/2021bsmz/20210319/86336875ca3f45e3bdcbbc3baaa6d0a2. html。

115. 《静安寺街道着力打造"同心幸福为老服务圈"》，上海市民政局官
网，2021 年 5 月 23 日，https：//mzj. sh. gov. cn/2021bsmz/202105

23/8dd66e392380455eac6bc0238cc2a19f. html

116. 《医疗、康复、生活照料……这些需求在家门口就能解决！石门二路街道打造"没有围墙的养老院"》，上海市民政局官网，2021年4月21日，https：//mzj. sh. gov. cn/2021bsmz/20210421/513ad6a6c0434b45a362e488f12df00a. html。

117. 《设施到服务、线上到线下，金山区着力打造社区养老服务新格局》，上海市民政局官网，2020年11月20日，https：//mzj. sh. gov. cn/2020bsmz/20201120/6c5fccd48d5547c984f01a8248379c2e. html。

118. 《虹口区欧阳路街道的老年人用上了智能神器》，上海市民政局官网，2021年1月8日，https：//mzj. sh. gov. cn/2021bsmz/20210111/a52ba82972264ac5aa50e4e0e23b5cf2. html。

119. 《AI赋能，看"机器人天团"助力闵行区马桥镇敬老院的养老服务》，上海市民政局官网，2021年2月24日，https：//mzj. sh. gov. cn/2021bsmz/20210224/c58de5cca2de46e8b40a33724d7a732b. html

120. 《人文关怀，开启静安共和新路街道"智慧养老"新模式》，上海市民政局官网，2021年4月30日，https：//mzj. sh. gov. cn/2021bsmz/20210430/7874d658af6548e9a87869084e7cded9. html。

121. 《延缓轻度认知障碍向老年痴呆转变，浦东精卫形成预防保健项目》，上海浦东新区融媒体中心，2021年8月29日，https：//www. pudongtv. cn/APPneirongguanli/minsheng/2021-08-29/253615. html。

122. 《专家齐聚浦东精卫，共建MCI防治屏障》，澎湃新闻，2022年3月1日，https：//m. thepaper. cn/newsDetail_ forward_ 16915197。

123. 《当你老了，在这里守护记忆……来浦东喝一杯别具风味的"记忆咖啡"》，上海市民政局官网，2021年5月27日，https：//mzj. sh. gov. cn/2021bsmz/20210527/b1673766869442c3a31fec1d2c408789. html。

124. 《楼上养老，楼下看病！"医养结合"新模式为杨浦老年人幸福"加码"》，上海市民政局官网，2021年10月29日，https：//mzj. sh. gov. cn/2021bsmz/20211029/270ab3f886754219aa1caec13e51503c. html。

125. 《上海闵行区力推"3+3+3"模式，做实医养结合服务》，上海市民政局官网，2020年7月10日，https：//mzj. sh. gov. cn/2020bsmz/

20200709/0f04456566924cf98fa3b17e49370627. html。

126. 《浦东首家医养护综合体亮相，直击养老痛点，探索深度融合》，上海浦东新区融媒体中心，2021 年 12 月 30 日，https：//www. pudongtv. cn/APPneirongguanli/minsheng/2020-12-30/190627. html。

127. 《虹口区加装电梯工作有了"管理指南"》，上海市虹口区人民政府官网，2021 年 4 月 15 日，http：//www. shhk. gov. cn/xwzx/002003/20210415/4829d31d-8102-4a72-b4ea-65146e6f1761. html。

128. 《为老人提供"个性定制"养老服务》，人民网，2021 年 8 月 17 期，https：//baijiahao. baidu. com/s？id=1708323745197543223。

129. 《黄浦区民政局组织开展 2021 年度黄浦区养老机构服务骨干团队实训营》，上海市黄浦区人民政府官网，2021 年 7 月 30 日，https：//www. shhuangpu. gov. cn/yqyw/010001/010001006/010001006001/01000 1006001001/20210730/657a186b-8e1c-4116-8138-ceef339178de. html。

130. 黄钢主编《上海市养老机构评价报告（2018）》，社会科学文献出版社，2019。

131. 史静欣、李静：《商业银行应对人口老龄化发展的战略研究》，《中国银行业》2021 年第 4 期。

图书在版编目（CIP）数据

上海市养老服务体系评价报告. 2022 / 吴韬主编；
钱芝网，万广圣，张捷副主编. --北京：社会科学文献
出版社，2022.8
ISBN 978-7-5228-0482-8

Ⅰ.①上…　Ⅱ.①吴…　②钱…　③万…　④张…　Ⅲ.
①养老-社区服务-研究报告-上海-2022　Ⅳ.
①D669.6

中国版本图书馆 CIP 数据核字（2022）第 133154 号

上海市养老服务体系评价报告（2022）

主　　编 / 吴　韬
副 主 编 / 钱芝网　万广圣　张　捷

出 版 人 / 王利民
组稿编辑 / 任文武
责任编辑 / 方　丽　张丽丽
责任印制 / 王京美

出　　版 / 社会科学文献出版社·城市和绿色发展分社（010）59367143
　　　　　　地址：北京市北三环中路甲 29 号院华龙大厦　邮编：100029
　　　　　　网址：www.ssap.com.cn
发　　行 / 社会科学文献出版社（010）59367028
印　　装 / 三河市东方印刷有限公司

规　　格 / 开　本：787mm×1092mm　1/16
　　　　　　印　张：19.5　字　数：300 千字
版　　次 / 2022 年 8 月第 1 版　2022 年 8 月第 1 次印刷
书　　号 / ISBN 978-7-5228-0482-8
定　　价 / 98.00 元

读者服务电话：4008918866